本书受到"南浔青年学者"项目资助

Research on the Influence of
Corporate Governance and Public Governance
on Environmental
Strategy Choice of Listed Companies

陈禹 | 著

公司治理、公共治理对上市公司环境战略选择的影响研究

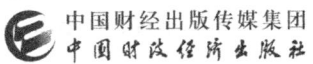

中国财经出版传媒集团
中国财政经济出版社

图书在版编目（CIP）数据

公司治理、公共治理对上市公司环境战略选择的影响研究／陈禹著．—北京：中国财政经济出版社，2023.3

ISBN 978-7-5223-1922-3

Ⅰ.①公… Ⅱ.①陈… Ⅲ.①上市公司－环境信息－信息管理－研究－中国 Ⅳ.①F279.246

中国国家版本馆 CIP 数据核字（2023）第 027672 号

责任编辑：闫　娟　　　　　责任印制：刘春年
封面设计：卜建辰　　　　　责任校对：张　凡

公司治理、公共治理对上市公司环境战略选择的影响研究
GONGSI ZHILI、GONGGONG ZHILI DUI SHANGSHI GONGSI HUANJING ZHANLÜE
XUANZE DE YINGXIANG YANJIU

中国财政经济出版社 出版

URL: http://www.cfeph.cn
E-mail: cfeph@cfeph.cn

（版权所有　翻印必究）

社址：北京市海淀区阜成路甲 28 号　邮政编码：100142
营销中心电话：010-88191522
天猫网店：中国财政经济出版社旗舰店
网址：https://zgczjjcbs.tmall.com
北京财经印刷厂印刷　各地新华书店经销
成品尺寸：170mm×240mm　16 开　13 印张　228 000 字
2023 年 3 月第 1 版　2023 年 3 月北京第 1 次印刷
定价：65.00 元
ISBN 978-7-5223-1922-3
（图书出现印装问题，本社负责调换，电话：010-88190548）
本社质量投诉电话：010-88190744
打击盗版举报热线：010-88191661　QQ：2242791300

前 言
FOREWORD

近年来，环境问题已成为人类面临的最大威胁，主要涉及雾霾、温室效应、酸雨、土地沙漠化、臭氧层破坏以及全球性的环境危机。这些问题严重威胁着人类的生存和发展，已经成为全球各国人民共同关注的重要问题，寻求解决环境污染的办法已经成为构建人类命运共同体的重要工作。企业作为环境污染和治理的主体，其环境战略选择对于各国环保事业的成功与否发挥着至关重要的作用。

目前学术界对企业在环境方面的表现进行了大量研究，主要围绕政府环境规制、公司治理对环境绩效的影响等方面，即单独从公共治理或公司治理层面研究企业的环境行为。但是，企业是社会活动运行中的重要组成部分，企业环境行为受到企业内部因素和外部因素的共同影响。具体而言，首先，企业的环境行为从根本上是由企业环境战略决定的，它是企业环境工作的纲领；其次，公司治理直接关系到公司的资源配置方式和效率，公司高管的环保意识、激励机制和监督机制等直接影响公司的环境战略选择；最后，政府规则作为整个社会运行的纲领性文件，其作用的发挥还取决于政府的行政效率。因此，在现有研究中还缺乏一个整体框架，将企业内部公司治理和外部公共治理结合起来研究企业的环境战略问题，这一工作的空缺必然导致我们对企业环境行为的认识不足。

本书在前人研究的基础上，从企业内部公司治理和外部公共治理视角出发，分析了它们单独和共同作用对企业环境战略选择的影响。本书的研究样本主要来源于中国上市公司环境社会责任报告及年报，通过内容分析法提取了2006—2018年3844份制造业环境社会责任报告的相关内容。首先，根据战略的内涵对企业环境战略进行了界定、分类和测量；其次，对公司治理和公共治理与企业环境战略之间的关系进行了理论和实证推导；再次，选取相应的调节变量检验公司治理、公共治理与企业环境战略之间的机制是否成立；最后，选取不同的回归方法、解释变量等进行稳健性检验和补充性分析。本研究的主要内容分为以下三部分：

第一，根据战略的内涵，对环境战略进行界定、分类和测量。

战略是形成企业长期目的和目标，限定企业主要活动和分配资源的具体方法。从战略内涵中可看出，战略是企业对待长远规划的一种态度，需要限定企业的主要活动内容，需要相应的资源分配。因此，本书结合前人的研究以及战略的内涵，从企业对待环境行为的态度视角、企业对待环境行为的活动内容视角、企业对待环境行为的资源分配视角三个方面对企业环境战略进行了分类。从企业对待环境行为的态度视角，借鉴相关文献，根据企业对待环境信息披露的态度及企业是否存在财务违规划分为消极型环境战略和积极型环境战略；根据企业对待环境行为的活动内容视角，是注重制订计划、注重实施、或者计划实施都不注重划分为计划型环境战略、实施型环境战略及随机型环境战略；根据企业对待环境行为的资源分配视角划分为源头投入型环境战略、过程投入型环境战略和末端投入型环境战略。

第二，对公司治理、公共治理与环境战略的关系进行理论推导及实证分析。

本研究主要涉及委托代理理论、资源基础理论以及利益相关者共同治理理论，通过对这三类理论进行阐述，为接下来的假设部分提供理论基础。选取高管持股作为激励因素的代理变量，董事长和总经理两职合一作为公司内部监管因素的代理变量，政府行政效率作为政府监管的代理变量。主假设包括以下内容：（1）高管持股比例高的企业倾向于选择积极型环境战略，实施型环境战略以及源头投入型环境战略；（2）董事长和总经理两职合一的情形下企业倾向于选择消极型环境战略，计划型环境战略以及末端投入型环境战略；（3）政府行政效率高的地区企业倾向于选择积极型环境战略，实施型环境战略以及末端投入型环境战略；（4）高管持股和政府行政效率共同作用下企业倾向于选择积极型环境战略，实施型环境战略及源头投入型环境战略；（5）董事长总经理两职合一和政府行政效率共同作用下企业倾向于选择积极型环境战略，实施型环境战略及末端投入型环境战略。

第三，选取调节变量进一步验证主效应的影响机理。

基于主效应的三条影响机理，本研究分别选取了企业盈利能力、高管年龄和企业的制度距离作为调节变量，并提出相应的假设：（1）企业盈利能力越强，高管持股比例越高，企业越倾向于选择积极型环境战略，实施型环境战略和源头投入型环境战略；（2）高管年龄越大，董事长和总经理两职合一，越倾向于选择积极型环境战略，实施型环境战略和末端投入型环境战略；（3）制度距离越近，政府行政效率越高，企业越倾向于选择积极型环境战略，实施型环境战略和末端投入型环境战略。

本书的主要贡献分为以下四点：

第一，构建了系统的环境战略分类及测量理论框架，为企业环境战略的测量提供了不同方法。

在以往研究中，学者分别从不同维度对环境战略进行了分类，但缺乏系统的研究。且以往学者主要是通过设计不同的问卷调查对环境战略进行测量，这导致研究之间难以横向比较，研究可重复性不高。因此，本书首先从战略内涵出发，结合现有文献关于企业环境战略的分类方法，形成一个相对完整的环境战略分类框架。本研究主要是提取上市公司环境社会责任报告中的内容，并结合上市公司的财务数据，根据战略的内涵，构建了一个系统的环境战略测量框架。通过这种方法，可以让环境战略指标的测量更加客观化，并且指标间可以互相检查。

第二，从激励和监管两个维度研究了公司治理与企业环境战略选择的关系，拓展了公司治理与企业环境战略的研究内容。

现有研究主要分析了高管激励与企业环境绩效之间的关系，但公司治理主要包含激励和监管两方面的内容，目前鲜有研究将这两方面内容结合起来从战略角度研究企业环境行为。本书从激励层面和监管层面两个维度出发，分别研究了激励和监管对于企业不同环境战略的影响。通过本研究，可以判断出公司激励措施和监管措施在企业环境战略选择方面所发挥的作用是否存在区别。这不仅从理论上丰富了公司治理层面和环境方面的研究，还对企业管理具有重要的实践意义。

第三，从政府的行政效率维度研究了公共治理与企业环境战略选择的关系，丰富了政府行为与企业环境战略的研究内容。

现有研究主要分析了政府环境规制对企业环境绩效及环境战略的影响，即政府的环境规则作为企业环境发展的最高纲领性文件，具有较高的影响力。但政府除了制定规则政策外，自身的行政效率决定了其规则政策能否得到有效实施。因此，本书在以往研究基础上，分析了政府行政效率对企业环境战略选择的影响，丰富了已有关于政府对企业环境战略选择的影响研究，补充了公共治理与环境方面的研究内容。

第四，从公司内部治理和外部治理出发，构建了一个完整框架，延伸了企业环境战略前因变量的研究内容。

目前关于企业环境行为的研究，主要从高管激励层面或环境规制层面研究企业的环境行为。企业作为社会经济运行中的重要部分，其行为选择受到企业内部治理和外部治理的共同作用，但较少有研究将内部治理和外部治理结合起来去考虑对企业环境战略的影响。因此，本研究构建了一个内部治理和外部治理相结合的整体框架，补充了企业环境战略方面的研究内容。

综上所述，本研究首先在理论上对公司治理层面、公共治理层面以及环境战略方面的内容进行了补充；其次对现实中管理实践也提供了启示，包括企业所有者、政府。在今后的研究中，还可以进一步将公共治理中的非政府组织所发挥的作用也加入模型中进行分析，丰富本研究的内容。

目 录

1 绪论 ……………………………………………………………… 1

    1.1 研究背景 ……………………………………………………… 1

    1.2 研究意义 ……………………………………………………… 3

    1.3 研究内容 ……………………………………………………… 4

    1.4 研究方法 ……………………………………………………… 7

    1.5 研究创新 ……………………………………………………… 8

2 文献综述与理论基础 …………………………………………… 10

    2.1 企业环境战略的前因变量综述 …………………………… 10

    2.2 企业环境战略的结果综述 ………………………………… 17

    2.3 公司治理研究综述 ………………………………………… 20

    2.4 公共治理研究综述 ………………………………………… 26

    2.5 本研究相关理论 …………………………………………… 31

    2.6 文献述评 …………………………………………………… 36

3 环境战略测量理论基础和框架构建 …………………………… 38

    3.1 环境战略的内涵及分类 …………………………………… 38

    3.2 现有环境战略的测量综述 ………………………………… 43

    3.3 本书环境战略分类的理论框架构建 ……………………… 50

    3.4 本章小结 …………………………………………………… 60

4 研究假设 ………………………………………………………… 62

    4.1 激励机制分析 ……………………………………………… 63

- 4.2 内部监管机制分析 ··· 65
- 4.3 外部监管机制分析 ··· 66
- 4.4 基于主效应的调节机制分析 ································· 68
- 4.5 基于内外部治理的共同作用分析 ···························· 70
- 4.6 本章小结 ·· 72

5 研究设计 ··· 73
- 5.1 数据来源 ·· 73
- 5.2 样本选择 ·· 76
- 5.3 变量测量 ·· 76
- 5.4 模型设计 ·· 100

6 实证结果与分析 ·· 105
- 6.1 数据描述性统计 ·· 105
- 6.2 回归结果汇报 ··· 109
- 6.3 稳健性检验 ·· 130
- 6.4 补充性分析 ·· 150
- 6.5 本章小结 ··· 157

7 研究结论与讨论 ·· 160
- 7.1 研究结论 ··· 160
- 7.2 理论贡献与政策建议 ·· 163
- 7.3 研究局限与展望 ·· 165

参考文献 ··· 167

1 绪 论

1.1 研究背景

在 2019 年 1 月召开的达沃斯世界经济论坛年会中,来自全球各地的政商界领袖普遍认为环境问题已成为目前人类面临的最大威胁。论坛发布的《全球风险报告》指出,环境问题已连续三年禅居于"世界风险榜单"榜首,主要涉及温室效应、酸雨、臭氧层破坏、土地沙漠化等大范围和全球性的环境危机。这些问题严重威胁着人类的生存和发展,已经成为各国共同关注的重大课题。

2018 年 3 月,习近平主席提出积极发展本国经济的同时要深度参与全球环境治理,推动构建人类命运共同体。在我国经济由高速增长向高质量增长转型过程中,污染防治和环境治理是经济发展必须跨越的一道重要关口,解决环保问题既是中国的事情,也是我们为人类社会经济进步做贡献的同时留给世界一个绿色、干净地球所不可推辞的责任,是我们构建人类命运共同体的重要体现。在国家统计局对改革开放 40 年经济社会发展成就系列报告中指出,我国环境污染治理投资总额自"十三五"以来逐年增加。我国环境污染治理投资总额从 2015 年的 8806 亿元增加到了 2019 年的 9539 亿元,2019 年中央环境保护财政专项资金共安排了 700 亿元专项治理水、大气及土壤污染[①]。可见,环境治理已经成为我国经济发展过程中的重中之重,也是我们作为经济大国履行人类社会责任的重要付出。

企业作为环境污染和治理的重要主体,其行为选择对于环保事业成功与否具有关键作用。从我国企业发展历史来看,自改革开放以来,企业成为自我经

---

① 郝春旭,董战峰,葛察忠等. 国家环境经济政策进展评估报告 2019 [J]. 中国环境管理,2020 (3): 21–26.

营、自负盈亏、自我发展的独立市场主体，以追求利润最大化为主要目的，虽然取得了举世瞩目的巨大成就，但同时也带来了资源枯竭、环境破坏、空气污染等问题，严重破坏了生态环境。特别是那些高污染高耗能行业，对环境污染负有不可推卸的责任。因此，从理论上讲，企业应该严格按照国家标准提高生产技术和管理技术，发挥自身主观能动性积极应对环境问题，但是企业出于自利性并不一定沿着人类期望的方向发展，因此企业环境战略选择问题是政策界和社会关注的重要话题。

在学术界，企业环境问题也日益引起了学者们的广泛关注，特别是围绕环境的政府规则、企业战略选择、企业环境绩效、对经济绩效的影响以及环境创新的研究（Sharma and Vredenburg，1998；Shu et al.，2020；Yang et al.，2012；Yuan et al.，2017）。但是，这些研究忽略了从公司治理的视角讨论企业环境战略；同时虽然有大量研究讨论政府环境规则对企业的影响，但是较少考虑政府的行政效率。更为重要的是，一个围绕从内部公司治理到外部公共治理的全模型还未构建。这种工作的缺少必然使得我们对企业环境战略的认识不足，从而导致研究结论的现实意义不大。首先，企业的环境行为、投资和绩效从根本上说都是由企业的战略选择决定的，它是企业环境工作的纲领。其次，公司治理直接关系到公司的资源配置方式和效率，直接决定了环境战略的落地问题。企业采取环保措施是一项长期投资活动，充满不确定性和风险性，企业高层决策者的环保意识、激励相容性等直接影响了企业环境战略选择。最后，政府规则作为一个国家的纲领性文件和法律规定，其作用的发挥还取决于政府的行政效率。类似像中国这样一个幅员辽阔的国家，各地经济社会发展水平和政府办事能力千差万别，外部政府行政效率必然成为企业战略选择和实施中不可缺少的重要因素。进而，不难发现企业战略的选择不仅受到内部公司治理的影响，也同时受到外部政府规则，特别是政府行政效率的影响。所以，从局部视角出发研究公司内外部治理对企业环境战略的选择，建立一个环境战略选择的整体框架具有重要的理论和现实意义。

基于以上现实认识和文献的不足，本书将企业内部治理（公司治理）和外部治理（公共治理）相结合，研究二者单独及共同作用对企业环境战略的影响，本研究的企业主要指上市公司。在理论分析和实证设计上，主要从上市公司制造业入手，把内外部因素结合起来，研究公司治理和公共治理如何单独和共同影响到企业环境战略选择，同时考察一些重要情景因素的作用。本研究内容主要分为以下几部分：首先，根据前人的研究及战略的内涵，构建企业环境战略测量框架；其次，理论推导公司治理和公共治理与企业环境战略选择之间的关系并进行实证分析；再次，选择合理的调节变量进一步验证公司治理和公共治理对企业环境战略的影响机理；最后，选择不同的回归方法、解释变量等进行稳健性检验和补充性分析。

1.2　研究意义

通过研究企业内部治理（公司治理）及外部治理（公共治理）对环境战略的影响，补充了公司治理理论、公共治理理论及环境战略理论的研究内容，同时对企业、政府具有重要的实践意义。

1.2.1　理论意义

本研究的理论意义主要分为以下几点：

首先，构建了系统的环境战略测量理论框架。在以往的研究文献中，对于环境战略的测量主要是通过设计问卷调查来判断企业采取的何种战略。这种方法使得研究难以重复，研究结论难以得到拓展。本研究在此基础上，根据企业发布的社会责任报告，运用内容分析方法，结合企业的年报以及财务数据对企业环境战略进行测量，使得测量方法可重复，也较为客观，并使得研究数据可以纵向和横向比较。

其次，拓展了企业环境战略的前因研究。在现有研究中，关于企业环境战略的前因研究主要包括政策法律法规要求、利益相关者压力、经济利益诱使、高层管理者自身特性以及内部资源与能力。本书在前人研究的基础上，增加了内部高管激励、内部监管效率以及外部政府监管效率对企业环境战略影响的研究内容，进一步拓展了企业环境战略的影响因素。

再次，构建了企业环境战略影响因素的整体框架。本书在前人研究的基础上，将内部公司治理和外部公共治理的影响因素结合起来，共同分析其对环境战略选择的影响，从企业视角构建了一个完整的环境战略影响因素框架。

最后，本研究引入了重要的调节变量，既增强了主逻辑的论证同时也体现了特殊的情景因素。另外，也尝试在企业环境领域使用多层次分析方法，拓展该领域的研究方法工具箱。

1.2.2 实践意义

本研究主要具有以下两方面实践意义：

第一，对于指导企业选择合适的环境战略具有较大的现实意义。企业通过了解自身内部治理结构对企业环境战略的影响，在今后环境治理过程中，企业所有者可根据自身需要调整内部控制体系，通过合适的薪酬激励机制及监管机制来对高管进行管理，从而推动高管选择适合企业发展的环境战略。

第二，对于政府而言，可以了解目前在环境治理方面存在的问题，除了通过颁布政策法规、实施财政补贴等政策外，行政效率方面是否对企业的环境战略选择有影响，以及如何改进等问题，从而促进我国环保事业的稳步发展。

第三，本研究也强调了企业环境战略选择及绩效提高是一项复杂系统工程，需要社会各方面共同推进。国企改革、高管特征都会影响企业的环境战略，进而影响企业绩效和社会可持续发展。

1.3 研究内容

本书从企业内部治理（公司治理）和外部治理（公共治理）角度出发，研究其独立和共同作用对企业环境战略选择的影响。首先对公司治理、公共治理及环境战略的已有文献进行梳理，并对环境战略框架的构建进行理论论证；其次对公司治理、公共治理与企业环境战略的关系进行理论推导及实证分析；然后引入企业盈利能力、高管年龄以及企业制度距离进一步验证公司治理、公共治理对企业环境战略的影响机理；最后进行相关实证结果的稳健性检验，确保研究结论的稳健性，具体包括八方面的研究内容。

研究内容一：公司治理、公共治理与环境战略概念梳理及框架搭建

通过对公司治理、公共治理以及环境战略的背景、含义及现有研究内容进行梳理，了解到现有研究忽略了将企业内部公司治理和外部公共治理结合起来研究对企业环境战略的影响。在此基础上提出研究问题。通过对文献进行梳理，可为本研究提供理论基础。然后，对以往学者关于环境战略的定义及测量方法进行梳理，分析其中存在的问题，并在此基础上构建环境战略的测量方法。

研究内容二：公司治理对企业环境战略的影响机制研究

在现有文献中，一些学者研究了公司治理对环境绩效的影响，主要从高管薪酬激励及董事长股权分配等方面，认为所有者面对政府政策法规，会通过提升高管薪酬激励高管提升企业环境绩效（李平和王玉乾，2015；周晖和覃亚洲，2016）。另一方面，有的学者认为通过加强企业的内部监管，可以提升企业环境绩效（陈璇和淳伟德，2013）。通过这些以往文献梳理可发现，目前公司治理对环境的研究已经开始起步，但是还存在大量研究空间。本书结合前人的研究，从高管激励以及董事长总经理两职合一两方面对企业环境战略的影响进行分析。

研究内容三：公共治理对企业环境战略的影响机制研究

关于公共治理对企业环境的研究目前较多，但主要集中在环境规制方面，即主要从政府关于环境的政策法规着手，考察环境规制对企业技术创新（王国印和王动，2011）、出口（闫文娟和郭树龙，2018）、外商投资（唐杰英，2017）及企业环境绩效（张华和魏晓平，2014）方面的影响。较少有学者从政府行政效率方面着手考虑对企业环境战略的影响。因此，本书主要考察政府柔性指标（政府行政效率）对企业环境战略的影响。

研究内容四：企业盈利能力在高管持股与企业环境战略选择中的调节作用

根据公司治理与企业环境战略选择的分析中可看出，高管持股可以保证高管的利益与公司长远发展的利益相一致。因此，这种激励手段有助于减少公司所有者和公司经营者之间的代理成本（杨懿丁和姚可宁，2018；赵岩等，2017）。在此情况下，企业的盈利能力越高，那么企业在经营过程中，高管更有可能为了企业的长期利益，选择有利于企业长远发展的经营策略。与此相反，企业的盈利能力越低，在有可能面临破产清算及退市的可能下，企业的高管也会基于自身的利益，首先确保企业的生存（杨彦龙，2020），因此，这时候就会更加注重短期利益。

研究内容五：高管年龄在董事长总经理两职合一与企业环境战略选择中的调节作用

董事长和总经理的两职设置对提高上市公司内部的监管效率具有重要作用（谢永珍，2006）。根据委托代理理论，总经理拥有公司的经营权而无控制权，因此，公司总经理和董事长分别代表了不同的利益。基于人的自利行为假设，在对企业的发展做出决策时，总经理更加注重短期的经济利益，从而忽视企业的长远发展。董事长则在这个过程中，对总经理进行监管。当公司的董事长和总经理为同一人时，则意味着总经理拥有更多的权力，则可能做出更多获取短期利益而损害公司长远利益的决策（黄庆华等，2017）。但是，随着总经理年龄的增加，更加注重自身的职业声誉。当面对政府在环境方面的管制时，企业总经理更加可能采取积极的措施去规避环境问题带来的惩罚，从而满足自身更高层次的需求。

研究内容六：企业制度距离在政府行政效率与企业环境战略选择中的调节作用

从我国环境治理的执行情况来看，中央政府对环境问题高度重视，但是地方政府进行环境治理的动力较小，往往是在上级政府和社会舆论的压力下进行被动式治理（汤金金和孙荣，2017）。环境政策的执行动力和重视程度在行政层级系统传递过程中存在"层层减码"现象（范逢春，2016）。其主要原因在于环境治理是一个系统性工程，由于环境污染的外部性，众多主体涉及其中，增加了环境污染治理主体间的协调难度。具体而言，中央政府、地方政府、污染企业和社会公众都是环境污染治理的主体。其中，中央政府是环境治理的责任主体，通过政策导向指导具体的环境治理行动，但地方政府出于自身利益考虑，对中央环境政策有着各自相异的解读（冉冉，2013）。因此，从中央政府到企业的制度距离有可能对企业环境治理产生影响，目前制度距离在跨国研究中已经较多（陈怀超等，2013；邹宗森等，2018），但在企业环境战略中研究还较少。在测量上，现有研究主要是通过衡量母国和东道国制度得分差距。本书借鉴Wang等（2018b）的测量方法，对中央政府制度到企业的制度距离进行测量。

研究内容七：公司治理、公共治理共同作用对环境战略选择的影响

在前面分析的基础上，将公司治理、公共治理结合起来统一到一个完整的分析框架中，分别考虑高管持股和政府行政效率共同作用对企业环境战略选择的影响，总经理和董事长两职合一和政府行政效率共同作用对企业环境战略选择的影响。通过此研究，可以了解企业内部治理和外部治理共同作用下企业如何选择环境战略。

研究内容八：稳健性检验和补充性分析

为了验证实证研究结果是否具有稳健性，增加了稳健性检验。稳健性检验部分主要是根据数据特点选取了混合效应回归分析模型（Mixed – Effect Model，MEM）对公司治理、公共治理与环境战略选择的影响机制进行了检验，确保研究结果的稳健性。此外，还补充分析了环境规制对企业环境战略的影响，选取不同环境战略对企业绩效的影响以及替代解释变量对企业环境战略的影响，进一步丰富研究内容。

为了更加形象直观地描述主要研究内容,绘制技术路线图如图 1-1 所示。

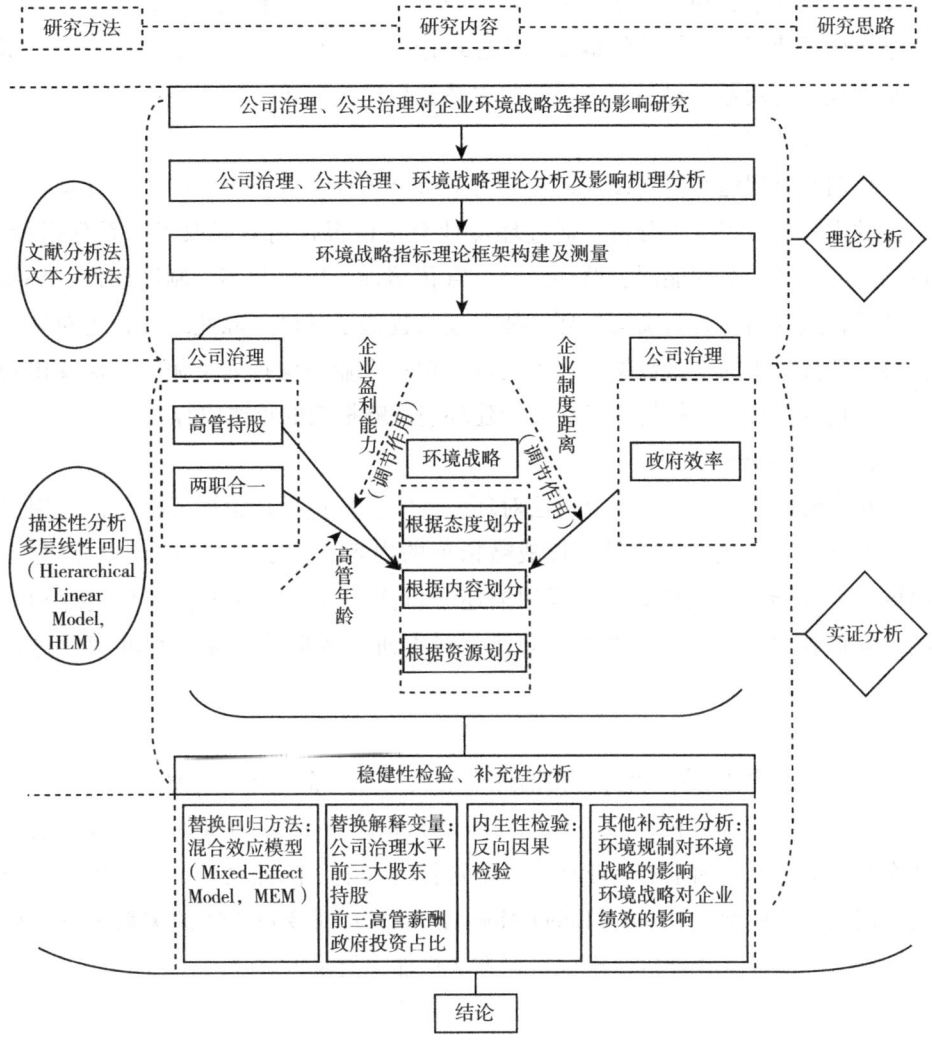

图 1-1 技术路线

1.4 研究方法

(1) 文献分析法

通过查阅了国内外相关领域的现有文献,对公司治理、公共治理以及环境战略的相关研究进行了综述,并对其研究不足等问题进行总结。除此之外,大量阅读了国外学者和国内学者关于环境战略指标衡量的相关研究,为测量环境战略指标搭建理论框架。借鉴委托代理理论、利益相关者共同治理理论以及资源基础理论的观点,对各个变量间的关系进行理论推导。

(2) 文本分析法

根据研究问题及研究设计,主要对上市公司社会责任报告中关于环境社会责任的内容进行了文本分析。通过环境社会责任报告内容提取了一系列指标,包括三废处理、节约能源、循环经济、宣传培训、应急预案、制度建设、环境认证等,这些指标为后文构建环境战略框架提供了基础。除此之外,还对环境社会责任报告中的定量数据进行了提取,包括企业环保投入金额,环保支出费用等。这些指标和数据构成了后文构建环境战略框架的重要内容。

(3) 描述分析法

在本研究中,通过文献分析法对环境战略指标进行理论框架构建,运用文本分析法进一步提取了测量环境战略指标的内容。为了更好地判定本研究所提取内容及指标之间的联系,运用描述分析法对这些数据进行初步整理和归纳,从而找出这些数据间的内在规律,对本研究数据的可靠性和准确性进行验证。

(4) 统计分析法

运用 STATA 14.0,探讨公司治理和公共治理与企业环境战略之间的因果关系。通过多层线性分析模型(Hierarchical Linear Model,HLM)分析城市层面和企业层面的影响因素对企业环境战略选择的影响。除此之外,还选用了混合效应回归分析模型(Mixed – Effect Model,MEM)对变量之间的关系进行了稳健性检验。通过这些分析,确保研究方法更加稳健及可靠。

1.5 研究创新

本书创新之处主要有三点:

(1) 在研究视角方面,从企业内外部治理出发,构建了一个整体的企业环境战略影响因素分析框架。以往关于公司治理和公共治理对企业环境的影响,主要是将内外部治理分开进行研究。本书在前人研究基础上,通过将公司治理及公共治理相结合,建立一个整体的治理体系,研究企业内外部治理如何单独和互相影响企业的环境战略选择。此外，以往学者在对环境进行研究时，主要考察各个因素对环境绩效的影响，鲜少有学者从环境战略视角出发考虑企业的环境行为。

（2）在研究内容方面，主要从激励层面和监管层面两个维度出发，研究了公司治理对企业环境战略选择的影响。此外，主要选取了政府行政效率作为衡量公共治理能力的指标。在现有研究中，在考虑公司治理时，较多研究主要从激励层面出发，较少研究将激励和监管相结合，研究两者在企业管理中所发挥的作用。在考虑公共治理时，现有研究主要从政府监管层面出发，如政府制定政策等，较少研究从政府行政效率角度出发，研究政府行为在公共治理中所发挥的作用。本书除了研究公司治理、公共治理单独和共同作用对企业环境战略选择的影响外，还根据其影响机制选取了合适的情景变量进一步验证主效应机制是否成立。

（3）在研究方法方面，构建了系统的环境战略指标测量框架，并运用多层线性分析模型研究跨层次问题。以往研究对环境战略指标的测量主要是通过设计问卷调查判断企业的环境战略，其指标具有较多的主观性，且指标之间不能互项检查。本书在前人的研究基础上，利用上市公司所发布的环境社会责任报告、年报以及财务方面的报告，结合战略的内涵，构建了一个系统的环境战略指标测量框架，包括企业对待环境战略的态度视角、企业对待环境战略的活动内容视角以及企业对待环境战略的资源分配视角三个方面。本研究思路主要借鉴于 Jia 等（2019）的研究将内外部治理结合起来考虑对企业发展的影响，该研究选择了普通回归方法进行检验，没有考虑到嵌套数据的影响。因此，本研究借鉴了教育学和心理学的研究方法多层线性分析模型（Hierarchical Linear Model，HLM），这种分析方法专门解决嵌套数据问题，为本研究提供了更加科学的研究方法。进而拓展和丰富了企业环境战略的研究方法工具箱，使得研究更为真实的反映企业实际，也保证了研究结论的可靠性和政策启示的现实性。

2 文献综述与理论基础

本章首先对公司治理、公共治理及环境战略的相关研究进行梳理,旨在厘清国内外关于环境战略、公司治理及公共治理的研究现状,发掘目前的研究不足之处,为本书提供研究依据。其次对所涉及的相关理论进行梳理,为后文提供理论基础,主要包括委托代理理论、利益相关者共同治理理论及资源基础理论。

2.1 企业环境战略的前因变量综述

不同企业在面临环境问题时采用的环境战略不一致,甚至对于同一家企业在面临不同环境问题时处理方式也截然不同,这到底是什么因素导致的呢?通过对以往研究文献进行梳理,总结出学者主要从外部因素和内部因素出发分析企业采取不同环境战略的原因,如图2-1所示。

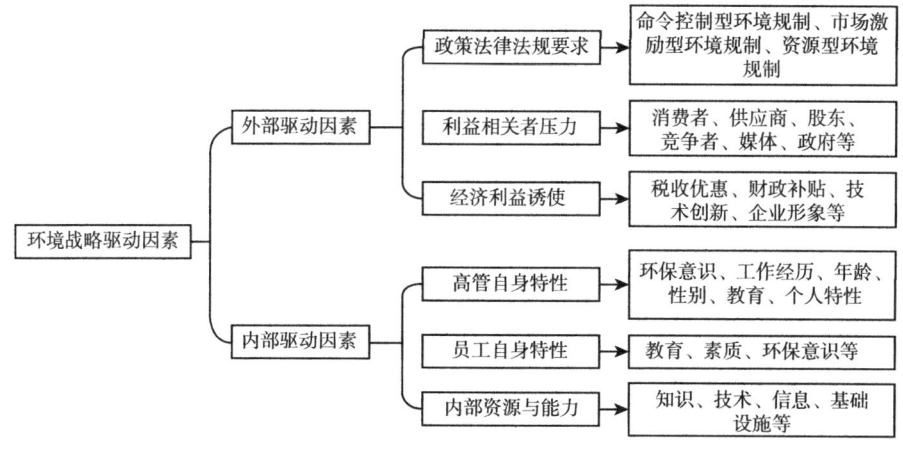

图2-1 环境战略驱动因素

2.1.1 政策法律法规要求

政策法律法规压力主要来自政府，政府以保护环境为目的制定了各项政策措施，根据这些政策措施强制程度可以分为命令控制型环境规制、自愿型环境规制和市场激励型环境规制三类（彭团囡，2012）。随着生态环境的恶化以及公众环保意识的提高，强化了环境规制作为外部力量约束企业采取环保措施的行为。

命令控制型环境规制是通过其强迫力迫使企业开展环境战略：首先是事前控制，即政府通过制定相关环境规划、影响评价等来引导企业开展经济活动，迫使企业在制定战略规划时将环境因素纳入考虑范围内；其次是事中控制，通过对生产技术标准进行限定、污染物排放量进行约束，企业为了达到规制标准再次对战略进行调整；最后是事后控制，即政府通过环保法规对违反规定的企业进行处罚，企业为了避免受到经济处罚而开展环保行动（Mackey et al.，2020）。Verbeke 和 Rugman（1998）指出，企业在开展环境保护过程中，最主要的动机来自遵守监管规定以及制度驱动。以管制为特征的强制力是企业开展绿色管理行为的主要推动力（Zhou et al.，2017）。企业在开展经营活动过程中遵守政府规章制度监管主要有三点原因：一是违背规章制度后政府高昂的处罚成本；二是违反规定后造成的企业负面形象；三是企业内部员工股东以及外部利益相关者的满意度（胡元林和康炫，2016）。Porter 和 Binns（1995）指出，政府通过适当的环境标准引导企业开展环境创新，可以使企业更加有效利用资源，降低企业生产成本，提高企业经济效益。叶强生和武亚军（2010）通过实证分析得出，中国企业目前开展环境管理的主要动机来自遵守法律法规，国有企业相比私营企业更加注重环境保护问题。朱庆华（2009）指出，政府法规不严厉以及政策激励不足是制约企业开展绿色供应链管理的重要因素。李怡娜和叶飞（2011）在新制度理论的基础上，将环境规制压力分为激励型环境法规和强制型环境法规，结果表明强制型法规更能够促进企业开展环保实践。政府环境规制力度越强，企业越倾向于采取积极环境战略（Berrone et al.，2013；林秀梅，2020）。

除命令强制型环境政策外，目前政府也出台了自愿参与型政策及市场激励型政策。自愿参与型环境政策是环境政策设计的创新模式，通过此模式政府和企业形成了双赢局面。企业在政策出台早期参与自愿项目不仅仅是为了减少环境污染，更深层次是为了获得声誉，从而获得社会认可（Hoffmann et al.，2001）。企业后期参与环境项目主要是因为政策干预，政府监督、披露、制裁等机制都会影响企业参与项目的早晚（Crane et al.，2008）。市场激励型环境规制是通过其潜在优势诱导企业开展环境战略。政府通过提供财政补贴、税收优惠以及优先采购等政策，对企业开展环境战略而增加的成本进行弥补（Berrone et al.，2013）。除此之外，政府通过激励型政策引导企业开展绿色环境战略，促进知识等资源在行业内部横向流动，可以降低开展环境战略的不确定性。

2.1.2 利益相关者压力

利益相关者压力会影响企业环境战略选择。利益相关者给企业施加的压力越大，企业越倾向于采取积极主动的环境战略（Adomako et al.，2021）。Mitchell 和 Cambrosio（1997）的利益相关者模型指出，利益相关者给予企业的压力是利益相关者的影响力、紧急性以及合理性的合力构成的。Eesley 和 Lenox（2006）认为，企业的次要利益相关者也能对企业环境战略产生影响，当这种次要利益相关者具有较高影响力且提出的要求具有合理性时，对企业的影响力则不容忽视。

学者对企业利益相关者进行了分类。Henriques 和 Sadorsky（1999）将利益相关者分为四类：一是管制利益相关者，包括政府、企业非正式网络及企业竞争者；二是组织利益相关者，包括供应商、员工、股东及顾客等；三是社区利益相关者包括环境组织等；四是媒体。Buysse 和 Verbeke（2003）将利益相关者分为四类，供应商和顾客是主要的外部利益相关者，股东、员工及金融机构是主要的内部利益相关者，竞争者、媒体和非盈利组织等是企业的次要利益相关者（应千伟等，2017），政府和公众事务机构属于管制利益相关者。进一步研究认为企业采取积极主动环保行为的压力不是来源于供应商和外部客户，更多的是来自内部股东和员工等利益相关者压力。Lee 等（2011）发现，政府、客户、竞争者以及供应商等不同的利益相关者对企业环境战略产生的影响具有较大差异。

消费者作为企业外部压力的主要来源之一，通过产品选择影响企业环境战略。随着环保意识增强，消费者更加倾向于绿色环保产品。一方面，消费者对绿色环保产品的需求给企业提供了市场，有利于企业开展绿色产品创新的积极性（Sarkar and Shunmugam，2013）；另一方面，企业为了占据更大的市场而进行绿色创新，如研发低碳型环保产品、降低生产成本等，在满足消费者需求的同时，也塑造了企业良好形象，从而通过高价销售环保产品形成企业的竞争优势（Li et al.，2016b）。

供应商对绿色环保的重视程度会影响供应链系统上下游企业的战略选择。首先，供应商具有较为广泛的网络接入点，能够为企业提供原材料、知识及资源，有利于企业开展环境战略。其次，供应商与企业共同合作开展创新，能够减少企业的研发成本。最后，对于那些损害自身形象和声誉的企业，供应商有权要求停止供应货源（Mathivathanan et al.，2018）。

竞争者主要是在与企业争夺市场和资源的过程中给企业造成的压力。竞争者通过给消费者提供环保产品，从而占据消费市场。同时通过开展环境战略，赢得政府各项财政税收优惠等。企业为了赢得市场优势，会效仿竞争者开展环境战略。此外，良好的竞争环境能够促使企业转让自身环保技术，通过出售知识获得效益，减少企业开展环境战略的成本（Hojnik and Ruzzier，2016）。

员工是影响企业开展环境战略的重要因素，是推动企业开展和执行环境战略的重要人力资源，通过利用自身专业知识从而提高企业的能力（Liu and Ko，2011）。学者认为高素质员工有更强的创新能力和学习能力，能够更好地传递信息，员工身上所具备的这些因素都对企业开展生态创新具有推动作用（Sharma，2000）。Sharma（2000）认为企业的环保行动对于企业内部环保意识较强的员工更具有吸引力。

利益相关者除了各自对企业环境战略产生影响外，其相互联系而形成的利益相关者网络对企业资源产生影响，从而影响企业环境战略（Yang and Bentley，2017）。任兵等（2008）研究了连锁董事与企业环境战略之间的关系，指出连锁董事作为企业新型的社会网络，加强了企业间的信息传递，对于企业环保行为具有显著促进作用。冯丽艳等（2016）对民营企业环境责任与利益相关者网络特征进行研究发现，企业利益相关者网络区位优势能够促进企业承担环境责任，企业越靠近网络环境中心位置，那么其社会责任绩效就越好。企业在利益相关者网络中除了区位优势外，其资源整合能力对环境战略也具有重要影响。从环境领域而言，利益相关者整合能力是指企业与各种经济利益相关者和非经济利益相关者通过建立协作关系从而寻找解决环境问题的能力（Sharma，2000）。Delgado – Ceballos 等（2012）研究指出，当企业存在内部障碍时，如投资资金不足、组织成员缺乏环保意识等，具有较强利益相关者整合能力企业则会采取主动的环境战略。实证研究表明，利益相关者整合能力对企业开展积极的环境战略具有较强推动作用（Carrillo - Rivera et al.，2008；Christmann，2004）。

2.1.3 经济利益诱使

企业通过实施环境战略可以带来竞争优势从而提升绩效。管理者将环境问题解释为企业的机会，对制定环境战略有积极影响（杨德锋等，2012b）。公司对环境保护程度受到管理者对环境认知的影响，当管理者将环境问题看作企业发展机会时，比如节约成本、高生产率、企业绿色文化、产品差异化及享受政府财政补贴，企业会制定积极的环境战略（Wang et al.，2020）。Chen 等（2008）从资源基础理论出发，强调企业的绿色竞争力，认为绿色技术能够为企业带来竞争优势，从而提高企业的绿色环保形象。Lee 等（2011）对绿色创新与企业竞争优势之间的关系进行了研究，认为企业通过绿色创新，可以提高企业的生产率和生产效率，从而获得低成本优势。Higueras 等（2005）通过实证研究表明，企业污染防治技术越高，就越容易从企业前瞻型环境战略中获得成本优势。Hart（1995）对资源基础观进行补充分析，提出了自然基础观理论。该理论认为，企业在生产过程中，处理好环境问题能为企业带来竞争优势。企业通过对环境变量进行管理，对环境技术进行开发，不仅能够节约资源，还能为企业建立差异化竞争优势，实现双赢。和苏超等（2017）利用 207 家重污染企业的调查报告，从管理者自然环境认知角度出发，采用层次回归法探讨了企业前瞻型环境战略对企业绩效的影响，实证结果证明前瞻型环境战略对企业环境绩效及财务绩效产生显著的正向影响。Clemens 和 Bakstran（2010）从利益相关者战略和战略选择理论角度出发检验了环境战略对财务绩效及环境绩效的直接促进作用。

除外部影响因素对企业环境战略选择产生影响外，企业内部因素如高层管理者自身特性、员工特性以及企业资源与能力也对企业环境战略具有重要影响。

2.1.4 高层管理者自身特性

高层管理者是指负责企业资源运用和经营成果的高级管理人员，他们通过制定企业环境战略，确定企业环境发展战略，从而影响企业其他管理人员及员工对环保的态度和行为（Frooman，1999）。在战略管理理论中，高管是企业制定各项战略的关键角色（Cycyota and Harrison，2015）。高阶理论认为，高层管理者是按照其自身对企业动态环境的认知来制定相关战略（陈璇和淳伟德，2013）。高层管理者的背景特征、个性及价值观等都是影响其个体化认知的因素，即高层管理者在面对外部的复杂环境时，会根据自身经验及选择偏好做出相应判断（肖华和熊康宁，2016）。Fineman（1997）认为管理者对于环保问题的态度主要取决于他们自身的理想、生活方式及价值观等，进而决定了企业环境战略的发展方向。

高管环保意识是影响高管对环境战略做出选择的重要因素。Yuan 等（2017）通过对比研究主动型环境战略和反应型环境战略，认为当企业领导具有环保意识，企业内部具有环保相关文化，才能促进企业开展主动型环境战略。环保意识强的高管更容易识别政府规制带来的潜在收益，企业不再局限于环境规制的最低要求，而是积极响应政府号召，利用各项资源抵消开展环境战略的成本（王雪平和王小平，2017）。环保意识强的管理者对环境问题持开放态度，善于将所获取到的信息与资源进行整合，对环境问题做出积极的响应（Liu et al.，2013）。高管环保意识越强，越愿意将企业的资源进行整合投入到环境领域。在资源有限的情形下，投资效益是企业进行投资首要考虑的因素，环境保护投入资源多，具有较强不确定性且收益不明显。只有高层管理者足够重视环境因素，才会将资源投入到环保领域（和苏超等，2016）。

所受教育、年龄以及工作经历等会影响高管对环境战略的选择。教育会推动人的认知，长期的教育能够熏陶出更具有道德和责任意识的人才，具有较高教育水平的高管在对企业承担社会责任方面也发挥着积极作用（王士红，2016），具有理工科背景的高管团队倾向于改善技术提高生产效率，从而承担更多社会责任，生产环保产品（吴梦云和张林荣，2018）。Kollmuss 等（2002）的研究指出，企业高管年龄越大，越注重环境保护问题，且更加倾向于采取积极的环境治理行为。孟科学和杨荔瑶（2017）研究指出随着高管年龄和阅历的增加，当高管物质财富达到一定程度后，更倾向于追求自我价值，更加注重企业价值提升，通常不愿意为了实现企业的经济绩效而做出破坏环境的不道德行为，从而使企业采取积极的环境战略。孙德升（2009）认为高管的任期时长与高管的忠诚度正相关，高管任期时间越长，其越倾向于考虑企业长期经济效益。高管团队在企业的任期时间越长，那么这些高管的经验就越丰富，对企业的管理问题能够做出快速且适合企业发展的决策（孟晓华等，2012）。管理者过去的工作经历以及自身经历丰富度会对企业环保投资决策产生影响（Schaltenbrand et al.，2018），经常从事环保活动的经历会让高管在接下来的工作中更加注重环保。

性别导致不同性格，不同性别的高管在对企业环境战略选择上也具有差异。Boden 和 Corden（2000）研究发现，企业存活时间越长，女性高管的性格更加谨慎，在制定决策方面也更加周全。女性主义关怀理论学认为，女性更加注重责任意识，因此，女性高管也更加注重社会责任，包括环境问题等。裘益政和张茜茜（2018）对女性高管与企业环境绩效之间的关系进行了研究，发现女性高管对企业环境绩效有显著促进作用，而且女性高管在团队中职位越高，企业环境绩效的提升效果越显著。孟晓华等（2012）对高管特征与企业环境责任进行研究得出，在高管团队中，女性高管比例越高，企业越倾向于承担环境责任。

由于 CEO 的个人特性会影响到企业的环境战略选择（Herrmann et al.，2014），因此 CEO 的领导风格也逐渐成为绿色管理研究中的新方向，尤其是绿色变革型领导。绿色变革型领导激发团队成员积极努力实现绿色环保目标，并且鼓舞团队成员取得超过预期水平的环境绩效（Liu et al.，2013）。已有大量研究表明，绿色变革型领导对团队成员环保行为、环保创造力以及环保创新等发挥积极作用（Swan et al.，2013）。

2.1.5　内部资源与能力

内部影响因素的研究视角主要是基于自然资源基础理论，认为企业组织能力和内部资源是企业获得竞争优势和提升企业绩效的关键要素（Alvarez and Barney，2001）。环境战略具有高投入性、高风险性、外部溢出性及不确定性。因此，企业在制定环境战略时，要对自身所拥有的资源和能力进行充分的评估和认识，丰富的资源是企业制定环境战略的基础，企业所拥有的能力则决定了环境战略能否成功顺利开展（Fiorani et al.，2016）。在企业资源较为紧缺时，企业通常会选择投资回报快、投资收益高的项目进行投资，环境战略由于自身具备的不确定性及外部溢出性，决定了它在资源分配时不具备优先分配权利。企业具有的丰富资源，为企业投资环保项目提供了支撑，减少了各个部门间对资源的竞争（Leonidou et al.，2015）。对于环保项目而言，不同资源在各个阶段发挥不同作用。财产资源主要作用于环境战略的研发投入阶段，用于购置先进技术和废物处理设备，进行环保实践；人力资源主要运用于研发投入阶段及创新商业化阶段，企业充足的人力资源保证了企业能够及时获得所需知识和技术，从而设计更为环保的生产流程；信息资源有利于企业捕捉市场机遇，通过及时获取市场信息，研发新产品，从而满足市场需求并获得竞争优势（李婉红等，2013）。Buysse 和 Verbeke（2003）指出，企业有限的资源只能支撑企业开展最低层次的环境战略，污染预防和环境领导型等高层次的环境战略需要更丰富的内部资源。

企业能力包括企业获取信息、吸收知识、整合资源的各项能力（Mokhtarzadeh et al.，2020）。绿色创新是静态与动态演化的结合，创新资源能够在静态阶段为企业提供技术和物质支撑，创新能力能够在动态阶段吸收外部有用信息，并对资源进行吸收、转化、应用等，通过部门间相互协作和知识共享激发企业潜在的能力。Yang 等（2012）通过实证研究表明，企业的环境能力对企业实现环境管理和创新有促进作用，对主动型创新战略和反应型创新战略都有积极正向的影响。廖中举和程华（2014）提出，企业年龄与性质、企业规模以及企业所处行业背景等特征都会影响企业环境战略。

2.2 企业环境战略的结果综述

通过对文献进行梳理，目前关于企业实施环境战略的结果变量主要包含以下几方面：企业绩效、绿色形象及竞争优势等。

2.2.1 环境战略与企业绩效

企业环境战略与企业绩效之间的关系一直是学术界探讨的重要课题，其结论主要可以归纳为两个方面：一部分学者认为两者之间是正相关关系，另一部分学者认为两者之间是负相关关系。薛求知和伊晟（2014）认为，企业环境战略与企业的经营战略具有内在相关性，以医药行业的企业为研究样本，研究了企业环境战略与经营战略相匹配后对企业绩效和经营绩效的影响，结果得出不同类型的环境战略和经营战略匹配可以有效地提高企业的环境绩效和经营绩效。迟楠等（2016）利用元分析方法分析了企业先动型环境战略与企业绩效的关系，同时基于制度理论探索影响企业选择先动型环境战略的因素。结果表明，企业外部的正式制度因素和非正式制度因素都能促进企业选择先动型环境战略，但是非正式制度的影响比正式制度的影响大。同时，先动型的环境战略对企业的经济绩效和环境绩效都有正向影响，其中，对环境绩效的影响要大于对经济绩效的影响。其机理在于一方面公司通过加强自身在环境保护方面的能力，可以减少原材料浪费并降低成本；另一方面随着消费者环保意识的提高，企业积极有效地实施环境战略能够帮助企业抓住市场机遇，获得领先的竞争优势，从而提升企业财务绩效。和苏超等（2016）以207家重污染行业企业作为研究对象，研究了管理者认知和商业环境作为企业的内外部因素对企业前瞻型环境战略的影响，并进一步分析了前瞻型环境战略对企业财务绩效和环境绩效的影响。其结果表明，管理者认知是影响企业选择前瞻型环境战略的重要因素，当管理者认为处理好企业的环境问题是发展机会时，更倾向于选择前瞻型环境战略。企业选择前瞻型环境战略不仅能够减少对环境的污染，还能降低企业环境治理成本，使企业获得竞争优势，从而提升企业环境绩效。此外，还能够满足企业合法性需求，获得利益相关者认可，从而提升企业财务绩效。

从上述分析中可看出，大部分学者认为企业积极主动注重环境保护可以提高企业的环境绩效和财务绩效，主要通过降低业务经营成本，提供差异化产品和服务，推动企业进行绿色技术创新从而降低材料成本等。除此以外，少部分学者认为，履行环境战略会降低企业的经营利润。Schaefer（2007）运用案例分析污水处理行业对环境的影响，结果表明在早期人们对环境意识不够高的时候，企业对环境的投资导致饮用水价格提高，这引起了消费者的强烈不满。采取这种积极主动型的环境战略使企业难以在市场上扩张，从而降低了企业的经营绩效。Ramanathan（2018）认为企业注重环境绩效可能会迫使企业增加成本，从而损害企业的竞争优势，因此提出企业的环境战略和企业的经济绩效呈负相关关系。Nakamura（2011）和Konarv和Cohen（2001）用实证分析证明了环境投入和企业经济绩效之间的负相关关系，认为环境投入会增加企业的运营成本，削弱企业的核心竞争能力等。

2.2.2　环境战略与绿色形象

研究认为，企业绿色形象是内外部利益相关者对企业所采取的环境行为的认知、评价、情感以及联想方式等，根据企业的绿色声誉和可信度进行测量（Chinomona and Chivhungwa, 2019；Wang et al., 2018a）。企业的绿色形象对于企业可持续发展具有重要意义，Chan等（2012）指出，企业的绿色形象能够更加激发消费者的购买意愿，消费者更愿意为具有绿色形象企业的产品支付高昂的价格，因此销售人员在销售过程中要更加突出企业的绿色形象。潘楚林和田虹（2016b）运用实证研究指出，企业的前瞻型环境战略会通过影响企业的绿色核心能力、绿色产品创新以及绿色过程创新，对企业的绿色形象产生积极影响。李冬伟和张春婷（2017）以上市公司重污染行业为研究样本，运用方差分析得出与被动实施环境战略的企业相比，实施积极主动环境战略的企业更容易获得利益相关者差异化的认同和感知。此外，实施更加积极环境战略的企业更容易获得内外部利益相关者的高度评价，从而提升企业的绿色形象。企业的绿色产品创新、绿色管理创新以及绿色工艺创新在环境战略对企业绿色形象的影响中起到中介作用。企业的环境战略通过转化为企业内在的环境创新能力提升了企业的绿色形象。Lee（2016）指出企业实施主动型环境战略可以起到污染防治的作用，通过改善企业产品和工艺流程，降低污染物排放，树立企业的环保形象，从而提升企业声誉。张钢和张小军（2014）认为企业采取积极主动的前瞻型环境战略能够获得社会认可，促进企业产品多渠道销售，同时提升企业的品牌形象和社会声誉。

2.2.3 环境战略与竞争优势

除此之外，学者对企业环境战略与企业竞争优势之间的关系进行了分析，认为企业积极主动的履行环境战略，有助于建立竞争优势（Leonidou et al.，2013；Shu et al.，2020；Shu et al.，2016）。Shu 等（2020）指出采取积极主动进行绿色管理的公司旨在通过环境保护解决环境问题，并尽量减少其对环境的负面影响。在实施绿色管理的过程中，公司可以利用更多的绿色机会来获取竞争优势，主要通过以下三个方面来反映。首先，积极的绿色管理能够使企业获得差异化的优势，能够通过更好地满足消费者对绿色产品和服务的需求以及相关的价格溢价而获利（Shu et al.，2016）；积极的绿色管理鼓励企业从源头开发新的环境友好型产品，从而促进企业进行创新（Leonidou et al.，2013）；此外，这些提供绿色产品或服务的企业向利益相关者展示了自身所具有的差异性，从而满足具有环保意识客户的需求（Ambec and Lanoie，2008）。有研究表明，尽管新兴市场的消费者买不起绿色产品（Yao et al.，2019），但是这些消费者对消费绿色产品和服务有强烈兴趣（Strizhakova and Coulter，2013）。如中国的宽带集团，埃及的 Sekem 和印度的 Shree 水泥公司都在积极选择使用再生材料和采用节能的可持续生产工艺,通过销售这些绿色产品,从价格溢价中获取丰厚的利润。

其次,积极的绿色管理超越了条例的规定,旨在实现更高的原材料利用标准,从而通过降低材料成本来提高企业绩效(Shu et al.,2016)。污染和企业资源浪费有关,积极的绿色管理能够将企业投入高效地转化为产出,降低材料成本以及减少废物产出。此外,有效的绿色管理能够帮助企业避免和环境条例相关的诉讼和罚款,从而进一步降低业务成本。

最后,公司积极采取无害环境的做法证明了公司的合法性,从而提高公司的声誉和形象,这种做法反过来又增加了公司的竞争优势。一方面,积极主动的绿色管理所产生的合法性可以使公司随时进入资本市场,因为它们已经获得了政府和公众的信任(Wu et al.,2018)。另一方面,积极的绿色管理可以增强劳动力市场的吸引力,因为求职者更愿意选择一个负责任的企业(Lee et al.,2013;Rupp et al.,2018)。同时,当一家公司被认为是合法的,那么它就可以更多地从新产品中收益,减少利益相关方在其业务中的不确定性(Shu et al.,2020;Shu et al.,2016)。

2.3 公司治理研究综述

2.3.1 公司治理的内涵

公司治理是现代企业的重要制度安排,本书首先对公司治理提出背景、定义进行了梳理,为后文研究公司治理奠定了理论基础。

西方经济学研究中,Berle(1932)第一次明确提出了"公司所有权和控制权相分离"的观点,著有《现代公司与私有产权》,该著作被认为是公司治理理论的起源。Williams 和 Mckenzie(1975)首次提出了治理结构的概念,该概念与早期的公司治理的含义最为相似。Jensen 和 Meckling(1976)首次提出了代理问题,认为公司治理研究中的主要问题是解决股东和经理人之间的代理冲突。Fama(1983)指出,公司治理的首要任务是处理好代理人和委托人之间的代理关系,核心理念是降低公司的代理成本。我国公司治理起源于国有企业改革,吴敬琏(1994)率先提出了通过借鉴公司治理理论对我国国有企业进行改革。

关于代理成本,中国与西方国家有所不同。西方国家公司股权较为分散,容易引发公司所有者与高管之间的代理冲突，也就是西方委托代理理论中的第一类代理成本问题（Jensen and Meckling，1976）。在中国情境下，公司股权普遍集中在较少股东手中，这些具有较高控制权的股东容易利用手中权力与高管合谋，侵占小股东利益，因此引发大股东和中小股东之间的冲突问题，即第二类代理成本问题。企业所有者主要通过加强激励（合理设计高管薪酬）和监管（控制股权集中度、引入独立董事、董事长 CEO 职位分离等）以减少企业代理成本（He et al.，2019；Jia et al.，2019）。

对于公司治理的定义，国内外学者给出了不同的解释，但其核心观点都是为了解决公司代理成本的问题。Cochran（1988）认为，公司治理是解决公司股东、董事会、高层管理者及公司其他利益相关者之间相互作用而产生的问题，核心问题是谁从公司的各项决策中获得利益。吴敬琏（1994）指出，公司治理结构是股东、董事会以及高管组成的一种组织运作结构，要完善公司治理结构，首先要明确划分公司股东、董事会和高管的职责和利益，形成三者之间的约束制衡关系。钱颖一（1995）提出公司治理结构是用来处理公司各个利益相关者之间的关系，从而最终实现经济目标的制度安排，包括：如何监督和评价董事会、CEO 及员工；如何配置和行使控制权；如何设计和实施激励机制。完善的公司治理结构能够合理利用这些制度安排，最终选择一种结构来降低企业代理人成本。吴敬琏（2001）对公司治理进行了阐释，认为从狭义上来讲，公司治理结构是关于公司股东权利制度的安排、董事会的功能与结构；从广义上讲，公司治理结构是关于公司剩余索取权和控制权分配的一整套文化、法律和制度安排，这些安排决定了公司的发展目标，谁对公司实施控制、如何控制、以及收益和风险如何在公司成员之间进行分配，公司的治理结构实际上是对公司所有权的一种具体化安排①。林毅夫和李周（1997）认为公司治理是指企业所有者对公司经营管理、公司绩效的监督和控制而制定的一整套制度安排，随后在借鉴米勒观点的基础上，认为公司治理是指对公司的内部结构进行控制或者对公司进行直接控制。

2.3.2　高管薪酬激励相关研究

在公司治理中，为了解决委托代理问题，主要通过激励机制和监管机制来

---

① 吴敬琏. 控股股东行为与公司治理 [J]. 中国审计，2001（8）：23-24.

减少委托代理成本。大量学者对公司治理中采取激励机制所带来的结果进行了研究。

一般而言,经理人的报酬主要来自企业控制权收益以及通过运营提高企业绩效后获得的货币薪酬奖励,不同的公司治理结构会导致职业经理人在这两种收益中进行权衡,从而影响企业的发展战略选择(Edmans et al.,2017)。高管薪酬一直被看作是解决股东与管理层之间委托代理关系的关键,合理的薪酬设计能够激励高管在运营企业过程中与股东的利益保持高度一致,从而降低代理成本。但是大量数据表明,较多高管以牺牲股东利益为代价而追求更高的薪酬(Bebchuk and Fried,2003),这导致公司的代理成本急剧增加。高管薪酬与公司业绩的相关程度又被称为薪酬的"业绩敏感性"。国外大量文献研究证明上市公司总经理的报酬与其所经营的上市公司业绩是正相关关系(Jackson et al.,2008),这在一定程度上说明高管薪酬设计的合理性。但是,基于业绩考核制建立的高管薪酬与公司业绩的关系,并不意味着高管薪酬的变动与公司绩效的变动幅度是一致的。在许多国有企业中,总经理由许多控股股东进行委派,且大多数时候总经理由董事长兼任,导致高管薪酬常受控于企业高管,而信息不透明更加剧了企业高管的薪酬黏性(Elsayed and Elbardan,2018;Sheikh et al.,2018)。因此,进一步提高了削减高管薪酬的难度。事实上,高管薪酬的决定容易出现奖优不惩劣的情况,出现业绩上升时高管薪酬的增加幅度高于业绩下降时薪酬减少的幅度,即高管薪酬黏性特征。

除此之外,高管薪酬设计与企业并购行为也有相应联系,不同性质企业,高管通过并购获取自身利益的影响不同。Angelis 和 Grinstein(2014)实证研究指出,高管薪酬增长与公司并购活动的难度、管理者才能以及收购公司绩效没有太大关系,主要与公司并购后的规模有较大关系。李善民等(2009)基于代理成本理论及公司并购的特殊背景,通过实证分析认为对上市公司进行并购已经成为较多高管谋取私利的方式,通过并购高管可以获得更好的在职消费及更高的薪酬,而谋取在职消费的动机更加明显,进一步发现对高管进行股权激励能够缓解高管以权谋私获取自身利益从而损害股东价值的并购行为。傅颀等(2014)实证分析认为,与民营上市公司相比,国有上市公司的高管通过企业并购谋取自身利益的动机更强烈,并购后高管薪酬与企业的规模呈显著正向相关关系。李济含和刘淑莲(2016)基于国企高管的双重身份,对国有企业是否会影响高管升职加薪进行研究认为,国企并购对高管晋升以及薪酬提升具有显著影响,但在这个过程中,存在一个业绩门槛,当企业业绩高于门槛值时,并购对高管晋升产生正向影响；当企业业绩低于门槛值时，并购对高管薪酬提升产生正向影响。何任和王纯（2018）对公司并购行为与高管薪酬变动之间的关系进行分析，认为公司并购行为对企业高管薪酬变动有显著正相关关系，且在这种关系中，企业会计信息质量越差，正相关关系越强。

在企业国际化理论中，认为企业国际化视野、革新产品、革新服务以及销售能力是企业国际化的关键。若企业国际化成功，则可增加高管的阅历和收入，还可以为高管的晋升或跳槽提供优越的基础条件，因此，企业高管一般会支持企业国际化成长。国际化企业相对内陆企业需要面临更为复杂的环境，在经营过程中需要高管具备更为丰富的管理经验和技能（Guyomard and Vermersch, 2017）。在这种情况下，只有通过高薪才能吸引高素质的高管。张洛民和王增涛（2009）研究得出企业高管薪酬与企业国际化成长正向相关。薛求知等（2012）研究指出，企业国际化程度越高，高管薪酬则越高，认为我国高管薪酬逐步从行政化走向市场化，体现了企业自身复杂性以及所处外部产业情况。

公司治理与企业环境的研究，主要集中在对企业环境绩效的考察方面。张正勇和李玉（2018）探讨了企业环境绩效对高管薪酬激励的影响，在国有企业中，企业环境绩效弱化了高管薪酬也及敏感型，尤其是当企业所处地面临经济压力、环境考核压力时，这种现象更突出，在民营企业中则不存在这种情况。他们认为是在国企中，由于预算软约束的存在，导致高管在经营过程中可能以环境绩效作为借口推卸责任。Berrone 和 Gomezmejia（2009）发现所有者为了应对政府监管的压力，会对环境绩效好的高管给予更高的薪酬来激励高管改善环境绩效。周晖和覃亚洲（2016）从资源交换视角，对民营企业开展环境治理进行研究，认为民营企业通过提高环境绩效从而获得政府资源，因此高管获得更高报酬。李平和王玉乾（2015）实证分析认为高管薪酬与环境绩效成倒U型关系，即企业在环境绩效差时，会激励高管去提高环境绩效，而在环境绩效好时，认为自身已达到合法性要求，所有者则不愿意激励高管去提升环境绩效。陈璇和淳伟德（2013）研究指出，提高董事长的股份，有助于企业提升环境绩效，而高管持股比例对环境绩效无显著影响。

2.3.3 两职合一相关研究

除了激励机制外，监管机制也是公司治理中的重要内容，董事长和总经理两职合一作为影响企业监管效率的主要因素，一直以来受到了管理学和经济学领域的重视，并且得到了不同的结论。源于代理理论的观点认为董事长和总经理两职合一会降低上市公司的监管效率，从而损害公司的经济效率，原因在于董事长和总经理两职合一，违背了公司决策权和经营权相分离的基本原则。基于理性人假设，拥有控制权的管理者更有可能利用机会获取自身利益，因此需要建立董事会，对企业的管理者进行有效的监督（Eisenhardt，1989；Mitnick，2015）。Li 等（2018b）认为，董事会的独立性非常重要，尤其是董事长和管理层需要互相独立，才能保证企业的发展不受损害。Firth 等（2014）指出，董事长和总经理两职分离的结构能够保证董事会的独立性，从而减缓企业的代理问题。两职合一则意味着总经理自己监督自己，违背了独立治理的原则，既降低了董事会的独立性，又增加了总经理利用职务之便侵占公司财产的可能。王成方等（2020）认为董事长和总经理两职合一作为重要的决策权配置机制，直接影响着企业的投资效率。在总经理和董事长两职合一的情况下，企业的决策制定权和控制权没有分开，从而达不到相互制约的目的，使企业的管理层能够有机会获取自身的私人收益。企业的过度投资会促进公司管理层控制更多的资源，公司管理层控制的资源越多，那么获取的私人收益也越大。

另一方面，从现代管家理论（Stewardship Theory）视角出发，许多学者开始强调统一指挥，支持董事长和总经理两职合一的董事会领导结构。Donaldson 和 Davis（1991）认为公司经营者为了自身尊严、信仰以及工作上的满足会努力工作，从而履行好企业的"管家"角色，经营者自律的假设与公司股东的利益是相一致的。管家理论认为，两职合一能够给予 CEO 更加明确的、不容挑战的角色和地位，使公司的领导权责更加清楚，从而确保公司的发展方向和公司的领导控制相平衡，从而比两职分离产生更高的公司绩效（陈守明等，2012）。Duru 等（2016）指出公司董事长和总经理两职分离会导致公司出现两个权威，从而增加公司经营层和管理层的冲突，降低企业的治理效率。而董事长和总经理两职合一能够赋予总经理更大的权力，使他能够对外界的变化做出及时的反应。陈守明等（2012）通过探讨研发投入强度和企业价值之前的关系，指出当公司董事长和总经理两职合一的时候，企业研发投入强度对企业价值产生正向显著的影响。原因在于在竞争激烈的市场环境下，企业需要不断进行创新，迅速做出调整来适应快速变化的环境，这就要求高管团队拥有更高的控制权力，把握住稍纵即逝的创新机会。在两职合一的情况下，以总经理为核心的高管团队作为企业战略的决策主体，拥有更大的权力，可以保证决策的落地实施。相反,当总经理的自主权较低的时候,制定的战略和决策则有较大可能被搁浅或否决,从而影响企业的行为(Chen et al.,2022a; Chen et al.,2021b)。

2.3.4 股权集中度相关研究

股权控制作为公司治理中的重要工具,对企业的发展也有举足轻重的作用,是公司治理的重要组成部分。我国上市公司最早的股票分类包括国家股、法人股、个人股和特种股,特种股是指中国境外的个人、政府购买的股份。1992 年将股权重新进行了规定,根据投资主体的不同,将股权分为国家股、个人股、法人股及外资股。从我国上市公司的股权现状来看,不同的股权结构具有相似的股权特征,包括股权集中度和控股股东的性质差别。按照不同的股权集中度,可以把股权结构分为垄断型、寡头型、垄断竞争型以及完全竞争型的股权结构(Alqadasi and Abidin, 2018; Schmalz, 2018)。

学者对股权集中度对企业绩效的影响持不同意见。王雪平和王小平(2017)在研究股权集中度与企业绩效时提出,股权集中度与企业绩效之间存在显著的负向相关关系,不同的股权集中度对企业绩效有显著差异,随着企业股权集中度提高,企业的经营业绩反而逐渐降低;降低企业的股权集中度,反而可以提高公司的经营业绩。Porta 和 Shleifer(1999)研究认为股权集中度与企业绩效之间存在负向相关关系。Shleifer 和 Vishny(1997)、林乐芬(2005)认为股权结构与企业绩效之间存在倒 U 型关系。白重恩等(2005)、陈德萍和陈永圣(2011)认为股权集中度与企业绩效之间呈现正 U 型关系。陈璇和淳伟德(2013)探究了混合所有制对企业绩效的影响,其实证结果表明股权多元化对企业业绩的影响存在适度区间,该区间根据企业生命周期不同而存在差异。对于成熟的主板市场、起步阶段的创业板市场,当股权集中度处于适度区间时,引入国有股有助于提高企业的经营业绩。

关于股权集中度与企业创新的研究目前还没取得一致结论。Barclay 和 Holderness(1988)、Chatterjee 和 Bhattacharjee(2020)将股权集中度与企业技术创新结合起来进行研究,认为股权集中度高的企业,其技术创新能力强。Shleifer 和 Vishny(1997)通过研究指出公司的股权集中度与企业的研发投入呈现正向相关关系。杨慧军和杨建君(2015)基于技术创新理论和委托代理理论,探究了股权集中度与企业技术创新之间的关系,结果表明经理人激励在股权集中度与技术创新之间发挥中介作用:股权集中度对经理人短期薪酬激励有负向作用，对经理人长期薪酬激励有正向作用，短期薪酬激励不利于企业开展技术创新活动，长期激励有利于企业开展渐进式创新和突变式创新活动。冯根福和韩冰（2002）对股权结构与上市公司的技术创新进行研究发现，企业的股权集中度与企业技术创新之间的关系为倒 U 型，从而表明较为适度的股权结构有利于企业进行技术创新，国有持股比例与企业技术创新存在负相关关系，企业的国有持股比例越高，技术创新能力就越低。吴育辉和吴世农（2011）对股权集中度与自主创新投资之间的关系进行研究，认为在国有资本控股的高新技术企业，股权越集中，管理者得到的货币薪酬就越高，但是这会导致管理者降低对自主创新投资。在非国有资本控股的高新技术企业，股权集中度越集中，管理者的货币薪酬就越低，股权薪酬较高，较高的股权薪酬会刺激管理者去提高货币薪酬，货币薪酬增加会促进企业进行自主创新投资活动。

2.4　公共治理研究综述

2.4.1　公共治理的内涵

公共治理是企业经营过程中重要的考虑因素，本节首先对公共治理产生背景、定义进行梳理，为后文研究公共治理对企业环境战略的影响提供理论支撑。

治理理论最早来源于联合国及世界银行等国际组织，之后在欧盟地区得到了广泛实践，促进了治理理论的发展。1989 年，"治理"一词首次被世界银行提出，此后，便被广泛应用于行政改革和政治发展的领域中。1992 年世界银行将其年度报告主题定为"治理与发展"，联合国成立了专门的治理委员会。从公共行政学角度分析，治理理论强调民主的、多元的、合作的及非意识形态化的公共行政（张璋，2000）。

英文中治理（governance）一词来源于古希腊语和拉丁文，意为引导、控制和操纵。治理理论的创始人 Rosenau 等（1992）将其定义为活动领域里的管理机制，虽然没有得到正式授权，但却能发挥功用。我国著名治理理论研究学者俞可平（2003）提出，治理是指民间的或者官方的公共组织在一定范围内运用自身公共权威维持社会秩序，从而满足公众的需求。在各种关于治理的定义中，全球委员会的定义最具有代表性和权威性：治理是指各种公共的或者私人的机构和个人共同管理各种事务的诸多方式，它使相互冲突的利益得以调和，既包括迫使人们服从的正式制度和规范，也包括各种非正式制度安排。

根据治理理论的含义，可看出治理的主体除了一个国家的政府外，还包括民间组织、公共组织、私人组织、非营利性组织、科研学术团体、行业协会以及社会个人等。①治理的对象包括生活中所涉及的所有活动和事务。治理的手段除了国家的行政手段外，更多的是团体之间、机构之间的平等、自愿合作。治理的目标在各种制度关系中运用权威去引导和规范公民活动，以最小的投入为公民创造最大限度的公共利益。还包括各种公共部门以及私营部门，这些部门属于不同层面上的权力核心①。②公共治理主体的责任界限模糊。国家把原来自己独立承担的责任转移到其他非营利性组织及私人机构，但是并没有把相应的权力进行等量移交。③主体间互相依赖。公共活动的各个组织，不论是私营还是公营，都不具备充足的能力和资源来解决所有的问题。因此各种权力之间相互依赖，在治理过程中进行互动，政府与其他组织在这种依赖与互动中就形成了各种合作关系。

公共治理的主体包括政府、非营利性组织、私人组织、民间组织等多方面。我国作为发展中国家，市场化程度不高，相比西方国家，在公共事务中政府承担了更多职责，因此本书主要探讨公共事务中政府所发挥的作用，其他不再赘述（章卫东和赵琪，2014）。政府在公共事务中，主要有两方面的功能：制定法律法规、保证各项事务在执行过程中有法可依，有相应的标准；执行法律法规，确保法规落地。在现实情景中，政府通常针对某方面的问题制定一系列的政策措施，但是由于政府执行能力等方面的因素，导致政府法规最终无法落地实施，被束之高阁（郎玫和郑松，2020）。因此，在政府公共治理过程中，除了考虑政府政策法规外，还需要考虑政府的执行能力，即政府行政效率。接下来主要对这两方面的已有研究进行探讨，为后文公共治理的研究提供理论基础。

2.4.2　环境规制的研究

学者对环境规制与企业技术创新的研究做了大量探讨，但结论不一，存在环境规制促进技术创新、环境规制抑制技术创新、环境规制对技术创新不确定

---

① 魏涛. 公共治理理论研究综述［J］. 当代社科视野，2006（7）：56-61.

以及环境规制与技术创新呈 U 型关系等四种观点。大部分学者的研究成果则是支持"波特假说",即环境规制成本与企业技术创新效益相抵消,对企业技术创新有正向影响(王国印和王动,2011)。政府是环境污染治理的外部规制力量,环境规制主要分为命令控制型环境规制、市场激励型环境控制、自愿型环境规制及隐性环境规制等四类(赵玉民和姚树荣,2009),不同的规制类型导致企业采取不同的环境技术,从而形成不同的竞争优势。当企业面对命令控制型环境规制时,通常投资于生产环节中末端处理技术或者政府制定的环境技术;在市场激励环境控制下,通常投资于对企业较好的环境技术,最终达到政府要求,有较高技术创新激励;在政企合作政策工具下,企业由于得到政府的一些补贴以及管制豁免等,通常会投资于有利于企业发展的最优环境技术,超过政府设定的环境标准(彭海珍和任荣明,2003)。当企业投资于处理末端废物的环境技术时,只是减少了生产过程中的一些副产品,并没有增值产出,反而增加了企业的生产成本,从而影响企业竞争力。当企业先行采用环境技术,能够建立竞争优势(Nehrt, 1998; Porter and Binns, 1995)。李冬琴(2018)对环境政策工具组合与企业环境技术创新及绩效进行了实证分析,结果表明命令控制型政策有利于企业开展环境技术创新,部分激励型环境政策对企业技术创新有正向影响,如排污收费等。命令控制型政策及政府补贴、排污收费的交互项对企业环境工艺创新和产品创新产生正向影响,最终提升企业环境绩效。马富萍等(2011)以资源型企业为研究样本,探讨了环境规制对企业技术创新的影响,认为命令控制型环境规制对企业技术生态创新绩效和技术创新绩效的影响不显著,激励型环境规制及自愿型环境规制对企业技术创新绩效产生正向影响。李婉红等(2013)认为命令控制型环境规制、市场激励型环境规制及自愿型环境规制均对企业绿色创新技术都具有促进作用。

部分学者认为环境规制与企业技术创新负相关或呈 U 型关系。Denison(1981)对美国 1972—1975 年的生产率进行考察分析,认为美国政府的环境规制政策导致生产率下降了 16%。任志宏和赵细康(2006)认为环境规制的抑制效应主要体现在两方面:一方面环境规制会增加环境方面的投资,从而对其他研发活动投资产生挤出作用;另一方面环境规制给企业在生产、销售、管理中增加限制条件,从而对企业进行绿色创新产生限制作用。除了抑制效应外,部分学者认为环境规制与技术创新还有 U 型关系,即随着环境规制的增强,它对技术创新的抑制效应逐渐转为促进效应,存在一个拐点,跨越该拐点环境规制对技术作用则产生促进作用(臧传琴和刘畅,2015)。

此外，也有少数学者提出环境规制对绿色技术创新的作用不确定。沈能（2012）对加大环境规制强度以提升企业技术创新提出了疑问，从全国和地区层面对环境规制和技术创新的关系进行了实证分析，结果认为在不同地区，环境规制对技术创新影响不同。在较为落后的中西部地区，创新收益无法与环境规制成本相抵消，而在较发达的东部地区，环境规制成本则能与创新收益相抵消。Rexhäuser 和 Rammer（2014）认为环境规制对技术创新的不确定性不能单独用促进或抑制来概括，主要表现为会在不同时期、不同产业、不同地区等产生差异性变化。Peuckert（2014）基于动态视角，认为环境规制对企业技术创新产生短期的抑制作用及长期的促进作用。

学者除了考察环境规制与企业技术创新外，还研究了环境规制与企业出口、外资投资之间的关系（Yang et al.，2012；Yuan et al.，2017；唐杰英，2017；闫文娟和郭树龙，2018；周杰琦和汪同三，2017）。从这些研究结果中可以获悉，环境规制对企业的经济发展有较大的影响，贯穿企业获取投资、生产制造到最终的销售环节

2.4.3 政府行政效率的研究

政府行政效率是指政府在管理日常事务的过程中，通常运用较少的资源实现最优的产出，从而达到政府的行政目标（祁毓和郭均均，2012）。夏书章（1996）从经济学和管理学的角度对政府行政效率进行了定义，认为政府行政效率是政府活动的社会效益、投入产出比、速度和实效[①]。在衡量政府行政效率方面，早期国内学者如唐任伍和唐天伟（2004）从国家竞争力的视角对政府行政效率进行了研究，结合中国的国情，根据相关统计数据，选择了47个指标对我国省级地方政府的行政效率进行了量化。唐天伟和邓久根（2007）在此基础上构建了一套包含公共财政、组织机构、财政政策、企业法规和教育5个要素的政府行政效率测量框架。杜传忠和张丽（2015）运用DEA模型从公共物品和服务供给功能、社会公平和保障稳定功能、经济增长与居民福利改善职能以及环境保护和可持续发展促进职能四个方面衡量了政府行政效率。除此之外，Radulovic 和 Dragutinovic（2015）运用随机前沿分析法测算了塞尔维亚地方政府的行政效率。Jia 等（2019）采用樊纲市场化指数中的数据来衡量政府的效率。

---

① 夏书章. 行政效率研究 [M]. 广州：中山大学出版社, 1996.

关于政府行政效率的研究主要分为两个方面，第一，政府行政效率与经济发展之间的关系（姜琪，2016；鲁永刚和张凯，2019；邹伟和凌江怀，2018）；第二，如何提高政府的行政效率（祁毓和郭均均，2012）。

政府在经济发展过程中扮演着"看得见的手"的角色，政府不仅是经济政策的制定者，还是经济发展的监督者。从资源分配视角而言，政府既能够决定资源的开发和利用，亦可以控制资源产业的发展以及分配。鲁永刚和张凯（2019）在研究中指出，政府行政效率的高低决定了资源分配是否公平，从而促进我国经济质量的发展。随着中央政府实行放权让利的财政分权改革，地方政府具有了独立的财政支配权和资源配置权，加大了地方政府在横向之间的竞争。地方政府承担着推动地区经济发展、增加地区财政收入和改善社会福利的任务，此外，当地 GDP 也是官员考核和升职晋升的重要指标，在这些外在刺激和内在激励下，当地政府有足够的动力和压力去实现当地的经济发展。在这个过程中，有效率的政府可以通过高效率的投资直接推动地区经济的发展，从而实现短期的快速增长。姜琪（2016）利用中国 28 个省份 2000—2012 年的面板数据对政府质量和地区经济发展之间的关系进行分析，结果表明有效的制度是社会经济增长的前提，高效的政府能够保证制度的有效提供、保护和推行。

政府行政效率对于企业的发展以及整个社会经济的发展都具有较大的影响，因此，较多学者从各个层面对如何提高政府的效率进行了研究。长期以来，政府行政效率问题就是社会科学领域关注的重点，不仅困扰着中国，西方国家也对这个问题进行了诸多探讨（Chang et al.，2018；Chen et al.，2011）。祁毓和郭均均（2012）认为地区引入外资能够提升政府的效率，原因在于外资引入后，地方政府及工作人员在税收征收、行政审批、政府监管和公共服务事项中与外商企业频繁接触，在这个过程中了解到外商企业的文化、先进管理方式和技术等，从而影响当地政府组织人员的行为范式，外商企业也会对当地政府的效率提出更高的要求。Afonso 等（2005）利用跨国数据发现，外资聚集的地方政府行政效率相对较高，主要体现在服务理念、服务质量、办公条件以及办公手段上。孙琳和方爱丽（2013）指出政府采用会计核算制度增加政府财务透明度能够改善政府治理水平。除了从内部机制如治理工具、治理方法等"软环境"的角度讨论政府治理效率外，部分学者从外部机制即"硬环境"视角探讨了如何提升政府行政效率。孙广召（2020）从基础设施视角出发，认为高铁开通极大地缓解了地理距离导致的时空约束问题，极大地促进了资源效率的提高。高铁开通能够集中周边城市的资源，从而促进优质资本和高端人才等关键生产要素的聚集。其中，高端人才具有良好的管理经验和视野，这显然有利于地方政府行政效率的提高。

2.5 本研究相关理论

2.5.1 委托代理理论

委托代理理论是现代企业内部治理的起点，是在企业所有权和经营权相分离的基础上发展起来的。工业革命以前，社会专业化分工不明显，企业的经营者也是企业的所有者，在这个阶段，企业的经营不需要任何的激励或者监督机制，企业的经营者（所有者）会为了实现自身价值和利益最大化而不懈努力。随着工业革命的发展，专业化分工越来越明显，企业的所有者开始雇佣专业的职业经理人为其经营公司。因此，所有权和经营权开始分离，委托代理关系也随之产生了。委托代理一词最早起源于亚当·斯密的《国富论》，但是早期的委托代理理论仅停留在经营权和所有权相分离的基础上（Jensen and Meckling, 1976）。直到 19 世纪 60 年代末 70 年代初，经济学家才开始深入探索委托代理所存在的问题，产生的原因以及如何解决这一系列问题（Eisenhardt, 1989）。

委托关系的存在导致了一系列委托代理问题的产生，对于企业的委托人和代理人而言，双方的目标导向有所不同（Enos and Hersh, 2015）。同时，由于企业经营环境的不确定性，委托人无法通过确定的契约来约定代理人的各种行为。与代理人相比，委托人对于企业的经营信息等无法一一获取，存在严重的信息不对称等问题，这使得代理人可能为了追求自己的利益从而损害委托人的利益，而委托人却无法知晓并监督，由此就会产生一系列的委托代理问题（倪敏和张耀中，2012）。委托代理问题产生的原因主要可以归结为两个方面：第一，委托人和代理人之间的目标不一致。对于委托人而言，其主要目的是获取利润最大化，从而享受分红及股利增长，注重企业的可持续发展。代理人由于是企业聘请的职业经理人，其主要特点是拥有公司的经营权却没有公司的控制权，会面临定期的考核等。因此，经理人在经营过程中，基于自利天性，首先会考虑自己的薪酬待遇、闲暇时间、社会地位及声誉等。正是由于两者所追求的利益不一致，委托人和代理人之间出现利益冲突，从而导致委托代理问题的产生（Labrianidis et al., 2011；Sharma, 1997）。第二，委托人和代理人之间存在信息不对称问题。Grossman 和 Hart（1983）指出，企业外部的利益相关者无法准确掌握企业内部的经营信息，因此，代理人在经营过程中可能会根据自己的利益从而调整企业的经营战略。与企业的股东相比，代理人在经营过程中，更加了解企业的财务状况以及发展情况，这种信息不对称容易导致两者之间出现委托代理关系。委托代理问题最常见的两种方式即逆向选择和道德风险（Jia et al., 2019）。其中，逆向选择主要指的是代理人通过利用委托人所接触不到的信息进行决策，道德风险主要指的是代理人为追求自身利益最大化而做出的损害股东利益的自利行为。

委托代理理论的内容在学术界主要分为两类：早期的西方委托理论主要强调的是委托人（全体股东）与代理人（经营者）之间的问题，这种理论主要针对的是英国、美国等股权较为分散的上市公司。股权分散的直接后果是上市公司的所有权和控制权相分离，在股权分散或者两权高度分离的情况下，上市公司面临的主要委托代理问题是全体股东与经营者之间的利益冲突。具体来讲，上市公司最主要的问题就是如何让公司的经营者为全体股东创造更多的价值，如何保证经营者以全体股东的利益为首要目标（Poletti and Briano, 2019；李正图，2020）。因此，早期的西方委托代理理论就是为了解决上述问题和矛盾，其核心就是设计一个治理机制，保证代理人（经营者）以委托人（全体股东）的利益为首要任务进行经营。

然而，全球大部分国家的多数上市公司的股权特征不是股权分散，而是股权相对或者高度集中。Faccio 和 Lang（2002）对13个西欧国家的232家公司进行分析，发现英国和爱尔兰的上市公司股权相对分散，欧洲大陆国家的股权相对集中。Claessens 等（2002）在研究中发现，在东亚地区除日本的股权相对集中外，其余东亚国家中有三分之二的上市公司都拥有单一控股股东。冯根福（2004）指出，中国绝大部分上市公司的股权较为集中，且出现国有股"一股独大"的现象。上市公司的股权集中度决定着公司治理所要解决的重要问题。包括中国在内的许多国家和地区的股权不是相对分散而是相对集中，这决定了这些国家的公司治理问题与美国和英国等地区的存在较大区别。公司治理不仅要解决全体股东与经营者之间的利益冲突问题，还要解决大股东与中小股东之间的矛盾。因此，针对这些问题，冯根福（2004）提出了适合这种体制的委托代理理论——双重委托代理理论。

双重委托代理理论主要适用于股权相对集中或高度集中的上市公司，这类公司与股权分散的上市公司的特征既有共同点，也有差异性。在股权分散的上市公司中，由于股份较为分散，任何一位股东都不能单独对企业的经营决策产生影响，所以股东之间基本上没有利益冲突。这类上市的控制权往往是由经营者来操控，因此这类公司主要解决的问题是股东和经营者之间的矛盾（胡才龙和魏建国，2019）。而在股权相对集中的上市公司，控股股东、大股东和中小股东其目标一致，都是为了获取最大投资回报。但是，由于控股股东及公司的大股东掌握着公司的控制权，因此，当自身利益和中小投资者的利益产生冲突时，控股股东以及大股东基于自利天性和机会主义行为，往往会利用自身控制权来损害中小股东的利益，于是产生了控股股东以及大股东与中小股东之间的矛盾。在股权相对集中或者高度集中的上市公司，公司治理问题往往包含两方面的问题：一是股东与其代理人之间的问题，二是控股股东及大股东与中小股东之间的委托代理问题（冯根福，2004）。

2.5.2 利益相关者共同治理理论

Rhenman（1964）首次提出了利益相关者概念，强调企业与利益相关者之间的相互作用关系，认为利益相关者是为了获取自身利益而依附于企业，与此同时，企业为了实现自身的可持续发展也依赖于这些利益相关者，包括个人或者群体，如投资者、消费者、供应商等。随后，利益相关者这一理论由于没有获得大众重视，沉寂了一段时间。直到20世纪80年代初期，随着企业以及社会伦理观的发展，利益相关者的问题才重新回到大众视野。Freeman 和 Medoff（1984）指出，企业的利益相关者是指那些能够以任何形式影响企业组织目标的实现或者受企业影响的个人或群体。通过对利益相关者的内涵进行梳理，可以将其定义分为两种：狭义的利益相关者主要是指如果没有获得组织支持，那么发展就会受到制约的个人或者群体，主要包括员工、股东、相关供应商、政府机关以及相关的金融机构。广义的利益相关者主要是指任何能够影响组织目标实现或受组织目标实现影响的个人或群体，主要包括员工、股东、顾客、抗议团体、公益团体、政府机关、竞争对手、业界团体以及工会等（Thijssens et al.，2015；Yang and Rivers，2009）。

利益相关者对于企业的发展发挥着重要作用，如何平衡好利益相关者和企业的关系，是企业在发展过程中不得不思考的关键性问题，利益相关者管理这一概念也因此而产生（戴超颖，2012）。利益相关者管理可以分为一般利益相关者管理和战略利益相关者管理（Frooman，1999）。一般利益相关者管理认为不同的利益相关者拥有自身的价值，因此企业应该关注所有利益相关者的利益；战略利益相关者管理则主张关注那些对企业具有直接贡献的利益相关者的利益。相比较而言，战略利益相关者管理观具有更强的适用性（D'Este et al.，2012）。此外，还有学者提出了利益相关者治理的概念，主要是让利益相关者参与治理从而促使利益相关者和企业之间实现双赢。理论上对于利益相关者中谁能够参与公司治理主要存在四种不同的治理观，分别是股东治理观、员工治理观、关键利益相关者治理观以及利益相关者共同治理观（李维安和王世权，2007；戴超颖，2012）。

利益相关者共同治理观起源于20世纪90年代，这种观点认为企业的利益相关者都应该参与公司治理。在企业的经营过程中，政府、员工、股东、社区、媒体都扮演着重要的利益相关者（Andersen and Høvring，2019）。不同的利益相关者对于企业的诉求不同，因此，为了满足不同利益相关者的需求，在治理过程中，不仅要考虑员工和股东的需求，还要考虑除员工和股东以外其他利益相关者的需求。对于环境治理而言，政府主要是站在公众利益及社会发展的视角，通过制定政策法规等，要求企业履行相应的环境保护责任。对于内部企业员工和股东而言，投资环境治理不一定能够给自己带来最大的经济效益，因此，内外部利益相关者之间存在相应的利益冲突。为了更好推动企业的发展，内外部利益相关者需要相互协商，共同推动公司环境治理，从而满足各个利益相关者的需求（Birnbaum，2016）。

2.5.3 资源基础理论

资源是人类赖以生存的基础，随着时代的发展资源的内涵和定义在逐步的发生改变。纵向梳理对资源的认识，主要经历了三个阶段：第一个阶段是在工业革命以前，人们对资源的认识普遍集中在自然资源层面，包括土地、矿产及水资源等；第二个阶段是在人类进入工业社会后，开始认识到资源除了局限于自然资源外，还包括资本资源、人力资源等；第三个阶段是进入信息时代后，知识资源和信息资源成为了资源的重要组成部分（胡炜，2015）。

资源基础理论（Resource Based Theory，RBT）也被称为资源观点（Resource Based View，RBV）。Grant（1996）认为企业是把所有潜在的产品和服务进行综合的一个有机整合体，这个观点被学术界视为是资源基础理论的起源。其观点认为，在生产环节投入资源是资源基础理论的前提。近年来，资源基础理论被广泛地运用于多个领域，是管理科学领域的一个重要基础理论，是企业战略管理理论的主导范式，在相近领域获得了足够的重视，包括运营管理、人力资源管理、创新管理以及绩效管理等方面（Hitt et al.，2016；赵玉攀，2019）。

资源基础理论的存在主要基于以下两个假设：第一，不同行业中的不同企业拥有不同的资源；第二，这些资源具有异质性，不可复制性。不同行业由于自身的发展模式不同，拥有的资源存在较大的区别。劳动密集型企业主要资源为人力资本，高科技企业拥有的主要资源为智力资本以及资源资本。企业的资源是指能够给企业带来竞争优势的任何事物，既包括有形资产，也包括无形资产，如商标、技能和能力、资本、契约、员工知识，以及在经营过程中的有效程序和过程。企业的资源是能够帮助企业实现其发展战略、愿景和使命的一系列属性组合（朱伟民，2007）。

企业发展的核心要义是利用自身的资源和能力，与其他企业进行竞争，从而维持自身的发展（陈东和邢霖，2019；李颖等，2018；张玉臣，2019）。Hunt（1997）认为企业获得竞争优势的主要原因是企业拥有独特的资源，企业的资源和能力从本质上而言是存在区别的，这些特点使得企业之间存在异质性。

在企业经营过程中，不同企业的短期目标和长期目标有所不同，因此，其战略经营的侧重点不同，从而导致企业的资源配置存在较大差距。资源配置问题是经济管理中较为常见的问题，其主要目的是将有限的、相对稀缺的资源进行合理配置，以最少的资源投入生产出最适用的产品和服务，从而获取最佳的经济价值（盛宇华等，2017；王永丽等，2018）。资源配置主要解决的是资源稀缺性与需求无限性之间的矛盾。不同的学者对资源配置的定义不同，《简明不列颠百科全书》中对资源分配的定义是"生产性资产在不同用途之间的分配"，格林沃尔德在《现代经济词典》中则将其定义为"资源在不同用途和不同使用者之间进行分配"[①]。他们都指出了资源分配的根本点在于使用者和占有者。人作为经济活动的中心，会被动或主动地在资源稀缺性或者有限性的局限下，在资源存在的用途之中，进行选择、搭配和调度，从而获取资源使用的最佳效益。Barney（1991）指出，企业的资源包括所有的资产、组织过程、能力、信息、企业特征和知识等，企业通过控制及高效使用这些资源来实现企业的战略目标，保证资源效率最大化。企业资源理论认为，有价值的、稀缺的以及不可

---

① 格林沃尔德. 现代经济词典 [M]. 北京：商务印书馆，1981.

模仿的资源是企业获取持续竞争力的源泉（赵玉攀，2019），但除了拥有这些资源外，能够高效地管理并运用这些资源是实现企业战略目标的重要保证。

2.6 文献述评

本章主要对环境战略、公司治理及公共治理的相关研究进行综述，并对本研究所涉及理论进行梳理，为本研究提供理论基础。

目前关于环境战略的研究，主要集中在两方面：环境战略的前因变量和环境战略的结果变量。在环境战略的前因变量中，影响企业环境战略的因素包括政策法律法规要求、利益相关者压力、经济利益诱使、高层管理者自身特性以及内部资源与能力等。在环境战略的结果变量中，现有研究主要分析了环境战略对企业绩效、绿色形象以及企业竞争优势的影响。关于公司治理的研究中，大量学者分析了高管薪酬激励、独立董事以及股权集中度对企业创新、国际化、并购及企业经济绩效等的影响，部分学者研究了高管薪酬激励对企业环境绩效的影响。公共治理研究主要探讨了政府环境规制对企业技术创新的影响，部分学者对政府行政效率与企业发展、地区发展进行了探讨。

通过对公司治理、公共治理与环境战略的相关文献进行梳理，笔者认为目前公司治理及公共治理与环境方面的研究还存在大量不足之处，主要包括以下几点：

（1）现有研究主要从高管薪酬激励视角分析了对企业环境绩效的影响，未从公司治理的整体视角即高管激励和内部监管两个层面出发，考察对企业环境战略的影响。公司治理研究主要包含高管激励和内部监管两方面的内容，因此，将这两方面的内容结合起来研究对企业环境行为的影响，可以弥补现有公司治理层面对环境行为的研究不足之处。此外，企业的环境绩效是企业采取各种环境行为的结果，环境战略作为企业采取环境行为的纲领，对企业的环境行为表现具有主导作用。因此，从公司治理视角研究企业的环境战略选择对企业的环境行为具有重要作用。

（2）现有研究主要分析了政府规制对企业环境绩效及经济绩效的影响，未从政府行政效率视角研究对企业环境行为的影响。在公共治理领域，政府除了制定政策法规外，其行政效率对于地区经济发展、企业发展都具有重要作用。因此，本书从政府行政效率视角出发，研究政府行政效率对企业环境战略选择的影响，弥补了公共治理领域政府对企业环境行为的影响。

（3）现有研究主要单独分析了公司治理或公共治理对企业环境绩效或财务绩效的影响，鲜少有研究从企业视角出发，将公司内部治理和外部治理结合起来，构建一个系统的测量框架。企业作为社会中的一个组成部分，其行为不仅受到自身内部因素的影响，还受到外部环境的影响，因此，本书将内部治理和外部治理结合起来，研究其单独和共同作用对企业环境战略的影响，丰富了企业环境战略选择的影响因素研究。

3 环境战略测量理论基础和框架构建

本章通过对战略内涵的分析,在结合以往环境战略测量的基础上,通过梳理相关文献,为本书环境战略测量构建了一个系统的理论框架。主要分为以下四部分内容:第一,战略是什么;第二,对环境战略的定义以及以往学者对环境战略的分类进行了综述;第三,对以往关于环境战略的测量方法进行系统的梳理,并在此基础上指出存在的问题;第四,结合相关研究构建本书环境战略测量的理论框架。

3.1 环境战略的内涵及分类

3.1.1 战略的定义

"战略"一词最早来源于古希腊语 strategos,由 stratos 和 eg 组成,其内涵是指"将军指挥军队的艺术"。在军事上,战略和战术之间存在较大的区别,战略是指为了获取某个军事目标对兵力调度的总体计划和部署,而战术是指为了达到军事目标所作的具体方案。随着时代的发展,人们越来越认识到军事战略对于企业发展的重要性。除战术外,还有一些名词与企业战略具有高度相关性,如使命(mission)、目标(goal)、愿景(vision)及具体目标(objective)等(金占明,2010)。

接下来对这些词语进行解析,这有助于认识战略的本质。使命(mission)主要涉及企业的总体目标、经营范围以及经营界限,通常表述为"我们希望成为怎样的企业?"(林泉等,2010);愿景(vision)通常是与使命保持一致的组织未来的目标,具有前瞻性,是指企业较长时期内追求的目标,不是一般性业务发展的具体目标(田志龙和蒋倩,2009);目标(goal)通常是指与使命相一致的一般表述（戴璐和宋迪，2018）；具体目标（objective）是对目标的量化以及更加精确的描述，一般是通过一系列的行为和任务才能实现，这些行为和任务是实施战略的具体步骤，与具体经营问题以及经营者有关。战略（strategy）在使命和目标既定的条件下，为达到使命和目标而采取的行动，与具体目标无关。

企业战略并不是一个简单概念，不能仅仅从某一方面加以描述。换言之，企业战略不仅涉及企业所有的关键活动，还需要根据环境的变化加以调整。通过对战略领域的研究成果进行回顾，可以看出企业战略主要包括以下几种定义：

第一，战略是形成企业长期目的和目标，限定企业主要活动和分配资源的具体方法（陈云卿，1995）。这是关于企业战略最为经典的概念，也是一个切合实际和有用的定义。首先，企业应该确定自己的经营目标，且不轻易修改既定的目标；其次，保持长期目标的稳定并不意味着企业的经营活动是一成不变的，可以进行短期调整并与长期目标保持一致；最后，企业的资源分配，包括人力、资金及技术等，不仅要和企业的主营活动相匹配，而且要与战略目标保持一致（步丹璐和兰宗，2020）。显而易见，如果企业确定了长期目标，却没有具体的活动项目，或者明确了活动项目，却没有相应的资源投入，或者是资源配置不合理，那么实现企业的战略目标就是一句空话（金占明，2010）。

第二，企业战略是一种连续一致的决策模式。亨利·明茨伯格等（2012）认为战略是一种模式，强调战略是一系列行为的结果①。通过对企业行为的连续性进行考察，就可以对企业不同战略模式进行区分。Sharma 和 Vredenburg（1998）指出，企业战略应该是持续性的，应该表现为一个持续的模式。如果只是在某一个时间点为了应付短时间所遇到的问题，则不能称为战略。

第三，战略是一种定位。这一定义强调企业应该明确自身在市场环境中的位置，正确评估自身的能力，通过战略使自身与外部环境相匹配。换言之，企业应该通过对所处的外部环境、行业结构以及对竞争对手的分析，明确自己所处的位置，从而对自身的资源进行合理的分配，形成一个有利于自身发展的圈子。

第四，战略是企业获取竞争优势的手段。Peteraf（1993）最早提出，企业所处的行业条件决定了企业的市场机会不同，而不同企业竞争优势的不同主要来源于企业的资源与能力。当企业运用自身的资源和能力来发展独特核心能

---

① 亨利·明茨伯格，布鲁斯·阿尔斯特兰德，约瑟夫·兰佩尔，等. 魏江译. 战略历程：穿越战略管理旷野的指南 [M]. 北京：机械工业出版社，2012.

力，且竞争对手短时间内无法替代和模仿时，企业就能较长时间的维持自身的竞争优势（Lorenzo et al.，2018）。

在以往文献对战略进行定义的基础上，本书对战略进行了如下定义：战略主要是指企业为了达到组织目标所采取的一种态度；为确保战略目标的实现，需要对企业所处的市场环境和行业环境进行充分评估，制定符合企业发展的主要活动内容，并根据自身的资源和能力进行合理配置。

3.1.2 环境战略的定义

环境战略是解决环境问题的关键，本书首先对环境战略提出背景、定义、分类进行了梳理，为后文研究奠定理论基础。

现有战略管理理论和组织理论都强调企业在发展过程中必须要适应自己所处环境，包括内部资源、文化、能力及外部政策、经济、地理等环境因素，但是对自身所处自然环境的关注明显不够。Hart（1995）提出传统战略管理理论中所强调的环境因素是较为狭隘的概念，仅包括政治、经济、资源和能力等，没有把自然环境考虑在内。但我们身处在地球上，自然资源是有限的，企业的经济活动若要长期可持续发展，必然受制于自然环境约束。随后学者们在 Hart（1995）基础上，把环境战略并入战略管理重要研究内容，企业在发展过程中必须要考虑环境战略（Jennings et al.，1998）。

环境战略是指企业在发展过程中，要尽量减少对企业的消极影响，围绕环境问题而形成的一系列企业发展战略（Sharma，2000）。在具体操作层面上，环境战略不能作为一个单独的职能部门来处理企业在发展过程中所产生的环境污染问题，它必须要放在企业发展战略视角高度。企业每一项活动都必须从环境战略视角出发，从企业原材料采购、生产到销售的各个环节，贯彻到产品的整个生命周期（Adomako et al.，2021；Sharma，2000；严良等，2014）。本书在结合战略定义的基础上，认为环境战略是企业对待环境的一种态度，根据企业自身发展的需要，选取不同的活动内容以及不同的资源配置，从而确保环境战略的实施。

3.1.3 环境战略的分类

对于环境战略，各个企业在面对环境问题时的态度和处理方式也各有差异。一些企业是由于外在压力如政府环境规制、社会公众舆论而采取的被动反馈型环境战略；另外一些企业则是自愿采取积极主动型环境战略对企业环境问题进行防范和治理。不同学者具体细分方法不一。

学者主要从几个方面对环境战略进行分类，第一，最主要的是从企业对环境问题的态度及反应程度视角。Hunt 等（1990）根据企业对环境问题反应的消极程度和积极程度，把采用不同环境战略的企业分为初始者、救火员、热心公民、实用主义者和前瞻者这五类。Henriques 和 Sadorsky（1999）在前人研究基础上，根据企业对社会责任的态度，把 Hunt 等（1990）提出的"前瞻者""实用主义者""商业与自然环境绩效双优"及"领导优势"归为"前瞻型战略"，在这基础上提出了四种环境战略，包括反应型环境战略、防御型环境战略、适应型环境战略及前瞻型环境战略。Christmann（2004）认为企业的环境战略能够构建企业能力，因此，在以往的环境战略中加入了能力构建型环境战略，即分为能力构建型、主动型、适应型、防御型和反应型五种企业环境战略。胡美琴和骆守俭（2008）将环境战略分为合作型、主动型、讨价还价型和反应型。Roome（2010）从消极、逃避到积极反应来界定，分为不遵守、遵守、遵守＋、商业与自然环境绩效双优、领导优势五类，界定较为详细、清晰。Sharma（2000）把环境战略分为两种比较容易区分的战略，即前瞻型环境战略和反应型环境战略，前瞻型环境战略是指企业积极、主动采取相应措施来解决环境问题，反应型环境战略则是采取被动反应的战略。

第二，部分学者从企业制定环境战略的侧重点和内容进行分类。Murillo – Luna 等（2007）基于企业社会责任视角，把环境战略分为被动反应型、关注利益相关者反应型、关注环境质量反应型及关注环境规制反应型。部分学者将环境战略分为关注过程的环境战略和关注产品的环境战略两种类型。关注过程的环境战略强调企业实施以过程为主的环境管理，主要通过减少"三废"排放和原材料投入来降低企业的经营成本，从而提高企业的生产绩效。关注产品的环境战略是指从源头开始，重新设计产品，增加产品的绿色属性，从而塑造消费者的对绿色品牌的偏好和忠诚度（Christmann，2000）。

第三，少部分的学者从企业投入环境保护的资源和能力视角进行了分类。Wu 等（2014）、薛求知和伊晟（2014）在 Henriques 和 Sadorsky（1999）的分类方法基础上，认为实施防御型环境战略的企业把环境管理视为不必要的业务，因此，会尽量减少在这方面的投入和支出；实施防御型环境战略的企业会在必要的时候进行环境投入,将在发展过程中遇到的环境事务视为一种威胁而不是发展机遇;实施适应型环境战略的企业将发展过程中的环境事务视为一种机遇,以一种积极的态度采取相关的污染防治技术,从而提高企业的绿色管理能力;实施前瞻型环境战略的企业认为加强对企业的环境管理对企业具有重要的意义,因此,会投入大量的资源发展绿色技术。即反应型和防御型环境战略的资源投入较少,前瞻型和适应型的环境战略在资源方面的投入较多。具体的分类方法如表3-1所示。

表3-1 环境战略分类

分类依据	学者	环境战略分类
根据企业对环境问题的态度视角	Hunt 等(1990)	初始者、救火员、热心公民、实用主义者、前瞻者
	Sharma 等(1998)	前瞻型环境战略、反应型环境战略
	Henriques 等(1999)	反应型环境战略、防御型环境战略、适应型环境战略、前瞻型环境战略
	Christmann(2004)	能力构建型、主动型、适应型、防御型、反应型
	胡美琴等(2008)	合作型、主动型、讨价还价型、反应型
	Roome 等(2010)	不遵守、遵守、遵守+、商业与自然环境绩效双优、领导优势
根据企业对环境问题的侧重点和内容视角	Murillo-Luna 等(2007)	被动反应型、关注利益相关者反应型、关注环境质量反应型、关注环境规制反应型
	Sharma 和 Henriques(2005)	生态系统管理、控制污染、生态设计、循环设计、业务再定义、生态效率
	Hart(1995)	末端治理、污染预防、产品监控以及可持续发展
	Christmann(2000)	关注过程的环境战略、关注产品的环境战略
根据企业对环境问题投入资源与能力视角	Wu 等(2014)	反应型环境战略、防御型环境战略、适应型环境战略、前瞻型环境战略

3.2 现有环境战略的测量综述

3.2.1 现有环境战略的测量方法

在以往的研究文献中，关于环境战略的测量主要采取问卷调查和访谈的方法。综合目前的文献来看，主要存在以下几种测量方法：

第一，以 Sharma 和 Vredenburg（1998）为首，将企业环境战略分为积极型环境战略（Proactive）和反应型环境战略（Reactive）两种类型。他们通过对加拿大油气产业的工作人员进行结构化访谈和邮件问卷调查，对企业环境战略进行了 11 个维度的测试，这些测试指标主要是根据加拿大石油和天然气行业对自然环境产生重大影响的领域以及文献中用来评价环境绩效的方面来确定的。石油行业对于自然环境的主要影响在于以下几方面：勘探和钻井场地的物种生物环境保护、受污染的土壤环境恢复、减少环境风险、减少事故和废物以及生产和精炼现场的废物减少方面。环境管理文献中，主要涵盖的指标有使用替代燃料、节约能源、减少使用破坏环境的产品以及是否有雇员培训方案等。除此之外，还考虑公司所采取的环保措施是否与公司经营范围相关的维度保持环境实践一致性。比如某些石油公司虽然采取了严格的降低风险措施，但是在保护栖息地，降低污染产品以及减少废物等方面采取了非常有限的环境措施。只有当企业在与其活动范围相关的所有部门展示出一致的环保实践时，企业的措施才能被认为是积极主动的，而不是为了应对行业内的压力而履行环境法规等。除了跨维度的一致性外，积极主动的公司应该表现出一种持续的模式。其问卷调查基于访谈的 11 个维度提出了 10 个问题，包括"贵公司在多大程度上修改了以下业务领域的业务做法，以减少对动物物种和自然环境的影响？""贵公司在多大程度上采取了以下资源行动（即规章不要求采取的行动）以保护环境？""由于下列行动，贵公司在多大程度上减少了运营产生的废物和排放？""由于采取以下行动，贵公司在多大程度上减少了不可再生材料、化学品和部件的采购？""贵公司通过替代和研究下列能源，在多大程度上减少了传统燃料的使用？""因为下列活动，贵公司在多大程度上减少了能源消耗？""贵公司在多大程度上采取了以下措施，以减少其产品对环境的影响？""贵公司在多大程度上采取了以下措施，以减少环境事故、泄漏和排放的风险？""贵公司在多大程度上建立了伙伴关系以减少对环境的影响？""贵公司在环境审计、公开披露、员工培训等方面采取了哪些行动？"问卷调查的主要对象为年度销售收入超过 2000 万美元的 110 家加拿大石油和天然气公司中的首席执行官、高级管理团队成员、原油生产和炼油厂的经理、部门主管等。

第二，Henriques 和 Sadorsky（1999）在 Hunt 等（1990）和 Roome（2010）的研究基础上，将企业环境战略选择分为四类：反应型、防御型、适应型和主动型。Hunt 等（1990）通过企业对环境的态度将企业的环境战略分为五个阶段：初学者、消防队员、热心的公民、实用主义者和积极主义者。Roome（2010）则根据企业对待环境管理的积极程度提出了五种广泛的环境战略选择：不遵守、遵守、遵守+、商业与环境卓越及领先优势。Roome（2010）指出最后一类是"更多地描述一种具体的实践形式，而不是一种理论策略"，Henriques 和 Sadorsky（1999）将最后两个类别进行合并，并把它们归类为主动型（proactive），将其他三类分别归类为反应型、防御型及适应型。在此基础上设计了量表，量表设计中关于企业的每种做法都能够在企业的四种环境策略的内容中体现，每种做法都体现了企业对自然环境的承诺和态度。企业可能从事的环境做法包括：（1）有环境计划；（2）有书面文件说明其环境计划；（3）向股东或利益相关方通报其环境计划；（4）将该计划传达给雇员；（5）设立一个专门的环境、健康和安全部门（EHS）；（6）设立一个专门处理环境问题的董事会或管理委员会。其中，制订环境计划代表一个公司致力于环境管理的总体政策声明，是积极沟通的起点，如果没有这样一份文件，就意味着环境管理不是一个优先事项，管理层和雇员都不了解环境问题及其后果（Hunt et al.，1990）。向员工和股东传达环保计划是公司认真对待环境计划的一个重要标志，EHS 单位的成立也表明了企业对环境问题的承诺，在设立这样一个单位时，最高管理层在处理化境问题上投入了时间和资源（Buzzelli，1991）。通过选择加拿大的 750 家大公司作为研究样本，选择受访者的头衔包括 EHS 主任、加拿大环境实践伙伴、环境事务经理、政府关系经理以及环境和管理事务经理，对他们的回答进行聚类分析，正聚类代表对这六方面进行了实践，而负聚类意味着相反的做法。

第三，Buysse 和 Verbeke（2003）在 Hart（1995）对资源领域的划分基础上，对环境战略进行了划分。Hart（1995）对资源的划分主要分为五个方面：（1）投资于绿色产品和技术相关的传统绿色竞争；（2）对雇员技能的投资；（3）对组织能力的投资；（4）投资于正式的管理系统和程序；（5）明确公司所关注的环境问题并允许负责环境管理的个人参与公司战略规划。Hart（1995）提出了四种基于资源的环境思维方法：管道末端法、预防污染或全面质量管理、产品管理以及可持续发展。其中，投资于管道末端方法代表了对待环境问题的反应型态度。预防污染意味着企业不断调整其产品和生产流程以减少低于法律要求的污染水平，只要从源头上进行预防，公司就能够以较低的成本实现合法合规并减少负债，这种环境战略被视为一种成本领先的方法。产品管理可以被看作产品差异化的一种形式，成功实施这一战略的关键在于从产品的整个生命周期去减少环境负担，包括材料的选择、生产、分配、包装、消费和处置（Welford，1993）。可持续发展主要是通过发展清洁技术，尽量减少企业增长过程中的环境负担，这种战略需要一个长期的愿景。Buysse 和 Verbeke（2003）在这基础上，对企业的以下 10 个方面设计了问卷调查进行考量：（1）投资到与绿色竞争力相关的产品和制造过程；（2）投资到员工技能中；（3）投资到组织能力中；（4）有关环境的书面计划；（5）企业生命周期分析；（6）外部环境报告；（7）内部环境报告；（8）在管理评估中的环境表现总结；（9）环境问题一体化；（10）有专门的环境负责人参与到企业战略管理中。Buysse 和 Verbeke（2003）对这些问题通过 Likert 量表进行了 1—5 分的赋值，国内学者如潘楚林和田虹（2016b）也根据此量表对国内企业的环境战略进行了测量。根据这 10 个问题的得分，将环境战略分为三种主要的环境管理战略：反应型管理策略、污染预防型策略以及环境领导型策略。

第四，以 Pinzone 等（2015）为主的研究运用调查问卷测量企业的积极主动环境战略，主要是对环境行为所采取的行动程度来划分，这在国内也得到了部分学者的追随（崔悦，2019）。通过选取 462 个医疗保健组织填写调查问卷，来测量企业面对环境问题时所采取的环境保护行动水平。其环境战略的测量主要包括如下 7 个问题："我的组织明确规定了环境目标""我的组织采用了防止污染和减少环境影响的技术""员工在我的公司接受环境问题培训""在我的组织中，明确界定和分配了环境事务的责任""我的组织定期向利益相关者报告其环境绩效""我的组织要求其供应商持有环境认证（如 EMAS、ISO14001）""在我的组织里，大部分的改进费用都是用于面向环境的项目"。通过参照 Murillo – Luna 等（2008）、Sharma 和 Vredenburg（1998）的研究，要求问卷调查对象在答卷上说明他们在多大程度上同意组织中的每一项具体做法，每个项目的总分为7，其中1表示"不同意"，7表示"强烈同意"。

第五，Garcés‐Ayerbe等（2016）根据过去三年来衡量企业环境变化程度的一系列指标，设计了一套综合其环境实践的强度和范围的变量。这些指标主要是参照了学者如Murillo‐Luna等（2008）及Aragón‐Correa（1998）的指标选取办法，设计了一套包含14项指标的量表，这些指标能够显著地用于衡量企业的环境变化，主要包含工艺、产品、管理以及供应链四个方面。14项指标中，4项用于衡量工艺方面的变化，包括（1）已安装新型低消耗或低环境影响设备/机械（水、材料、电力、供暖等）；（2）已改变操作程序或方法，以减少资源和/或能源的消耗或减少对环境的影响；（3）已采取新行动纠正污染物（净水器、废物处理或再循环、过滤器、储存系统等）；（4）安装了新的系统，以使用和/或产生可再生能源（太阳能电池板、光伏电池板、风力涡轮机、生物量等）。3项用于衡量产品方面的变化，包括（1）产品或部件的设计已经改变，以减少对材料或资源的使用和（或）用其他污染较少的材料取代它们（生态设计）；（2）产品的设计已经改变，以便于回收或再利用；（3）在包装等的设计和/或制造中考虑了新的环境标准（生态设计）。4项用于衡量管理方面的变化，包括（1）新的资源用于培训雇员或提高他们对环境问题和（或）创新的认识；（2）工作岗位已经重新设计，以改善公司对环境的影响；（3）人们被任命负责公司的环境事务；（4）已在研发方面进行了投资，以改善该公司对环境的影响。3项用于衡量供应链方面的变化，包括（1）在供应和库存管理系统中采取了新措施，以改善该公司对环境的影响；（2）在分销和销售系统中采取了新措施，以改善公司对环境的影响；（3）已更改产品标签/说明，以显示环境方面的情况，或通知消费者适当的处置方法。通过采用Likert量表（0—10）分来对这14项指标进行量化，0表示"没有采用任何措施"，10表示"已采用多项措施"。通过这一套14项指标组成的量表直接衡量每项措施在0到10之间的应用强度，可以构建与环境变化强度相关的两类变量。一类变量是构造了4个变量来度量4组支持环境变化措施的偏强度，另一类变量是将环境变化变量的总强度计算为14项指标的均值，并计算了企业实施环境变化措施的平均强度。根据企业实施的不同强度和范围，对企业战略分为4种模式：落后型、启动型、积极主动型以及生态创新型。因此，通过对以往环境战略分类的分析，可以看出分类方法多样，不同的学者都在采取不同的分类方法。为了更加清晰、直观地了解以往学者对环境战略的测量方法，表3‐2进行了总结。

表 3-2　部分学者环境战略测量方法综述

学者	分类结果	测量方法	划分依据	调查行业	数据来源	访谈对象
Sharma 等（1998）	前瞻型 反应型	非结构化访谈	对环境行为所采取的态度	石油和天然气行业	第一阶段：1993 年对 7 家公司 19 名高、中级管理人员进行 36 小时非结构化访谈 第二阶段：1994 年对第一阶段的 7 家公司再次进行访谈	管理团队的一名成员，环境评估经理，一名员工经理和一名业务经理。较小的公司，接受采访的可能为同一人
Henriques 等（1999）	反应型 防御型 适应型 主动型	问卷调查	对环境行为所采取的态度	共 25 个行业，其中数量最多的是石油和天然气，最少的是塑料和包装	1992 年对加拿大 750 家大公司进行问卷调查	EHS 主任，加拿大环境实践伙伴，环境事务经理，政府关系经理，环境及管理事务经理
Buysse 等（2003） 潘楚林和田虹（2016）	反应型 污染预防型 环境领导型	电话或访谈	对环境行为投入资源的领域	化学行业，食品行业以及纺织行业	1999 年对比利时的 450 家公司进行电话或当面访谈	环境经理
Pinzone 等（2015） 崔悦（2019）	前瞻型	问卷调查	对环境行为所采取的行动程度	医疗保健行业	2012 年对意大利中北部的 462 个医疗保健组织进行问卷调查	医务主任
Garces 等（2016）	落后型 启动型 积极主动型 生态创新型	问卷调查	对环境行为所采取措施的深度和广度	服务业、建筑业、工业以及一些初级部门	2013 年西班牙东北部的 303 家企业进行了问卷调查	负责环境事务的人员或者管理员

3.2.2 现有环境战略测量存在的问题

以上学者关于环境战略的测量属于较早的测量形式，也成为了学术界国内外学者测量环境战略的重要参考对象（Chang，2015；和苏超等，2016，2017；潘楚林和田虹，2016b）。可以发现，这些学者关于环境战略的测量普遍存在以下几个问题：

第一，环境问卷量表内容设计不一，缺乏系统逻辑。不同的学者从企业环保行为的不同视角进行了问卷题目设计，如 Sharma 和 Vredenburg（1998）在判断企业是采取前瞻型环境战略或是反应型环境战略的时候，主要根据企业对待环境行为的反应程度来划分，如果企业只为了应付政府的环境规制采取相应行为，则视为反应型环境战略，如果企业除应付政府环境法规外，还积极主动采取一系列行为来应对自身的环境问题，则视为前瞻型环境战略。Buysse 和 Verbeke（2003）则是从企业投入环境保护各个阶段的资源来设计相关的问卷，通过不同的问卷内容，将环境战略分为不同的分类。各位学者的衡量视角、方法和分类等都不具有系统性和一致性，没有统一框架将这些分类进行囊括，缺乏一个系统逻辑。

第二，问卷调查的结果都是截面数据。学者在进行问卷调查时，一般耗时 2~3 个月，通过发放问卷并回收问卷调查的结果。这种研究设计是横截面数据，没有揭示企业的环境实践随时间的变化，这种收集的问卷调查的结果只能反映某一年或者某一个月的情况。在考察企业是否采用前瞻型或反应型环境战略的时候，应该把企业是否持续投入环境保护作为一项重要的考察指标（Sharma and Vredenburg，1998）。

第三，通过问卷调查方式得到的结果存在较多缺陷。（1）缺乏弹性。问卷调查关于企业环境保护的内容都是调查者设计好了问题，被调查者给出相应的作答，这种方法可能会遗漏较多信息。（2）问卷调查结果不够客观。其结果受到被调查者主观意识的影响较大，在调查过程中，并不是所有的被调查人员都对企业的环境战略有清晰的认识（Nayak and Narayan，2019）。（3）准确度值得商榷。部分研究者在研究过程中，问卷设计主要采取问卷星的方式进行网络调查，这种方式收集到的数据，其数据真实性存在较大的问题（叶嘉国，1999）。

第四，各种形式的环境战略缺乏明确的界定标准。各种形式的环境战略缺乏明确的界定标准，使得各环境战略间的界限较为模糊。如薛求知和伊晟（2014）以企业对环境投入资源的多少来界定四种环境战略，对适应型环境战略的界定是企业会采取污染防治技术来提高企业的环境战略，对于前瞻型环境战略的界定是企业会投入大量的资源发展绿色技术。因此，对于企业的技术升级这一环境表现形式，难以准确划分到某个具体的环境战略下面。

第五，指标之间不能互相检查。学者关于环境战略指标的测量，主要是通过设计某个问题，再根据 Likert 量表获得一个得分，然后进行主成分分析等（Pinzone et al.，2015）。由于问卷设计的各个问题间不具有互相检查功能，无法判断由此获得的数据是否真实的反映了企业的环境战略。如问卷题目中对企业设置了明确的环境目标视为前瞻型环境战略，但企业在设置目标后是否具体实施，则没有考虑在内。

第六，测量方法不一。通过对学者的文献进行回顾，大部分学者采取了 Likert 量表对问卷内容进行打分，部分学者采取了 Likert 5 分量表进行打分，部分学者采取了 Likert 7 分量表、Likert 10 分量表进行打分，还有部分学者采用聚类分析对受访者的回答进行分析。通过 Likert 量表得出的结果成为了一个连续变量，这种连续变量不能客观反映某个企业是否履行某项环境措施。比如某个行业在某个方面整体积极度不高，这时候采用分值的高低来判断企业的环境战略容易造成偏误（Suárez Álvarez et al.，2018）。

第七，国内学者关于环境战略的测量没有考虑中国的情景因素。对国内学者关于环境战略的测量进行分析，部分学者直接参考国外学者关于环境战略的测量内容，设计问卷调查进行发放（崔悦，2019；和苏超等，2016）。这种完全借鉴国外环境战略的测量方法存在较多不妥之处：首先，中国是一个发展中国家，企业关于环境保护的认知还达不到发达国家的高度，较多环境保护措施在国内并不适用；其次，国外学者设计的问卷调查量表时间都较早，主要集中在 20 世纪 90 年代，随着时代的发展，每个时代对环境保护的解读不同，应该针对不同的时间对环境指标的测量进行更新；最后，国外学者在设计问卷调查时往往是针对特定行业，比如石油化工行业或者医疗行业，其问卷调查设计并不适合用来分析所有的行业。

3.3 本书环境战略分类的理论框架构建

因此,本书在前人的测量基础上,试图构建一个理论框架,将环境战略的分类进行系统概括,并进行量化分析。通过对以往学者关于环境战略的测量和定义进行梳理,得出目前已有的文献主要是将环境战略根据企业对环境行为的态度（Henriques and Sadorsky,1999)、企业对环境行为所采取的行动内容（Pinzone et al.,2015)以及资源投入多少（Wu et al.,2014;薛求知和伊晟,2014)进行分类。因此,本书主要借鉴前者的测量思路,并结合战略的内涵,分别从三个维度构建关于环境战略的测量理论框架。本研究认为战略是一个多维概念,首先需要有态度,这是战略的先决条件。战略不是空洞的,这就需要战略的具体内容,是实现战略的基本路径和手段。此外,战略的制定和实施需要资源作为保障,这是战略得以顺利实施的物资基础,只有这样才能构成一个完整的战略体系,如图3-1所示。后文结合已有文献进行系统的文献梳理和理论推导。

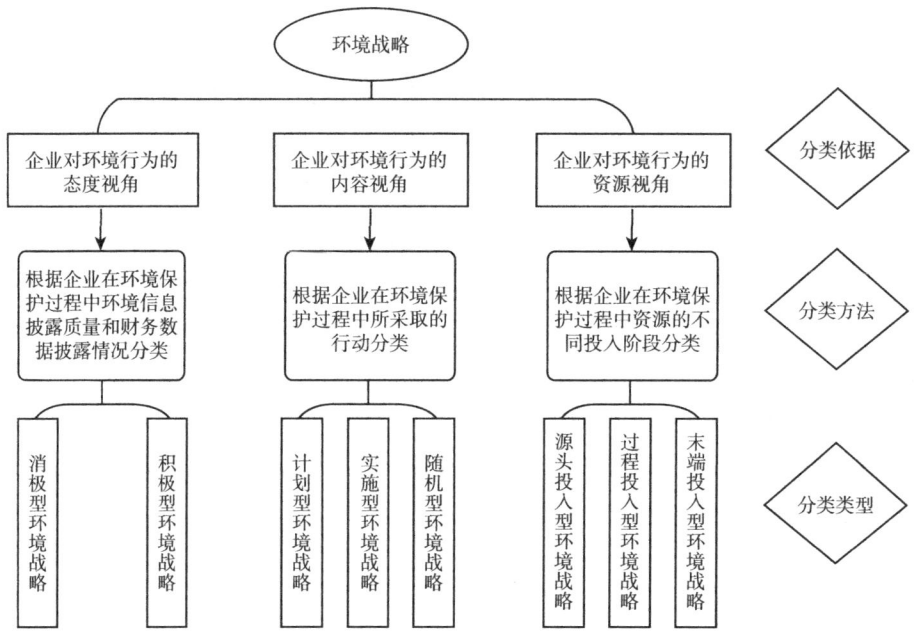

图3-1 环境战略分类框架

3.3.1 基于企业对环境行为的态度视角划分

所谓战略，其实是一种态度，主要体现决策者和员工对待客观事物的观念和认识，这决定了企业决策者和员工面对某项目标时的态度，不同态度导致了不同的战略（金占明，2010）。从现有文献中可看出，部分学者根据企业对环境行为的态度对企业环境战略进行了分类，主要包括以下几种典型：Hunt 等（1990）把采用不同环境战略的企业分为前瞻者、实用主义者、热心公民、救火员和初始者这五类。Henriques 和 Sadorsky（1999）在前人研究基础上，根据企业对社会责任的态度，把 Hunt 等（1990）提出的"前瞻者""实用主义者"归为"前瞻型战略"，在这基础上提出了四种环境战略，包括前瞻型环境战略、适应型环境战略、防御型环境战略及反应型环境战略。Sharma 和 Vredenburg（1998）根据企业的态度将其分为前瞻型及反应型。在这些分类中，都包含两大分类，前瞻型和反应型。前瞻型体现了企业积极主动的采取环保行为，反应型体现了企业只是为应对环境管制而采取相应行动。对于中国上市公司而言，环境信息披露是其对待环境态度的主要体现。

随着环境问题的加剧，上市公司作为中国优秀企业的代表，政府对上市公司的环境治理及环境信息披露做了规定，要求企业必须公布相关环境指标。但《中国上市公司环境责任信息披露评价报告》（2019 年）指出，目前还有超过 7 成的上市公司没有披露自身在环境方面所采取的措施，足以看出目前上市公司关于环境行为披露的意识不够。意识以及态度决定了人的特定行为（Caruana et al.，2016），毕茜等（2015）指出，环境信息披露态度可以分为情感和责任两个维度，环境保护情感和社会责任意识强的企业环境信息披露行为较好，而环境保护情感较弱以及社会责任意识不强的企业环境信息披露行为较差。Zhang 等（2018）提出企业对环境的态度和情景因素变量决定了企业的环境行为。此外，部分学者指出，企业的绩效对企业的环境信息披露有影响，经营绩效水平优良的企业更倾向于向社会公众披露环境信息，从而证明公司经营绩效良好，以此降低投资者与公司之间的信息不对称问题（Fosu et al.，2016）。经营绩效水平差的企业更倾向于不披露环境或少披露部分对公司有利的环境信息，但是存在一种极端现象为当企业业绩很差时，企业倾向于披露更多的环境信息，以此获得自身经营合法性以及社会声誉（毕茜等，2015）。李强和朱杨慧（2014）指出，公司环境信息披露制度的披露和执行是公司环境绿色行为的主要驱动力。

因此，本书从企业对环境信息披露的态度层面及财务状况层面出发，构建第一层次的环境战略。上市公司的环境信息披露主要包括两个方面：政府强制要求披露的指标以及自愿披露的指标（朱炜等，2019）。在披露过程中，除了是否披露外，还需要考虑其信息披露质量，信息披露质量直接反映了公司管理层对环保的战略态度（Lin et al.，2020）。因此，根据环境信息披露报告内容和质量，主要分为以下四种披露情况：第一，政府强制披露的和自愿披露的质量都高；第二，政府强制披露的质量高，自愿披露的质量低；第三，政府强制披露的质量低，自愿披露的质量高；第四，政府强制披露的和自愿披露的质量都低。

根据这四种情况主要归类为两种态度。首先，政府强制披露和企业自愿披露的质量都低的时候，表明企业不遵守基本的环境规制，这是一种消极信号（Roome，2010），视为消极型；其次，政府强制要求披露的质量低，自愿披露的质量高，这表明企业没有遵守基本的环境规制，反而通过披露其他对自身有利的环境行为来美化自身的社会责任报告，以此获得外界对自身的支持和认可（朱炜等，2019）。这种通过选择性披露的方式说明企业在环境方面的行为没有满足基本的环境规制，是一种消极防御的行为，视为消极型；再次，政府强制要求披露的质量高，自愿披露的质量低，这说明企业对待环境行为的态度是积极努力地满足基本的环境规制要求，说明企业积极采取措施应对外界压力（Li et al.，2018a），视为积极型；最后，政府强制要求披露的和自身披露的质量都高的时候，说明企业不仅遵守基本的环境规制，还积极主动地去做了其他环境保护行为，且披露的质量高，说明企业采取了积极的环境保护战略（肖华等，2016），这种视为积极型。其分布如图3-2所示。

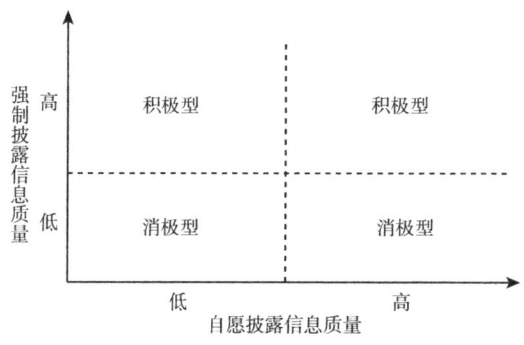

图3-2　环境信息披露质量

当然，仅从环境信息披露报告里面提取的内容来判断企业对于环境的态度是不够充分的。许家林和刘海英（2010）对环境社会责任披露的研究指出，上市公司环境社会责任报告的发布时间较为随机，其披露的内容较少经由第三方验证。披露内容热衷于宣传企业取得的成就，但是对社会公众关注的指标披露较少，且报告的可读性和可比较性较差等。除此之外，企业为了编写出优秀的社会责任报告，通常会采取一些技巧和方法等进行美化，从而迷惑大众，存在自我选择偏差。因此，仅从企业自身披露的环境社会责任报告判断企业对待环境行为的态度是不够客观的（Marquis and Qian，2014）。

为了保证环境战略的分类客观真实，本书引入了企业会计信息披露中的财务违规事件作为辅助，进一步分析环境信息披露质量。会计信息披露作为企业最基本也是最重要的信息披露，是企业经营成果的具体表现。但在近年来，上市公司违规披露及虚假披露的事件愈演愈烈，给广大中小投资者带来了极大的损害（王兵等，2019）。那么企业财务违规与企业社会责任之间是否具有关系呢？李彦（2019）通过对上市公司进行实证研究指出，这些携带财务违规"历史基因"性格特点的公司基于惯性，在披露社会责任信息报告的时候，出于资源配置不合理或者投机动机，仍然会进行虚假披露。因此，本书在这基础上，将企业财务违规行为与环境信息披露报告质量相结合起来进行分析，进一步确保环境战略的划分依据更加清晰。

前文基于企业自述的环境报告信息披露质量将企业的环境行为分为消极型和积极型，在这基础上，引入企业财务违规披露信息作为辅助再次划分企业的环境战略，主要分为以下几种情况：第一，当政府要求的环境信息披露质量低，自愿披露的环境信息质量低时，无论企业有无财务违规行为，都视为消极型。第二，当政府要求的环境信息披露质量低，自愿披露的环境信息质量高时，无论企业有无财务违规行为，都视为消极型。第三，当政府要求的环境信息披露质量高，自愿披露的环境信息质量低时，无论企业有无财务违规行为，都视为消极型。第四，当政府要求的环境信息披露质量高，自愿披露的环境信息质量高时，如果企业之前有财务违规行为，那么企业的环境信息披露则存在质疑的地方，则视为消极型；如果企业之前没有财务违规行为，则视为积极型。其具体的框架如图3-3所示。

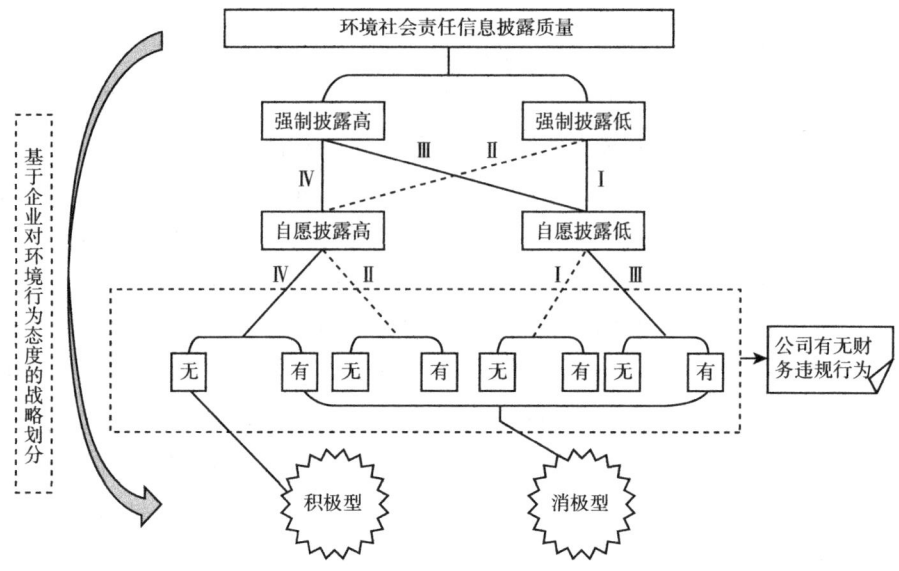

图 3-3 基于企业对环境行为的态度视角分类

3.3.2 基于企业对环境行为的活动内容视角划分

战略是一种事先的计划,是对未来企业行动方案的说明和要求(金占明,2010)。Mintzberg Henry(1985)指出,战略是一种行动计划,一般具有两个显著特征:第一具有前瞻型,即战略产生于具体的行动之前;第二具有主观性,即战略是人们主观地、有意识有目的地去制定的,更多是反映了人们对于未来具体行动的主观愿望①。在博弈论中,Von Neumann(1959)认为战略是一种完整的计划,意图说明在不同情况下企业应该做出怎样的选择②。在管理学领域,Glueck 和 Willis(1979)认为战略是一种统一的一体化的计划,是用来完成企业的基本目标③。对于确定了目标的组织,如果没有具体的行动项目,那么实现战略目标就是一句空话。因此,一个完整的战略除了需要制定长期的行

---

① Mintzberg, H. The strategy concept I: Five Ps for strategy [J]. California Management Review, 1987, 30 (1): 11-24.
② Von Neumann, J. On the theory of games of strategy [J]. Contributions to the Theory of Games, 1959, 4: 13-42.
③ Glueck, W. F., Willis, R. Documentary sources and strategic management research [J]. Academy of Management Review, 1979, 4 (1): 95-102.

动计划外，还需要具体的活动内容去推动。

不同的企业在面对环境污染问题的时候通常活动项目不同，有的企业关注行动计划，有的企业关注实施过程，然而这两个步骤缺一不可。如果只有行动计划，但是没有实施过程，那么企业的环境战略将失去意义；反之，如果只有具体实施过程，但是没有一个统一的高度概括的行动计划，那么企业在环境保护行为中将失去方向。因此，本书在基于战略定义的基础上，从企业对环境行为的活动项目视角进行分类。在确定具体分类前，首先对我国企业对待环境问题常用的行动计划和具体的实施行动进行梳理。

企业对环境污染所采取的行动可以追溯到早期的末端治理。20世纪70年代以来，我国处理污染物的手段主要依赖于末端治理。主要措施包括以下几类：（1）通过制定污染物排放浓度，对于超过标准的征收排污费，从而促使企业进行治理；（2）对于严重的污染问题，采取限期治理手段以及关、停、并、转、迁等强制手段；（3）对于新项目实行"三同时"，并建立相关环境影响评价制度，控制企业新污染源的产生；（4）通过技术改造，提高资源利用效率，采用先进的生产工艺，减少污染物排放量；（5）控制污染物排放总量，并建立排污许可证制度（刘清和吕航，2000；汪利平和于秀玲，2010）。

但随着时代的发展，末端治理显然已经不再适合当下的环境。其主要局限可以归纳为几下几个方面：首先，末端治理虽然能够对环境保护发挥一定的作用，但是由于产生的污染物需要建设较为庞大的基建来进行处理，其投资额较大，运行费用较高，这种末端治理方式只有利于企业的环境绩效而对企业的经济绩效难以发挥作用，给企业带来了较为严重的经济负担。随着人们环保意识的提高，对环境质量的要求越来越高，对工业污染物的检测种类越来越多。在这种对污染治理和控制要求逐步提高的情况下，企业需要投入更多的污染治理费，从而导致企业的污染治理成本增加（刘伟明，2014）。其次，末端治理一般是对污染物进行生化处理，但由于污染处理技术的限制，较多污染物不能进行生物降解。在这种情况下，企业为了达到排放标准，通常采用稀释污染物的办法进行排放，但这种办法并不能从根本上解决污染物的排放问题。因此，企业花费了大量资源处理污染物问题，然而难以彻底解决问题（汪利平和于秀玲，2010）。最后，末端治理不能将生产过程与控制过程结合起来，这导致企业的资源难以得到充分的利用，这不仅导致了环境的污染问题，还导致了一些可以回收的资源难以回收利用，降低了企业的资源使用效率（杨骞和刘华军，2015）。

由于末端治理带来的一系列问题，清洁生产开始逐步登上舞台。1994年，国务院常务会议通过了《中国 21 世纪人口、环境与发展白皮书》，设立了"开展清洁生产和生产绿色产品"这一类别，从此清洁生产正式进入我国的法律章程。1999 年，国家经贸委发布了《关于实施清洁生产示范试点的通知》，并选取了北京、上海等 10 个城市以及石化、冶金等 5 个试点行业进行清洁生产示范。2004 年，由原国家环保总局和发改委共同颁布《清洁生产审核暂行办法》，明确规范了清洁生产审核行为，使清洁生产审核行为有章可依（汪利平和于秀玲，2010）。

联合国环境署对清洁生产定义为清洁生产是指将综合预防的环境策略，持续应用于生产过程和产品中，以便减少对人类的环境的风险。实现清洁生产的主要路径包括以下几条：（1）用无污染或者少污染的产品或能源替代毒性大或重的产品或能源；（2）用无污染或污染少、消耗少的工艺设备代替传统重污染、产污大、效率低的设备和工艺；（3）最大限度地充分利用原材料和能源，实现资源在厂内的最大循环利用；（4）强化企业管理，从源头减少跑、冒、滴、漏等情形（刘清和吕航，2000；汪利平和于秀玲，2010）。

实施清洁生产，从源头注重企业的环境保护不仅能够从根本上解决企业的环境污染问题，还能为社会节约能源，减少资源消耗问题（张慧玲和盛丹，2019）。其突出优势有如下两个方面：第一，能够满足可持续发展的要求。企业要想实现可持续发展，资源的永续利用以及环境容量的承受能力是首先需要考量的两个问题，清洁生产的目的也是达到这两个目标，因此，清洁生产是实现可持续发展的重要途经（李少林和陈满满，2018）。第二，清洁生产能够最大限度地利用资源。企业通过循环重复使用，使企业的原材料最大限度地转化为产品，从而在生产过程中消灭了污染。通过改进设备，进一步提高资源的使用效率，减少污染物的排放等，用较少的投入获得了较多的产出，从而推动了企业的经济绩效和环境绩效，解决了企业在经营过程中环境和经济发展的矛盾（高翔和袁凯华，2020）。

随着 2003 年党的十三届三中全会的召开，为贯彻全面协调可持续的科学发展观，循环经济被提上了议程。所谓循环经济，实质上是一种生态经济，它通过生态学的规律来指导人类发展过程中的经济活动（Korhonen et al.，2018）。传统经济是一种"资源—产品—排放"的单向流动经济，其特点在于高开采、高消耗以及高排放。在这种经济活动过程中，人们通过高强度地把地球上的物质和能源提取出来，利用完以后又把污染物排到水、土地和空气中。这种经济生产模式对资源的利用是粗放的，是把资源变成废物实现一次性使用。与此不动计划外，还需要具体的活动内容去推动。

不同的企业在面对环境污染问题的时候通常活动项目不同，有的企业关注行动计划，有的企业关注实施过程，然而这两个步骤缺一不可。如果只有行动计划，但是没有实施过程，那么企业的环境战略将失去意义；反之，如果只有具体实施过程，但是没有一个统一的高度概括的行动计划，那么企业在环境保护行为中将失去方向。因此，本书在基于战略定义的基础上，从企业对环境行为的活动项目视角进行分类。在确定具体分类前，首先对我国企业对待环境问题常用的行动计划和具体的实施行动进行梳理。

企业对环境污染所采取的行动可以追溯到早期的末端治理。20 世纪 70 年代以来，我国处理污染物的手段主要依赖于末端治理。主要措施包括以下几类：(1) 通过制定污染物排放浓度，对于超过标准的征收排污费，从而促使企业进行治理；(2) 对于严重的污染问题，采取限期治理手段以及关、停、并、转、迁等强制手段；(3) 对于新项目实行"三同时"，并建立相关环境影响评价制度，控制企业新污染源的产生；(4) 通过技术改造，提高资源利用效率，采用先进的生产工艺，减少污染物排放量；(5) 控制污染物排放总量，并建立排污许可证制度（刘清和吕航，2000；汪利平和于秀玲，2010）。

但随着时代的发展，末端治理显然已经不再适合当下的环境。其主要局限可以归纳为几下几个方面：首先，末端治理虽然能够对环境保护发挥一定的作用，但是由于产生的污染物需要建设较为庞大的基建来进行处理，其投资额较大，运行费用较高，这种末端治理方式只有利于企业的环境绩效而对企业的经济绩效难以发挥作用，给企业带来了较为严重的经济负担。随着人们环保意识的提高，对环境质量的要求越来越高，对工业污染物的检测种类越来越多。在这种对污染治理和控制要求逐步提高的情况下，企业需要投入更多的污染治理费，从而导致企业的污染治理成本增加（刘伟明，2014）。其次，末端治理一般是对污染物进行生化处理，但由于污染处理技术的限制，较多污染物不能进行生物降解。在这种情况下，企业为了达到排放标准，通常采用稀释污染物的办法进行排放，但这种办法并不能从根本上解决污染物的排放问题。因此，企业花费了大量资源处理污染物问题，然而难以彻底解决问题（汪利平和于秀玲，2010）。最后，末端治理不能将生产过程与控制过程结合起来，这导致企业的资源难以得到充分的利用，这不仅导致了环境的污染问题，还导致了一些可以回收的资源难以回收利用，降低了企业的资源使用效率（杨骞和刘华军，2015）。

由于末端治理带来的一系列问题，清洁生产开始逐步登上舞台。1994 年，国务院常务会议通过了《中国 21 世纪人口、环境与发展白皮书》，设立了"开展清洁生产和生产绿色产品"这一类别，从此清洁生产正式进入我国的法律章程。1999 年，国家经贸委发布了《关于实施清洁生产示范试点的通知》，并选取了北京、上海等 10 个城市以及石化、冶金等 5 个试点行业进行清洁生产示范。2004 年，由原国家环保总局和发改委共同颁布《清洁生产审核暂行办法》，明确规范了清洁生产审核行为，使清洁生产审核行为有章可依（汪利平和于秀玲，2010）。

联合国环境署对清洁生产定义为清洁生产是指将综合预防的环境策略，持续应用于生产过程和产品中，以便减少对人类的环境的风险。实现清洁生产的主要路径包括以下几条：（1）用无污染或者少污染的产品或能源替代毒性大或重的产品或能源；（2）用无污染或污染少、消耗少的工艺设备代替传统重污染、产污大、效率低的设备和工艺；（3）最大限度地充分利用原材料和能源，实现资源在厂内的最大循环利用；（4）强化企业管理，从源头减少跑、冒、滴、漏等情形（刘清和吕航，2000；汪利平和于秀玲，2010）。

实施清洁生产，从源头注重企业的环境保护不仅能够从根本上解决企业的环境污染问题，还能为社会节约能源，减少资源消耗问题（张慧玲和盛丹，2019）。其突出优势有如下两个方面：第一，能够满足可持续发展的要求。企业要想实现可持续发展，资源的永续利用以及环境容量的承受能力是首先需要考量的两个问题，清洁生产的目的也是达到这两个目标，因此，清洁生产是实现可持续发展的重要途经（李少林和陈满满，2018）。第二，清洁生产能够最大限度地利用资源。企业通过循环重复使用，使企业的原材料最大限度地转化为产品，从而在生产过程中消灭了污染。通过改进设备，进一步提高资源的使用效率，减少污染物的排放等，用较少的投入获得了较多的产出，从而推动了企业的经济绩效和环境绩效，解决了企业在经营过程中环境和经济发展的矛盾（高翔和袁凯华，2020）。

随着 2003 年党的十三届三中全会的召开，为贯彻全面协调可持续的科学发展观，循环经济被提上了议程。所谓循环经济，实质上是一种生态经济，它通过生态学的规律来指导人类发展过程中的经济活动（Korhonen et al.，2018）。传统经济是一种"资源—产品—排放"的单向流动经济，其特点在于高开采、高消耗以及高排放。在这种经济活动过程中，人们通过高强度地把地球上的物质和能源提取出来，利用完以后又把污染物排到水、土地和空气中。这种经济生产模式对资源的利用是粗放的，是把资源变成废物实现一次性使用。与此不同，循环经济主要是将经济活动组织成"资源—产品—再生资源"的反馈式流程，其主要特征为低开采、低排放和高利用（Murray et al.，2017）。所有的物质和能源都能在这个不断循环的经济模式中得到充分的利用，从而把经济活动对自然环境的破坏降低到最小（冯之浚，2004）。

发展模式和制度准则作为企业经营过程中最重要的计划性文件，对企业在发展过程中的具体行动具有高度指导和约束意义。清洁生产和循环经济作为一种新型环境保护方式，成为众多企业履行环保责任的一种发展模式（Geissdoerfer et al.，2017；Korhonen et al.，2018）。发展模式确定后，制度是指导和约束企业经营模式正常开展的规范性准则。不同的企业根据政府和行业的规范性准则，结合自身的发展，制定一系列的规章制度，包括管理制度、环境管理体系认证制度以及应急预案制度等（张兆国等，2019）。不同制度对企业在经营过程中的作用不同，如管理制度主要是通过约束企业管理层和员工的行为，使管理层和员工知道谁做什么，什么时候做，以及如何做等问题；环境管理体系认证制度主要是企业向除政府部门以外的第三方认证机构获得的一种关于企业环境的认证，以此证明企业的产品在研究、开发、生产及销售等各个环节均符合环保要求；应急预案制度主要是企业通过事前的规划和安排，对未发生的危险紧急情况的一种部署，建立突发环境事件应急预案可以使突发环境事件反应和恢复行为更加科学合理（王兴鹏，2015）。

制定发展模式和制度准则对企业的环境保护发挥巨大的指导和约束作用，具体的实施行为给环境保护的成功实现提供路径。在企业开展环境保护过程中，主要的实施路径有技术升级、过程管理、环境监督、宣传培训、三废处理以及绿色办公等。技术升级主要是指企业通过改进工艺、改进生产流程，减少污染物的产生和排放（黄菁菁和原毅军，2018）；过程管理主要是企业在生产过程中，通过设置专门的职能机构以及专门的管理人员，对企业生产过程中的环境问题进行管理（赵晖和邱实，2015）；环境监督主要是从他律的视角，加强企业的网络监督以及第三方部门的监督等，给自身塑造压力，通过积极的环保手段向外界展示自身的良好形象（沈洪涛和冯杰，2012）；宣传培训主要是指通过各种培训活动、报刊等向企业的员工宣传企业的环保政策、环保手段以及环保行为等；三废处理主要是指通过不同手段处理企业生产过程中产生的废气、废水、废渣等，以此达到环境污染物排放的标准（杨树旺和冯兵，2007）；绿色办公主要是在办公过程中节约纸张、用电等，做到不浪费一滴水，不浪费一度电。

因此，本书通过对企业关于环境的发展模式、制度以及采取的措施等进行梳理，根据战略的管理过程，将企业的环境保护行为具体分为两类：注重行动计划的企业，以及注重行动实施的企业（孙晓阳，1992）。不同的企业具体表现行为不一，有的企业既注重行动计划，也注重行动实施；而有的企业既不注重行动计划，也不注重行动实施等。因此，根据其不同表现行为分为以下三类：第一，既注重行动计划也注重行动实施的企业，称为实施型；第二，只注重行动计划不注重行动实施的企业，称为计划型；第三，既不注重行动计划也不注重行动实施的企业，称为随机型。其具体类型如图 3-4 所示。

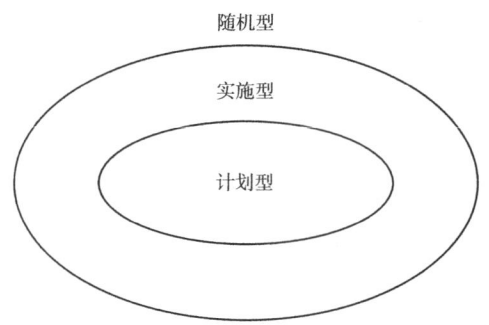

图 3-4 基于企业对环境行为的活动内容视角分类

3.3.3 基于企业对环境行为的资源分配视角划分

资源是决定企业战略落地的基本保证，企业确定发展战略后，如果没有合适的资源与之相匹配，那么实现战略目标就只是一句空话。资源配置是企业战略发展过程中的重要调整手段（金占明，2010）。资源在经济学中所指的是不同于地理资源的经济资源，具有使用价值，可以人为地开发和利用。一般一国或者一个地区内的资源主要指的是所拥有的财力、物力以及人力等各种要素的总称，包括自然资源和社会资源两类。自然资源主要包括阳光、空气、水、草原等；社会资源主要包括人力资源、社会关系以及信息资源等。在管理学领域，企业的资源主要包括资本、劳动以及自然资源（安庆贤，2014）。

资本，主要是指用于生产的基本生产要素，包括厂商投入生产的资金、土地、厂房以及一切能够创造价值的产品。对于企业而言，资本是指企业的总资本或者总资产，因此，不仅包括有形的资本，还包括专利权、商标权及商誉等无形资产（Kochhar，1996；Larrain and Stumpner，2017）。劳动主要是指有劳动能力或者劳动经验的人在生产过程中所提供的劳动力或者劳动经验，是人类活动中的一种特殊形式，是指一切能够产生经济价值的活动。自然资源，是指在生产过程中，被直接投入生产变成有用产品的资源，包括陆地、海洋、风力以及水力等。自然资源可以为企业的生产活动提供产地，也可以为企业生产产品提供原材料和动力来源，是企业生产过程中至关重要的资源（安庆贤，2014；廖红伟和高锡鹏，2019）。

随着社会经济的发展，相对于人们的需求而言，资源表现出稀缺性。这要求人们对相对稀缺的资源进行合理配置，使用最少的资源，生产出最合适的产品和服务，从而获得最佳收益（安庆贤，2014）。资源配置是对相对稀缺的资源在各种不同的用途上加以比较从而做出的选择。资源配置，是企业战略调整过程中的手段，是企业经营管理过程中的重要工作。对资源进行优化配置，即有所取舍，合理配置，最终获得最优结果。企业的资源配置是否合理，对于一个组织的发展成败具有关键作用（洪银兴，2018）。

环境保护需要投入大量资源，主要可以归纳为以下三个方面：第一，环境治理。由于前期我国经济的发展给环境造成了巨大的破坏，因此，需要投入大量的资源对环境进行治理，使它得到恢复（Bennett and Satterfield, 2018）。第二，防止环境遭到破坏。企业在生产过程中，会产生相应的废水、废气及废渣等，为了保证环境污染最小化，企业需要投入相应的资源解决生产中可能产生的环境污染问题（Zuo et al., 2017）。第三，发展环境保护产业。环境保护产业是指以保护环境、防止环境破坏为目的的制造产品及提供服务的总称（Lu et al., 2020），大力发展环境保护相关的产业必须投入大量的资源。这些资源主要来自两个渠道：一是新增投入，二是已有的存量资源的调整。新增投入是指在一定时期内，企业新增加的人力、财力、物力资源的一部分将用于环境保护相关的活动。已有的存量资源的调整是指已经分配于各个部门的资源，为了执行环境保护相关的活动，需要进行相关调整，从其他方面调配到环境保护经济活动方面（厉以宁，1990；喻文益，1993）。由此可看出，资源投入对于我国环保事业的成功与否具有关键作用。

在结合前面分析的基础上，本书将从企业对环境行为的资源投入方面对企业的环境战略进行分析。不同的企业在对环境行为的投资过程中，主要侧重的阶段不同。由于资源的有限性，企业的资源不可能平均分布到企业生产制造的各个环节，只有充分结合企业自身的发展需要，将有限的资源匹配到最合适的环节，才能充分发挥其作用。有的企业投入资金建设相关污染处理设备，集中处理废水、废气及废渣等;有的企业从源头设立清洁生产设备,保证全过程绿色生产;有的企业加强过程管理,如设立相关监测系统等。本书根据企业对环境保护过程中资源的不同投入阶段将环境投资分为以下三个部分:注重源头管理的投入、注重过程管理的投入及注重末端管理的投入。其分布如图3-5所示。

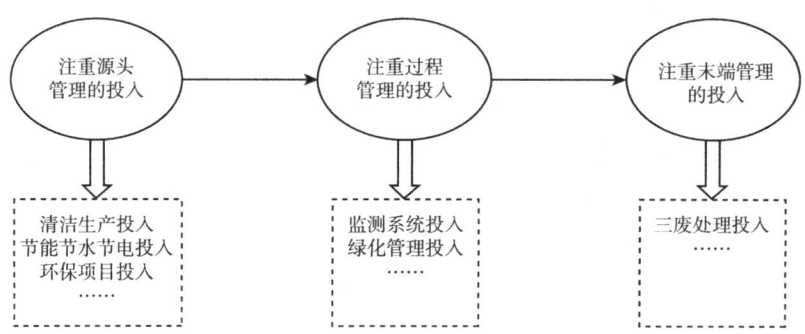

图3-5 基于企业对环境行为的资源分配视角分类

3.4 本章小结

本章首先对战略的定义进行了梳理,认为战略主要是指企业为了达到组织目标所采取的一种态度。为确保战略目标的实现,需要对企业所处的市场环境和行业环境进行充分评估,制定符合企业发展的活动内容,并根据自身的资源和能力进行合理配置(金占明,2010)。其次对环境战略的定义以及已有分类方法进行述评,并对已有测量方法存在的问题进行总结,在此基础上构建了本书环境战略的测量理论框架,主要包括以下三个维度。

第一,基于企业对环境行为的态度进行分类,结合企业环境信息披露质量以及企业是否存在财务违规问题,分为积极型环境战略和消极型环境战略。积极型环境战略是指当上市公司环境信息披露质量高,且不存在财务违规行为,视为采取积极型环境战略;当企业环境信息披露质量高但是存在财务违规行为视为消极型环境战略;当企业环境信息披露质量低则视为消极型环境战略。对于企业而言,环境信息披露是对待环境保护态度的一种体现。如果企业重视环境保护,在环境信息披露中会对具体的环境保护行为进行详细的披露;如果企业不重视环境保护,那么在环境信息披露中能够披露的内容就少,从而体现出企业对待环境保护的消极态度。此外，企业的环境信息披露是企业主观披露的，其真实性存疑。因此，本研究结合企业是否存在财务违规行为来判定企业对待环境行为的态度，当企业存在财务违规行为时，那么其环境信息披露的内容值得商榷，视为消极型；当企业不存在财务违规行为，且企业环境信息披露质量高时，则视为积极型。

第二，基于企业对环境行为的活动内容视角，分为计划型环境战略、实施型环境战略和随机型环境战略。计划型环境战略是指企业在对待环境行为方面主要侧重制订计划，如制定规则；实施型环境战略是指企业在对待环境行为方面侧重将计划予以实施，如改进技术等；随机型环境战略是指企业在对待环境行为方面既不注重计划的编制，也不注重具体的实施行动，根据监管要求随机采取环境方面的保护行为。面对环境保护的具体活动内容，有的企业注重于制定相关政策法规，有的企业注重于具体的落地实施，有的企业则是从最基本的制定相关环保措施到具体的落地实施等。计划制订是环境保护活动的起点，将计划进行落地实施是企业将环境保护的承诺转化为现实的最终手段。根据不同企业的不同活动内容，将只注重政策法规制定的视为计划型，将注重落地实施的视为实施型，将根据政府监管要求随机参与环境行为的视为随机型。

第三，基于企业对环境行为的资源分配视角，分为源头投入型环境战略、过程管理投入型环境战略和末端投入型环境战略。源头投入型环境战略是指企业在环境保护过程中，主要将资源用于源头管理，如清洁生产投入、节能节水节电投入等；过程管理投入型环境战略是指企业在环境保护过程中，主要将资源用于过程管理，如监测系统投入等；末端治理投入是指企业在环境保护过程中，主要将资源用于末端治理投入，如废水、废气、废渣处理等。企业的资源是有限的，需要将有限的资源分配到合适的地方，以此为企业创造最大的价值。在环境治理过程中，有的企业注重对废水、废气、废渣进行处理，达到排放标准，更加注重末端治理；有的企业注重从源头改善企业的环境状况，对企业的设备设施进行更新，从而彻底解决企业的环境问题，更加注重源头控制；有的企业注重过程中的管理，比如加强监督，发现问题及时整治等，更加注重过程管理。

4 研究假设

前文分析的委托代理理论、利益相关者共同治理理论、资源基础理论为本文的研究奠定了理论基础，接下来主要对公司治理、公共治理与企业环境战略间的作用机制进行分析。

委托代理理论（Principal – Agent Theory）指出，由于信息不对称问题，公司所有者和经营者之间存在委托代理问题。然而，在企业的经营过程中，代理人在企业发展的战略决策中发挥着重要作用，如企业是否进行创新研发活动，企业是否进行慈善捐赠等（Jia et al., 2019）。这些代理人不仅包括企业经营中的技术研发人员，还包括制定战略决策的管理人员，包括总经理和董事等（Wang and Chen, 2010；Wang et al., 2008；Wang et al., 2016）。本研究主要聚焦于企业的经理和董事，因为他们在企业环境战略的整个过程中发挥重要作用，包括决定企业环境战略的方向，环境战略的资源分配以及后期环境战略的效果评估。为了让企业代理人选择适合企业发展的环境战略，应该给予代理人合适的激励和监管（Wang and Luo, 2019）。

对于企业的代理人而言，选择适合企业发展的环境战略虽然有助于企业的长期发展，但是代理人在经营过程中，不一定做出最优选择，主要原因有以下几点：第一，企业注重环保需要投入较多的资源，且短期收益难以实现。环境保护是一项长期的艰难过程，企业在保护环境的过程中通常需要投入大量的资源。如果从源头开始改造，那么需要进行较大的战略调整，包括企业的产品方向，生产工艺流程、技术设备以及专业的技术人员支撑等。这种重大工程项目需要花费大量的时间成本、人力成本以及资金成本等，难以在短时间内改造完成（陈鹏等，2012；张可，2016）。第二，对代理人的考核要求对环境保护的重视程度不够。对于企业的经营者而言，他们通常在一个聘期内需要达到一定的经济绩效考核，在环境方面，较少有企业提出明确的要求。就目前企业的经营状况来分析，较多企业对代理人的要求是企业在环境方面需要遵守各项规章制度，不能违背政府的规定要求，减少利益相关者的不满等（Andersen and Høvring, 2019; Fontana, 2018; Thijssens et al., 2015）。较少有企业对代理人在环境方面的贡献做出明确的要求，因此，代理人在环境保护方面的积极性不高。

提高代理人在环境保护方面的积极性主要有两个方法：第一，运用激励措施使代理人的利益和企业的利益相一致（Devers et al., 2007; Elsayed and Elbardan, 2018; Sheikh et al., 2018; 赵华伟，2016）；第二，运用监管措施使代理人更加注重环境保护（李慧聪等，2015；楼秋然，2017；王娴，2019；张洽，2020）。接下来主要对这两个方法进行论述分析。

4.1　激励机制分析

在现代企业中，经营权和所有权相分离已经是一种普遍现象。在这种体制下，股东和管理层之间往往存在委托代理问题。股东最关心企业价值最大化以及长期可持续发展，从而获取更多的投资回报和剩余收益（Li and Lu, 2019; Poletti-Hughes and Briano-Turrent, 2019; 姜付秀等，2020）；而管理层在经营过程中则以自身利益最大化为行为准则，他们做出的选择可能偏离企业利益最大化的原则。在某种极端的情况下，企业的管理层可能会更多地关注企业的短期利益，从而为自身谋取短期的回报。

为了缓解这种代理成本，应该建立管理者与股东价值相一致的机制，使管理者能够像公司所有者一样去思考企业发展中的问题，并考虑企业的长远发展（张兴亮，2018）。股权激励作为一项有效的手段被引入企业的经营管理体系中。相关研究指出，当企业代理人的利益和企业的利益相一致时，代理人倾向于注重企业长远的利益，会给企业做长远的规划，制定长期发展目标（De Angelis and Grinstein, 2014）。

积极的环境战略是企业可持续发展的源泉，能够促进企业不断改进自身生产工艺，生产出符合利益相关者需求的产品，从而提升市场占有率，获取竞争优势等（李玉萍和刘西林，2006；潘楚林和田虹，2016a；杨德锋和杨建华，2009a）。如积极的环境战略能够促使企业选择更加有效的生产技术，从而促进技术创新能力的提升（Christmann, 2000）。创新技术能够促使企业开发和生产出更加环保的产品，推动更多消费者购买，从而提升企业的绩效。但是，环境保护是一项需要投入大量资金、人力、物力的投资，具有高风险性、高回报性（Zhang and Li，2020；陈君，2002；刘丽敏和底萌妍，2007）。因此，不同企业的经营者在环境方面做出的决策是不一致的。把环境保护放在战略高度的视角考虑，对于企业而言，是实现可持续发展的重要战略手段（Huebert，1998；秦颖等，2004；杨德锋和杨建华，2009b）。因此，当企业的经营者利益和企业的利益相一致时，企业的经营者更可能主动考虑环境方面的问题，把环境纳入日常经营活动范畴中，积极地履行环境保护相关的活动，选择积极型的环境战略。

选择了积极的环境战略后，在实施过程中，活动内容可能存在区别。对于企业而言，面对环境问题时，主要有几种措施：第一，制定各项规章制度，要求企业员工积极遵守，这种属于计划型；第二，既从制度上进行完善，也从行动上进行改正，这种属于实施型；第三，根据政府政策的要求，政府监督时就予以做出行动，没有要求时就放任不管。对于这三种不同的活动项目，不同的经营者选择不同。Henriques 和 Sadorsky（1999）指出环境计划的制订是企业致力于环境保护的起点，向员工和股东传达环保计划是公司认真对待其计划的一个重要标志。通过设立专门的部门，配置人力、物力将环境保护计划进行落地实施，是企业将对环境的承诺转化为现实的最终手段（Buzzelli，1991）。当经营者的利益和企业的利益保持一致时，经营者从可持续发展的视角出发，会倾向于制订计划并将计划实施落地；当经营者的利益和企业的利益不一致时，由于环保需要投入大量的人力、物力、财力等，经营者则倾向于制订环境保护的计划，向利益相关者传达公司的环保计划。

在明确了战略方向，确定了活动内容后，不同经营者对于企业不同项目的资源分配则拥有多重选择。企业的资源是有限的，资源的不同利用渠道其产生的效益不同（Kogan et al.，2017；范黎波和林琪，2020；李晓翔和李晶，2019）。相关研究表明，采用被动、末端治理的企业并不把环境管理作为企业发展的优先事项，这类企业对环境进行投资只是为了遵守现行的政策法规，这仅仅是在体制限制下的一种做法，而不是改进企业环境管理的机会。当企业面临快速发展，外部环境管制较为严格时，企业采取末端治理投入可能会错失较多发展机会（Buysse and Verbeke，2003；刘伟明，2014；汪利平和于秀玲，2010）。但是，从长远来看，采取末端治理投入是非常昂贵的，不能从根本上解决问题，需要长期对同样的问题投入资源进行改善（Berry and Rondinelli，1998；Wu et al.，2019）。源头控制作为污染治理历程中的新手段，能够从源头上提高企业的环保标准以及执行力度，使企业不断创新技术，提高投入产出比率，实现企业环境保护和经济发展的"双赢"。但源头治理需要企业进行彻底变革，这要求企业具有长远的规划、充足的资金支持以及人才支持等，并且还需要承担较大的风险（刘伟明，2014）。这种投资见效慢，但是能够从源头解决问题（Rochfort et al.，2009；周闯，2017）。由于环境保护投入资源后见效慢，当企业把这些资源投入到其他活动中时，可能产生更多的短期经济价值（冯忠垒和陈圻，2010；赵立雨，2016）。这些资源（如资金、人力）对于企业而言，是一种机会成本。因此，这些资源如何分配，需要企业的代理人做出相应选择。当企业代理人的利益和公司的利益保持一致时，企业倾向于从源头进行投入，从根本上解决问题，从而保证企业的可持续发展。

因此，根据以上分析，本文提出假设 H1a，H1b，H1c：

假设 H1a：当代理人的利益与企业利益一致时，企业对待环境保护在态度上更加积极，选择积极型环境战略；

假设 H1b：当代理人的利益与企业利益一致时，企业对待环境保护在内容上更加倾向于对计划实施落地，选择实施型环境战略；

假设 H1c：当代理人的利益与企业利益一致时，企业对待环境保护在资源上更加倾向于进行源头投入，选择源头投入型环境战略。

4.2 内部监管机制分析

除激励措施外，有效的监管措施也能够促使企业代理人更加注重企业的环境战略选择。对于上市公司而言，董事长与总经理的两职设置对于提高上市公司的内部监管效率具有重要作用（谢永珍，2006）。董事会是股东的信托机构，其基本职能是代表股东监控经理层。当经理层的工作不能令董事会满意的时候，董事会就需要对经理层进行相应的处罚或者解除总经理的职务。如果董事长和总经理两职合一，则意味着控制公司经营权的高层管理人员拥有了更多的权力，更有可能采取机会主义侵害公司股东的利益（熊风华和彭珏，2008）。周志炯（2019）指出，人的自私性和有限理性使得他们天生具有机会主义行为和偷懒的动机，董事长和总经理两职合一会引起严重的委托代理问题，这种制度安排会使得董事会的独立性和客观性受到损害，并导致董事会控制职能的失效以及总经理的权力过度集中的情况，以至于总经理有可能完全控制董事会的决策过程，在一定程度上产生损害公司利益的动机和行为。

董事长和总经理代表不同的利益方，担负的责任可能完全不同。总经理负责公司的运作问题，往往重视企业的短期利益而忽略企业的长期发展，董事长则具有监督总经理的职责，两职合一则令这种监督功能丧失（黄庆华等，2017）。企业的环境保护需要大量的资金投入、人力投入和物力投入，在短期内难以看到成效。因此，当上市公司中总经理和董事长两职合一时，总经理基于自利行为，更加愿意将资金投入到其他能够在短期内产生更多价值的项目中，以较为消极的态度面对企业的环境行为。

两职合一的制度安排使得企业的经营管理者更加注重短期的发展成效。在具体的环境活动项目中，环境保护需要投入大量的成本，环境保护的具体实施过程较长、投入资源较多，短期难以看到成效。因此更加注重将企业的环境保护计划传达给企业的所有者以及利益相关者，对企业具体的环境保护实施过程并不看重。在资源投入方面，为了满足监管压力，只需要保证企业在合规范畴进行运营，不会因为违规产生经济损失，企业会更加倾向于进行末端治理投入。因此，提出假设 H2a，H2b，H2c：

假设 H2a：在对待环境保护的态度上，董事长总经理两职合一会促使企业选择消极型的环境战略；

假设 H2b：在对待环境保护的内容上，董事长总经理两职合一促使企业倾向于选择计划型环境战略；

假设 H2c：在对待环境保护的资源上，董事长总经理两职合一促使企业倾向于选择末端投入型环境战略。

4.3 外部监管机制分析

在外部公共治理中，政府发挥着重要作用。面对政府的监管，企业通常都会做出一系列措施来达到政府要求。主要原因来源于三方面：第一，违背政府政策法规要求，将会遭受一定的行政处罚或者罚款，使企业的合法经营受到挑战（Li et al.，2016a；Shaffer，1995）；第二，不能达到政府政策法规要求的企业，通常会遭受政府的通报批评和谴责等，这将严重损害企业的形象，使企业背上不负责任的标签；第三，政府监管通常代表大众的诉求，当企业不能达到政府监管要求时，大众会采取措施来抵制企业的发展（胡珺等，2020；沈坤荣和周力，2020；余东华和崔岩，2019）。总之，不遵守政府监管通常会遭受通报批评、罚款或者行政处罚等，这些将导致企业的形象受损、经济受损或者失去运营资格等（Li et al.，2016a；Shaffer，1995；解垩，2008；赵玉民等，2009）。

政府监管通常是制定相应的政策法规，要求各个行业各个企业据此执行，从而达到环境标准。在这个过程中，政府除了制定政策法规外，自身的行政效率对于企业是否注重环境保护也具有积极重要的作用。行政效率是政府的生产力，是推动社会发展的一种综合的生产力，是公共组织和行政工作人员从事公共管理事务所投入的各种资源和所取得的成果与效益之间的关系比（马壮和王云，2019；张天华等，2019）。

地方政府的行政效率高低，决定了地方经济的发展程度，也决定了地方事项的行政审批快慢，信息的传递速度等（Radulovic and Dragutinovic，2015；王巍等，2014）。因此，地区行政效率越高，地区的办事效率越高，政府制定的各项关于环境保护的政策可以得到更加快速的落实（王永进和冯笑，2018），违反环境规范的企业也面临更加全面的监管，对于环境相关的奖励和惩罚机制能够得到更加快速的实施。因此，当面临政府高效监管时，企业基于经营的合法性压力，会积极履行政府的政策法规。尤其是在政府行政效率较高的地区，企业不得不遵守政府的政策法规以避免遭受处罚。政府行政效率高的城市，通常经济都较为发达，这些地区对环境保护的重视程度较高（鲁永刚和张凯，2019）。企业基于自身利益考虑，也会更加积极地面对环境保护活动。

此外，政府通常对企业的环境监管都有特定的时间阶段，在这个时间段内，企业需要保证其环境质量达到某个标准。因此，当企业面临政府的严格监管时，会采取实施型环境战略，解决企业在经营过程中所产生的环境污染问题，从而达到政府的管控要求。由于政府的监管时间较为紧迫，具有明确的达标要求，企业会倾向于采取末端治理投入的方式。相比于源头控制投入，末端治理能够在短期内切实地解决环境问题，减少环境污染物排放等。因此，提出假设 H3a、H3b、H3c：

假设 H3a：当企业外部监管效率较高时，企业在对待环境保护的态度上更倾向于选择积极型的环境战略；

假设 H3b：当企业外部监管效率较高时，企业在对待环境保护的内容上更倾向于选择实施型环境战略；

假设 H3c：当企业外部监管效率较高时，企业在对待环境保护的资源上更倾向于选择末端投入型环境战略。

4.4 基于主效应的调节机制分析

通过对公司治理、公共治理与企业环境战略选择的机制进行分析，本研究认为不同企业的不同表现主要出于两条机制：激励机制和监管机制。因此，为了进一步验证本书的机制是否合理，基于企业的发展情景，为每条机制选取了相应的调节变量，进行进一步验证。

4.4.1 企业盈利能力的调节作用

内部治理机制对企业环境战略选择产生影响，高管激励作为一项重要的内部治理机制，对企业环境战略决策的影响不言而喻（Elsayed and Elbardan, 2018；Sheikh et al., 2018；陈璇和淳伟德, 2015）。在前文分析中，当企业高管的利益与企业利益相一致时，企业更加倾向于选择积极的环境战略。不同企业盈利能力不同，当企业的盈利能力较强时，代理人选择积极的环境战略，能够给企业带来更多的利润，从而给自身带来更多的价值（崔悦, 2019；孟庆斌等, 2018）。然而，当企业的盈利能力较低时，企业遵从环境保护能够带来的可获利空间较小，那么企业更倾向于选择对企业短期经济发展有益的决策，保证企业的生存，从而满足企业短期对代理人的考核要求。环境保护是一项高投入的活动，需要大量的资金成本、人力成本等（Zhang and Li, 2020）。因此，盈利能力强的企业更有能力将环境保护的各项措施进行落地实施。在具体的资源投入方面，大量现有文献指出，从源头对企业的设备设施进行改进、生产出符合市场需求的绿色产品能够促进企业的环境绩效和经济绩效的提高（李平和王玉乾, 2015；孟科学和杨荔瑶, 2017）。因此，持股比例较高的高管基于自身的利益，更加愿意从源头对企业的环境进行改善，从而保证自身的长远利益。基于以上分析，提出假设 H4a，H4b，H4c：

假设 H4a：当企业盈利能力越高时，高管持股比例越高，企业在对待环境保护的态度上，越倾向于选择积极型的环境战略；

假设 H4b：当企业盈利能力越高时，高管持股比例越高，企业在对待环境保护的内容上，越倾向于选择实施型的环境战略；

假设 H4c：当企业盈利能力越高时，高管持股比例越高，企业在对待环境保护的资源上，越倾向于选择源头投入型环境战略。

4.4.2 高管年龄的调节作用

高层梯队理论认为管理团队的不同特征，如年龄、学历、社会经济背景、职业背景等，都对管理决策发挥着重要作用。高管作为经济人，个体的经历、教育水平和年龄等都会影响个体的决策行为。在前文的分析中，总经理基于自身的自利行为可能会更加注重企业的短期经济绩效，从而忽略企业的的长远发展。但是随着管理层年龄的增长，其决策行为也会产生不同。一方面，随着年龄的增加，企业高管在决策制定上更加保守，为了规避可能产生的风险而主动承担责任，如加强安全基础设施建设、参与慈善活动、更新生产设备减少环境污染等（王士红，2016）。随着国家对环境管制越来越严格，如果企业不遵守现行的环境保护政策，就会面临因违法而被政府处罚的风险。另一方面，根据马斯洛需求层次理论，通常情况下，年龄大的高管其薪酬处于一个较高水平。这时，高管低层次的生活需求已经得到满足，就会追求高层次的需求，如提高社会名誉、实现自我价值等（林钟高和杨雨馨，2019）。企业的管理者注重企业环境行为，减少企业环境污染，会给企业高管管理层带来良好的社会声誉，从而使自身较高层次的需求得到满足。

因此，随着高管年龄增加，为了自身声誉，企业的管理层会以更加积极的态度面对企业的环境问题。为获得外界认可，企业会更加倾向于向外界宣传企业在环境保护方面的活动，因此，会更加倾向于选择计划型的环境战略。具体的资源分配主要是在短期内满足政府方面的监管，从而获得企业经营的合法性需求。因此，企业更加倾向于从末端投入资源对企业的环境问题进行治理。综上，本文提出假设 H5a，H5b，H5c：

假设 H5a：当高管年龄越大，董事长总经理两职合一情形下，企业在对待环境保护的态度上，越倾向于选择积极型的环境战略；

假设 H5b：当高管年龄越大，董事长总经理两职合一情形下，企业在对待环境保护的内容上，企业越倾向于选择计划型的环境战略；

假设 H5c：当高管年龄越大，董事长总经理两职合一情形下，企业在对待环境保护的资源上，企业越倾向于选择末端投入型的环境战略。

4.4.3 企业制度距离的调节作用

在中国，中央政府和地方政府都有权力配置某个地区或者某个行业的资源。但是，不同层级的政府所制定的政策存在较大区别，这主要是由于中央政府和地方政府所追求的发展战略不一致，特别是在环境保护领域，中央和地方往往利益冲突（Wang et al.，2018a）。从地方政府到中央政府，行政级别主要包括县级政府、市级政府、省级政府到中央政府。企业主要接受的是直接上级政府对自身的监管（陈怀超和范建红，2014；张先锋等，2020）。当地方政府与中央政府的制度距离较远的时候，地方政府更加倾向于行使自由裁量权，将经济增长置于环境保护之上（Kostova et al.，2020）。主要原因在于两方面：首先，地方政府必须依靠自身的财政收入才促进当地的经济发展；其次，行政体制中基于经济绩效的晋升竞争，使得地方官员不得不促进经济增长；最后，随着行政等级差距的扩大，中央政府对地方政府监督的能力变得越来越弱。因此，当地政府对环境违规的压力将更小。当较低级别的政府控制企业时，环境政策工具的实施往往只会部分地有利于地方就业、增加财政收入和推进当地官员的职业生涯发展，而这些很大程度上依赖于当地的经济表现（Shu et al.，2017）。当有利可图的企业表现出破坏环境的行为时，地方政府往往避免采取可能导致环境合规而牺牲地方就业和税收的措施（Wang et al.，2018b）。因此，提出假设 H6a、H6b、H6c：

假设 H6a：当行政层级的距离较小时，政府行政效率越高，企业在对待环境保护的态度上，越倾向于选择积极型的环境战略；

假设 H6b：当行政层级的距离较小时，政府行政效率越高，企业在对待环境保护的内容上，越倾向于选择实施型的环境战略；

假设 H6c：当行政层级的距离较小时，政府行政效率越高，企业在对待环境保护的资源上，越倾向于选择末端投入型的环境战略。

4.5 基于内外部治理的共同作用分析

从前文的理论推导中可看出，公司治理激励因素和监管因素、公共治理的监管因素对企业环境战略选择的影响存在区别。本小节在前文分析的基础上，进一步将内外部影响因素结合，构建一个整体的内外部分析框架。

从公司治理层面出发，当外部政府行政效率较高时，政府关于环境的各项政策法规能够更加高效地传达到企业内部，从外部给企业的环境战略选择施加压力。从公司治理层面出发，当企业高管的利益与企业的利益一致时，企业会更加着眼于企业的长期发展，选择适合企业的环境战略（Elsayed and Elbardan, 2018; Sheikh et al., 2018）。当外部监管和内部激励相互作用时，对高管而言，外部有压力促使企业去实施环境保护活动，内部有动力去推动企业的可持续长期发展。因此，在内外部因素的交互作用下，态度上企业会选择积极型的环境战略；具体环境内容上，由于政府监管主要看重结果，企业会选择实施型的环境战略；具体的资源投入上，由于企业高管与企业的利益一致，企业不仅要考虑企业短期的末端治理结果，还会从源头方面进行资源投入，从根本上改善企业的环境发展情况，保证企业的可持续长期发展。因此提出假设 H7a，H7b，H7c：

假设 H7a：当公司外部监管和内部激励相结合时，企业管理层基于外部压力和内部动力的双重影响，从态度上会选择积极型环境战略；

假设 H7b：当公司外部监管和内部激励相结合时，企业管理层基于外部压力和内部动力的双重影响，从内容上会选择实施型环境战略；

假设 H7c：当公司外部监管和内部激励相结合时，企业管理层基于外部压力和内部动力的双重影响，从资源分配上，会同时考虑从源头和末端进行资源投入。

此外，当外部政府行政效率较高，内部监管较为严格时，面对内外部双重压力，企业必须重视环境问题，在对待环境问题的态度上，会选择积极型的环境战略；在具体的事项上，由于外部监管注重短期的成果，企业迫于压力，必须将关于环保的计划落地，因此，倾向于实施型环境战略；在资源投入方面，由于内部监管和外部监管都注重短期结果，因此，更加倾向于从末端投入资源。据以上分析，提出假设 H8a，H8b，H8c：

假设 H8a：当公司外部监管和内部监管相结合时，企业管理层基于内外部压力的影响，从态度上，会选择积极型环境战略；

假设 H8b：当公司外部监管和内部监管相结合时，企业管理层基于内外部压力的影响，从内容上，选择实施型环境战略；

假设 H8c：当公司外部监管和内部监管相结合时，企业管理层基于内外部压力的影响，从资源分配上，更加倾向于从末端进行资源投入。

4.6 本章小结

本章首先对本文涉及的理论进行综述,包括委托代理理论、利益相关者共同治理理论以及资源基础理论,为后文的研究提供理论基础。其次,对本研究中的影响机制进行推导,并提出研究假设;最后,基于影响机制,引入情景变量,进一步验证影响机制。根据本章的理论推导,构建出研究假设汇总,如图4-1所示。

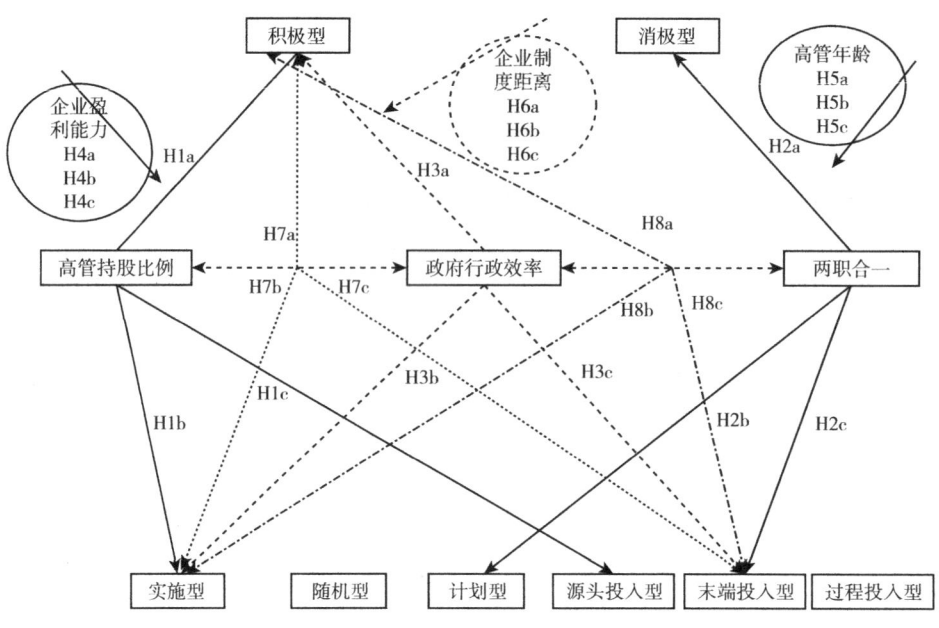

图4-1 研究假设汇总

5 研究设计

本章首先对数据来源进行了描述,其次对样本选择进行了说明,然后对被解释变量、解释变量、调节变量以及控制变量的选择进行了阐述,最后对所采用的实证方法进行了汇报。

5.1 数据来源

数据来源主要分为以下三部分:第一,上市公司社会责任报告,文章的关键被解释变量主要来源于上市公司社会责任报告中的环境社会责任部分;第二,国泰安数据库(CSMAR),文章中的主要解释变量及控制变量都来源于此数据库;第三,国家统计局提供的关于省份层面的数据。接下来分别对上市公司社会责任报告进行具体描述,为后文指标选取提供基础支撑。国泰安数据库(CSMAR)和国家统计局数据库属于常用数据库,对此不再赘述。

5.1.1 企业社会责任报告发展历史

2006 年 9 月,深圳证券交易所发布了《上市公司社会责任指引》(后文简称《指引》),要求上市公司按照《指引》的要求,对社会责任状况进行定期评估,并遵从自愿原则定期披露。该指引指出,公司在披露时,应着重以下六个方面:供应商、客户和消费者权益保护、公共关系和社会公益事业、股东和债权人权益保护、职工权益保护、环境保护与可持续发展、制度建设与信息披露。2006 年,深交所在对上市公司社会责任报告披露的内容中,明确规定了企业社会责任报告中应该对企业的环境保护与可持续发展方面进行披露。2008年,上海证券交易所进一步发布了《上海证券交易所上市公司环境信息披露指引》，对上市公司披露环境社会责任给出了具体的要求，对不同行业的公司应该披露的环境信息提出了明确的要求。

5.1.2 企业社会责任报告披露描述性分析

在和讯网上下载了企业从2006年1月1日—2018年12月31日公布的企业社会责任报告，从中可以得出，共有7363家企业发布了企业社会责任报告。其分布如图5-1所示。从图5-1中可看出，随着2006年深圳证券交易所要求上市公司披露社会责任报告，企业开始逐步实施。到了2008年，上海证券交易所进一步提出了上市公司披露社会责任报告的具体实施细则，越来越多的企业开始公布社会责任。2008年之后每年公布社会责任报告的企业逐步增多，到2018年的时候达到了943家。

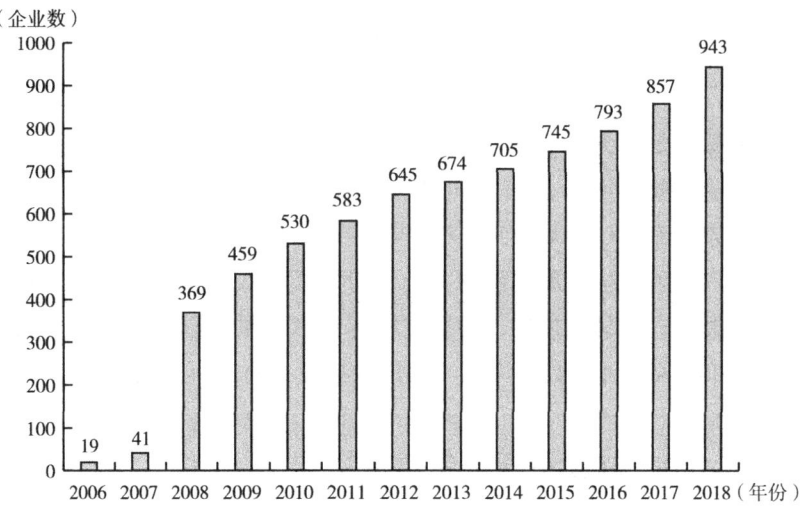

图5-1 每年公布社会责任报告的企业数目

为了进一步分析各省份社会责任报告公布情况，图5-2对各省份2006—2018年公布社会责任报告的次数进行了分析。从图5-2中可看出，北京、广东、上海、福建、浙江属于公布社会责任报告最多的省份。其中，北京的上市公司共发布了1017次社会责任报告，平均每年有78家企业发布社会责任报告。西藏的上市公司一共发布了26次社会责任报告，年均社会责任报告为2次。因此，各个地区的上市公司发布社会责任报告存在较大差异。

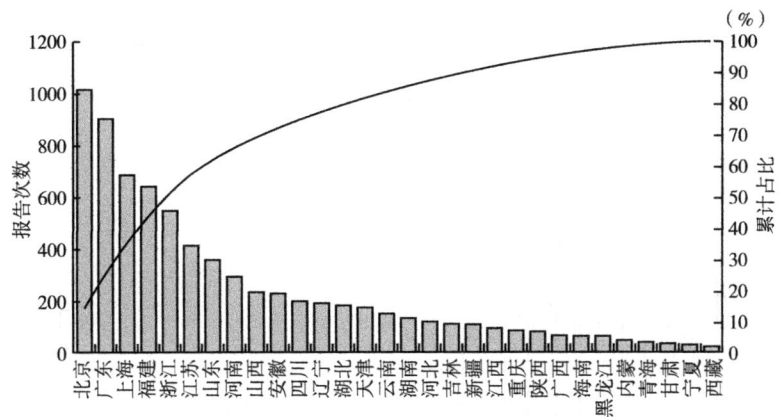

图 5-2　2006—2018 年各省份公布社会责任报告的次数

图 5-3 对各个行业的披露情况进行了分析。从图 5-3 中可看出，7363 家披露社会责任报告的企业中，有 3844 家都是制造业，占据了总的社会责任报告的 52.2%。其中，披露的最少的是教育行业，仅占 0.01%。当然，各个行业社会责任披露数量的多少与各个行业的企业数目有关。

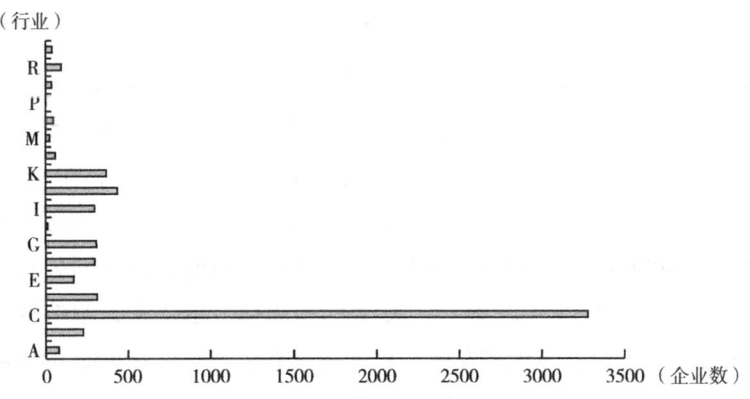

图 5-3　2006—2018 年各行业社会责任报告披露数量

图 5-4 对 3844 家制造业进行了行业细分，从图 5-4 中可看出，制造业各细分行业中，C39 的披露数量最多，有 529 次，属于计算机、通信与其他电子设备制造业。C27 和 C26 的披露数量位居其次，分别为 376 次和 365 次，为医药制造业及化学原料及化学制品制药业。除此之外可看出，28 个细分行业中，C39、C27、C26、C35、C38 和 C32 披露较为集中，占了总披露次数的一半。说明在社会责任报告披露中，披露较为集中于某些行业。

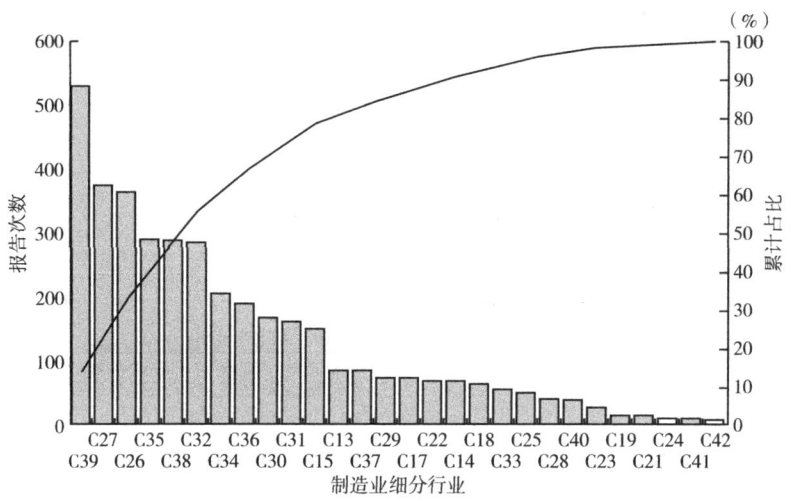

图 5-4 2006—2018 年制造业各细分行业社会责任报告披露数量

5.2 样本选择

结合社会责任报告的发展历史,本书主要选取了 2006—2018 年制造业行业的上市公司作为主要研究对象,来研究公司治理、公共治理与企业环境战略选择之间的关系。样本选择范围的理由分为如下两点,第一,在时间选取上,关于环境战略选择的指标主要来源于上市公司社会责任报告,而关于社会责任报告披露的时间起源于 2006 年,因截至本研究开始前,和讯网公布的最新的社会责任报告仅到 2018 年。第二,关于行业选择,近年来,制造业活动对于环境的影响已经成为我国经济发展过程中的重要隐患,它所造成的影响具有突出的代表性,因此,本书主要研究对象为制造业企业。

5.3 变量测量

本节主要对被解释变量、解释变量、调节变量及各个控制变量的选取和测量方法进行详细论述。根据第 3 章环境战略指标理论框架的构建以及第 4 章理论假设的提出,选择了不同的指标进行测量。首先,环境战略的测量主要分为三个层面：第一，根据企业对环境行为的态度；第二，根据企业对环境行为的活动内容；第三，根据企业对环境行为的资源投入。从这三个方面出发，分别构建了三个环境战略测量方法。其次，对公司治理以及公共治理分别选择了相应的指标进行测量。最后，选择了合适的控制变量，保证模型的稳健。

5.3.1 基于态度视角的环境战略测量及描述性分析

1. 基于企业对环境行为态度视角的环境战略指标测量方法

基于企业对环境行为的态度，将企业的环境战略分为积极型和消极型。主要分类依据为企业对环境社会责任报告的信息披露质量以及企业是否有违规行为。Clarkson 等（2008）认为，使用内容分析法对企业所披露的环境信息的质量进行量化分析已经成为国际主流的办法。关于企业环境信息披露的量化方法主要分为两类：强制性披露和非强制性披露。此外，《上市公司信息披露管理办法》中指出，企业信息披露的内容分为显著性、可靠性和可比性三个部分。借鉴 Al-Tuwaijri 等（2004）和叶陈刚等（2015）的研究方法，以是否货币化对企业环境信息披露的质量进行区分，没有披露的指标赋值为1，定性披露的指标赋值为2，定性与定量相结合披露的指标赋值为3。其中货币型的指标主要包括以下几部分：企业环保拨款、环保奖励收入、补助与税收减免、废物利用收入、降低污染的收益、重大环境问题应急支出、环保投资支出或环保借款、环境相关的赔款罚款、重大环境问题引起的诉讼费用以及绿化费；非货币化环境信息主要包括是否执行环境认证、环保措施与环境改善情况、环境管理目标、资源消耗种类、环境信息披露制度以及是否有独立可持续发展报告及环境报告。

因此，本书选择了3844份上市公司中有关制造业企业的环境社会责任报告进行内容分析。关于环境社会责任的描述，有的企业是纯定性报告，它们结合自身所做的事情以及环保方面的投入，做了定性和定量方面的报告。因此，借鉴 Al-Tuwaijri 等（2004）和叶陈刚等（2015）的货币化与非货币化指标的测量方法，结合数据的可获得性，通过如下步骤进行内容分析。首先，随机选择30家企业的社会责任报告，结合 Al-Tuwaijri 等（2004）和叶陈刚等（2015）的货币化与非货币化指标的选择，最后总结了以下10个指标进行内容分析：（1）企业环保投资与环境技术开发；（2）与环保相关的政府拨款、财政补贴与税收减免；(3) 企业污染物的排放及排放减轻情况；(4) 有关环境保护的贷款；(5) 与环境保护相关的诉讼、赔偿、罚款与奖励；(6) 其他与环境有关的收入与支出项目；(7) ISO 环境体系认证相关信息；(8) 生态环境改善措施；(9) 政府环保政策对企业的影响；(10) 企业环境保护的理念和目标。

在环境社会责任报告中，不同的指标其描述有一些区别，有的企业用纯定性化的描述，有的企业在描述某项措施时，会同时描述具体的量化数据。如在 (1) 企业环保投资与环境技术开发这一项中的描述分别有"公司投资 889 万元对……进行改造，技术改造及环境改造支出持续增加""公司采用环保、节能的设备和工艺"；在 (3) 企业污染物的排放及排放减轻情况这一项中的描述分别有"钒板块将处理后的生活污水用于厂区绿化、增设废水脱氨工艺加大循环水利用率；钛板块通过新水串级使用、循环水站冷却塔改造、外排水改酸解尾气喷淋补水、蒸汽系统平衡优化等措施减少新水消耗""通过技术攻关和工艺升级，在不改变产能的条件下，将钒生产线进行整合，减少了烟粉尘、二氧化碳、二氧化硫等废气排放量，温室气体排放量从 2017 年的 1.271 吨/万元减少到了 1.189 吨/万元"。本书根据这些不同的描述，将它们划分到不同的指标类别下面，没有类似描述的归为 1，只有纯定性描述的归为 2，定性和定量相结合的归为 3。最后，根据前文所提到的政府规定必须披露的部分以及企业自愿披露的部分进行计算各个部分的得分，不同行业由于政府要求不一，其强制披露和自愿披露的内容不同。因此，在分析企业环境信息披露质量的时候，必须考虑行业的影响。

当获得各个企业强制性披露和自愿披露信息质量的得分后，根据是否高于行业的均值判断其信息披露质量的高低，当得分高于行业平均值时，判断其信息披露质量较高，当得分低于行业平均值时，判断其信息披露质量较低。同时结合企业当年是否存在违规披露行为来判断其信息披露质量的可靠性。当企业当年存在违规披露时，那么则根据企业财务违规的"历史基因"判定企业的环境信息披露质量不可靠，判断它为消极型；反之，如果企业当年不存在违规披露，且其自愿披露和强制披露的质量都较高，则判断其为积极型。

2. 基于企业对环境行为态度的环境战略指标描述性分析

通过前文的理论构建了基于企业对环境行为态度的环境战略指标，为了进一步判断其可靠性，本小节对以此方法构建的环境战略指标进行描述性分析。

第一，对制造业企业的强制性披露和自愿披露的得分进行分析，结果如

图 5-5 所示。可看出，从 2007 年到 2016 年，无论是自愿披露质量还是强制披露质量的得分都在逐年上升，即企业披露环境信息的意识在逐步提升，每年都有企业在增加环境信息披露。此外，披露质量也在不断提升，每年都在发生变化。

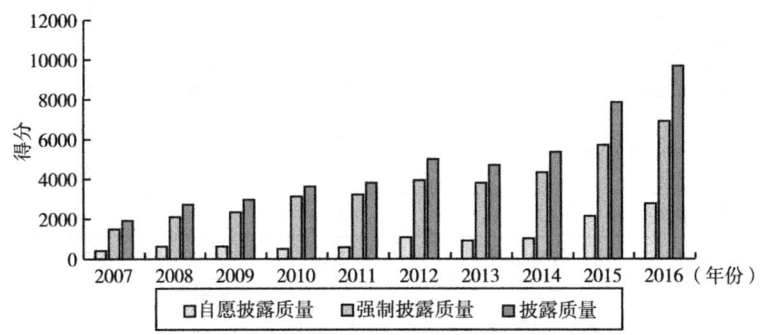

图 5-5　2007—2016 年环境信息披露质量得分

第二，对制造业各细分行业环境披露质量得分的平均分进行分析，结果如表 5-1 所示，各个细分行业环境信息披露质量得分存在较大的区别。从第一列中可看出，黑色金属冶炼及压延加工业的环境信息披露质量平均得分最高，为 7.33 分。得分越高，说明该行业的环境信息披露质量越高，在环境方面的重视程度越高。此外，造纸及纸制品业，石油加工、炼焦及核燃料加工业，化学原料及化学制品制造业，废弃资源综合利用业，有色金属冶炼及压延加工业，化学纤维制造业等其环境信息披露质量平均得分较高，分别为 6.89 分、6.65 分、5.90 分、5.56 分、5.46 分、5.27 分。环境信息披露质量平均得分最低的为文教、工美、体育和娱乐用品制造业，为 2.04 分；除此之外，计算机、通信和其他电子设备制造业，纺织服装、服饰业等的环境信息披露质量都较低，介于 2~3 分。

表 5-1　　　　制造业各细分行业环境信息披露质量平均得分

制造业细分行业	披露质量	强制性披露质量	自愿披露质量	强制性披露占比
电气机械及器材制造业	2.64	1.85	0.79	0.70
纺织服装、服饰业	2.27	1.71	0.56	0.75
纺织业	4.52	3.57	0.95	0.79
非金属矿物制品业	4.87	3.94	0.93	0.81
废弃资源综合利用业	5.56	4.53	1.02	0.82
黑色金属冶炼及压延加工业	7.33	6.11	1.22	0.83

续表

制造业细分行业	披露质量	强制性披露质量	自愿披露质量	强制性披露占比
化学纤维制造业	5.27	4.25	1.02	0.81
化学原料及化学制品制造业	5.90	4.81	1.09	0.81
计算机、通信和其他电子设备制造业	2.12	1.46	0.66	0.69
家具制造业	2.40	1.50	0.90	0.62
金属制品业	3.09	2.25	0.84	0.73
酒、饮料和精制茶制造业	4.51	3.73	0.78	0.83
木材加工及木、竹、藤、棕、草制品业	2.84	2.05	0.79	0.72
农副食品加工业	4.30	3.75	0.55	0.87
皮革、毛皮、羽毛及其制品和制鞋业	4.37	3.33	1.05	0.76
其他制造业	2.17	1.54	0.63	0.71
汽车制造业	2.57	1.90	0.66	0.74
石油加工、炼焦及核燃料加工业	6.65	5.82	0.83	0.88
食品制造业	4.79	3.83	0.96	0.80
铁路、船舶、航空航天和其他运输设备制造业	2.41	1.79	0.62	0.74
通用设备制造业	2.97	2.19	0.78	0.74
文教、工美、体育和娱乐用品制造业	2.04	1.20	0.84	0.59
橡胶和塑料制品业	3.60	2.65	0.94	0.74
医药制造业	3.82	3.01	0.81	0.79
仪器仪表制造业	2.25	1.53	0.72	0.68
印刷和记录媒介复制业	2.40	1.60	0.80	0.67
有色金属冶炼及压延加工业	5.46	4.45	1.01	0.82
造纸及纸制品业	6.89	5.60	1.29	0.81
专用设备制造业	2.32	1.67	0.65	0.72

从第二列中可看出，各个行业强制性披露质量得分不一，其中，黑色金属冶炼及压延加工业的强制性披露质量得分较高，为 6.11 分；此外，石油加工、炼焦及核燃料加工业、造纸及纸制品业的强制性披露得分分别为 5.82、5.60，位列于制造业行业中强制性披露得分的前三甲。在强制性披露得分中，得分最低的为文教、工美、体育和娱乐用品制造业，其强制性披露得分仅为 1.2。

从第三列可看出，各个行业强制性披露得分占比的比例不一，最低的强制性披露得分占比仅为 0.62，为家具制造业；强制性披露得分占比最高的为石油加工、炼焦及核燃料加工业，酒、饮料和精制茶制造业，黑色金属冶炼及压延加工业，废弃资源综合利用业，非金属矿物制品业，化学原料及化学制品制造业，化学纤维制造业，农副食品加工业，食品制造业等。这些行业中，企业的环境信息披露质量强制性披露的占比较高，均超过了80%。

因此，通过对制造业里面各个细分行业的环境信息披露质量进行分析，可以看出，不同细分行业环境信息披露质量不同。污染较为严重的行业更加注重环境信息披露质量，尤其是强制性环境信息披露质量。污染较轻的企业除了披露强制性要求披露的信息外，还进行了大量的自愿性披露。

第三，为了进一步分析企业环境信息披露的差异性，本研究对不同地区企业的环境信息披露质量做了对比分析，结果如表5-2所示。从中可看出，各个省份环境信息披露质量得分的差异较大，其中，云南、宁夏、内蒙古、山西、甘肃、河北、新疆以及广西等地方的环境信息披露质量得分较高，其中，强制性披露得分占了主要组成部分。此外，天津、北京、西藏、上海、湖北、海南、广东等地的环境信息披露质量得分较低。

表5-2 各省份环境信息披露质量得分

省（市、自治区）	披露质量平均得分	自愿披露质量平均得分	强制性披露质量平均得分	披露质量总分	自愿披露质量总分	强制性披露质量总分
云南	6.10	0.87	5.23	903	129	774
宁夏	5.61	0.69	4.93	376	46	330
内蒙古	5.43	0.80	4.64	690	101	589
山西	5.34	0.73	4.60	822	113	709
甘肃	5.19	0.59	4.60	700	79	621
河北	5.04	0.81	4.23	1623	262	1361
新疆	5.02	0.87	4.16	708	122	586
广西	4.51	0.80	3.71	564	100	464
贵州	4.47	0.78	3.69	603	105	498
重庆	4.39	0.73	3.66	628	104	524
河南	4.23	0.95	3.28	1660	373	1287
四川	4.15	0.90	3.24	2069	451	1618
安徽	4.09	0.80	3.30	1858	362	1496
青海	3.99	0.58	3.41	275	40	235
吉林	3.96	0.72	3.24	823	150	673

续表

省（市、自治区）	披露质量平均得分	自愿披露质量平均得分	强制性披露质量平均得分	披露质量总分	自愿披露质量总分	强制性披露质量总分
山东	3.95	0.87	3.08	3471	767	2704
江西	3.92	0.78	3.15	828	164	664
浙江	3.87	1.02	2.86	5330	1397	3933
江苏	3.70	0.94	2.76	4997	1265	3732
湖南	3.63	0.72	2.91	1329	263	1066
福建	3.60	0.96	2.64	1431	381	1050
辽宁	3.54	0.69	2.85	918	180	738
陕西	3.34	0.52	2.82	612	96	516
黑龙江	3.17	0.66	2.51	459	95	364
广东	3.00	0.84	2.16	5057	1413	3644
海南	2.88	0.46	2.43	196	31	165
湖北	2.86	0.64	2.23	1202	267	935
上海	2.79	0.81	1.99	2066	596	1470
西藏	2.75	0.67	2.08	132	32	100
北京	2.73	0.60	2.13	1967	433	1534
天津	2.00	0.38	1.63	431	100	331

因此，为了更明确地判断不同地区环境信息质量披露得分的差异，将31个省市按照国家统计局对东部、中部、西部的现行划分方法，将北京、天津、河北、浙江、福建、山东、广东、广西、辽宁、上海、江苏以及海南12个省、自治区、直辖市划分为东部，将山西、内蒙古、吉林、黑龙江、湖南、湖北、河南、江西、安徽9个省、自治区划分为中部；将四川、重庆、云南、贵州、西藏、陕西、宁夏、甘肃、新疆、青海10个省、自治区、直辖市划分为西部。进一步判断东、中、西三个地区的环境信息质量得分差异。结果如图5-6所示。

从图5-6可看出，东中西部环境信息披露质量得分存在较大差异。首先，从环境信息披露质量得分总分上可看出，东部企业，无论是环境信息披露质量得分总分，还是强制性披露质量得分或自愿披露质量得分，都高于中部地区和西部地区的企业，导致这个问题的原因可能是东部地区履行环境信息披露的企业比中部、西部地区多，或者东部地区履行环境信息披露的质量较高。为了进一步验证这个问题，图5-7对东中西部地区环境信息披露质量的平均得分进行了分析。

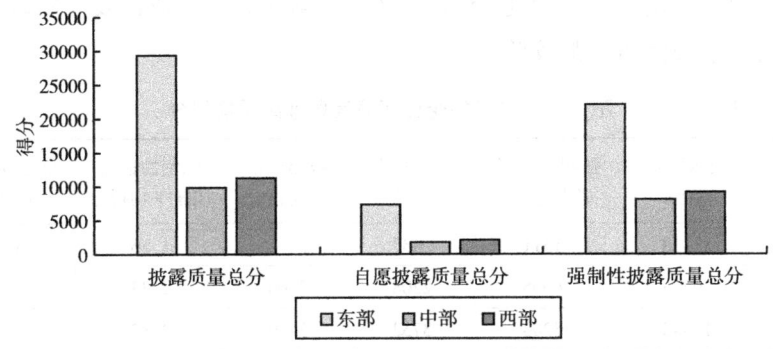

图 5-6 东中西部环境信息披露质量总分

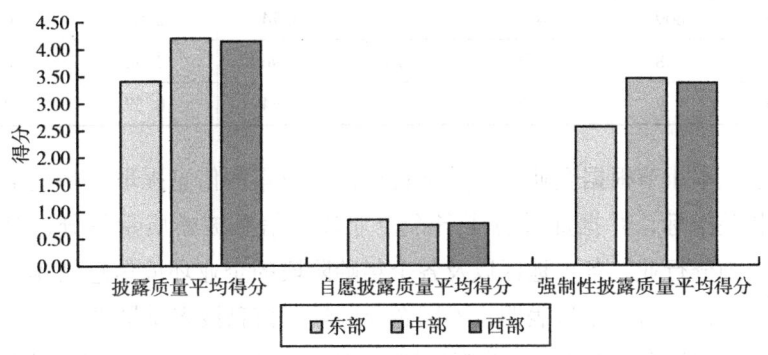

图 5-7 东中西部环境信息披露质量平均得分

从图 5-7 中可看出,环境信息披露质量平均得分中,东部地区企业的平均得分要略微低于中部和西部地区,说明中部地区环境信息披露质量得分总分较高的原因主要是东部地区履行环境信息披露的企业较多。此外,从自愿披露质量平均得分中可看出,东部和西部地区自愿披露质量平均得分略微高于中部地区;从强制性披露质量平均得分中可看出,东部地区和西部地区强制性披露得分略微小于中部地区。

第四,在分析了不同地区和不同行业的企业环境信息披露质量的差异后,进一步分析不同年龄的企业环境信息披露质量间是否存在差异,如表 5-3 所示。其结果表明,企业存活时间在 11~20 年的企业环境信息披露质量得分最高。为了进一步判断环境信息披露质量的高低,第四列的环境信息披露质量平均得分表明,存活时间在 21~25 年的企业环境信息披露质量越高,其平均得分为 4.49,对于这一类别的企业,不仅强制性披露质量得分较高(3.44),自愿披露信息质量的平均得分也较高（1.04）。刚成立的企业以及年龄较大的企业其环境信息披露质量都较低。

表5-3 不同年龄阶段的企业环境信息披露质量得分

企业年龄	披露质量总分	强制性披露质量总分	自愿披露质量总分	披露质量平均得分	强制性披露质量平均得分	自愿披露质量平均得分
0~5	1748	1311	437	2.35	1.76	0.59
6~10	9203	6995	2208	3.06	2.33	0.73
11~15	16940	13208	3732	3.69	2.87	0.81
16~20	12793	10042	2751	4.14	3.25	0.89
21~25	5227	4010	1217	4.49	3.44	1.04
26~30	609	484	125	3.74	2.97	0.77
31~35	68	53	15	2.96	2.30	0.65
大于35	9	8	1	0.64	0.57	0.07

综上，本小节根据企业环境社会责任报告披露的信息提取了环境信息披露质量的相关指标，并据此计算了各个企业环境信息披露质量得分，对各个年份、各个细分行业、各个地区以及各个年龄阶段的企业环境信息披露质量得分进行了描述性分析，结果表明，不同企业的环境信息披露质量之间存在差异。

此外，根据企业对环境行为态度划分的环境战略进一步结合了企业违规披露的财务数据，对企业财务违规披露的数据进行相关描述性分析。图5-8对2006—2018年的每年查处的企业财务违规披露进行了分析，从图中可看出，2010年以前查处的有财务违规披露的企业数目较少；从2011年开始，每年被查出有企业财务违规披露的企业数目逐步增加；2015年、2016年、2017年、2018年被查出的企业数目减少，说明随着监管的增加，企业财务违问题逐步减少。

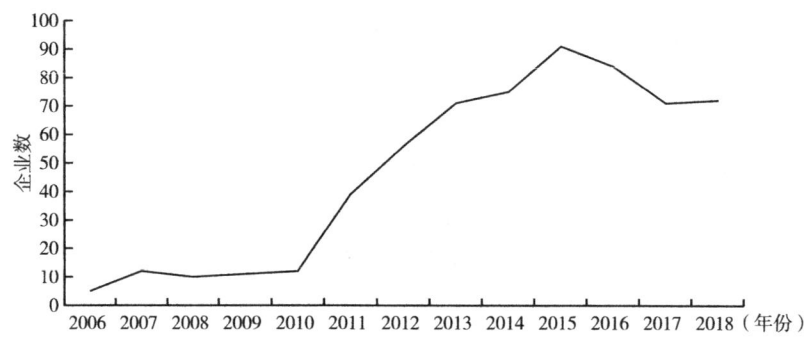

图5-8 2006—2018年财务违规披露的企业数目

图 5-9 对 609 家违规披露企业的违规次数进行了分析，从图中可看出，违规 1 次、2 次的企业最多；部分企业的违规披露达到了 10 次以上，以违规次数达到 18 次的营口港服务有限公司（600317）为例来分析，中国证监会 2019 年 7 月对该公司进行现场检查时发现它在规范运作方面存在问题，存在关联方隐形非经营性占用公司资金问题。具体表现为以下几个方面：(1) 公司规范运作方面；(2) 关联方通过财务公司非经营性占用上市公司资金；(3) 应收账款坏账计提比例偏低，公司自 2002 年 1 月 16 日上市以来，坏账准备计提的扣除单项金额重大单独计提坏账准备的应收账款部分，始终按照应收账款余额的 0.5% 计提坏账准备，远低于同行业同地区上市公司坏账计提比例；(4) 信息披露存在的问题。

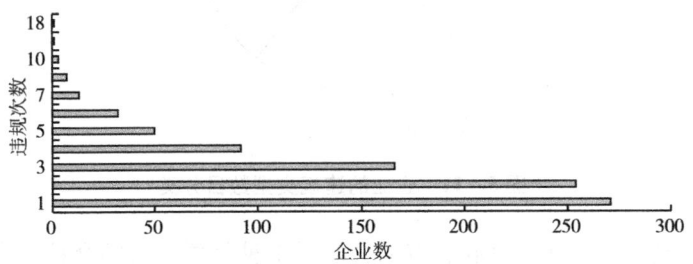

图 5-9　企业违规次数分布

图 5-10 对不同违规类型进行了分析，结果表明，目前的主要违规行为包括虚构利润、虚构资产、虚假记载、推迟披露、重大遗漏、披露不实、欺诈上市、出资违规、擅自改变资金用途、占用公司财产、违规买卖股票、违规担保、会计处理不当以及其他类型。从其分布中可看出，会计处理不当以及其他类型是企业财务违规的最主要影响因素，此外，重大遗漏、虚构利润、虚假记载、推迟披露等也是影响企业财务违规的主要因素。

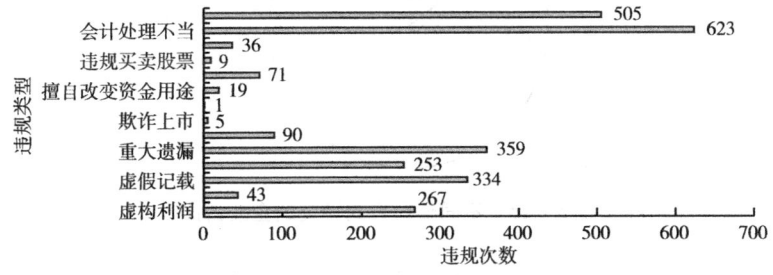

图 5-10　不同违规类型违规次数

因此，为了进一步分析各个企业的违规披露事项，图 5-11 对企业的各项违规事项进行了统计。从图中可看出，企业违规一般有 1~5 种违规类型，其中，只违规 1 种或 5 种的企业较少，大多数企业都会有 2~3 种违规行为同时存在。

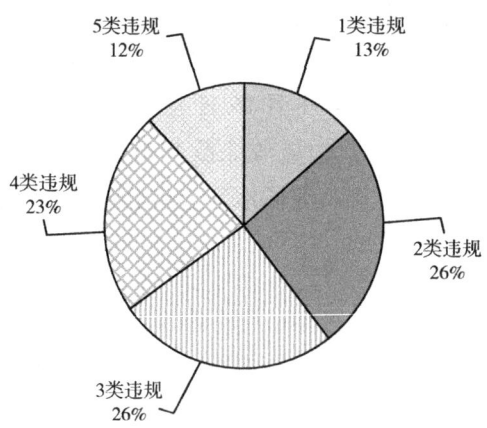

图 5-11 企业的违规类型数目分类

企业违规会面临相应处罚，有的会接受 1 种处罚，有的会接受多种处罚并举。图 5-12 对不同处罚方式种类的企业占比进行了分析，从中可看出，企业违规后没有受到处罚的企业占比为 0，85% 的企业受到了 1 种处罚，剩下 15% 的企业受到 2~4 种处罚。

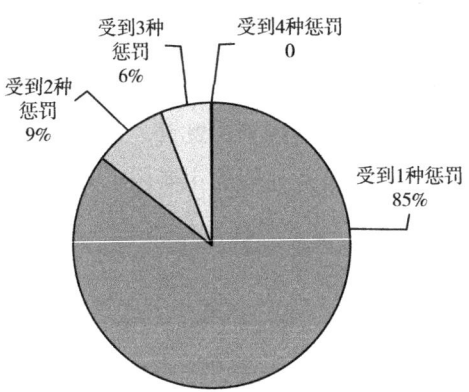

图 5-12 不同处罚方式种类的企业占比

为进一步分析企业受到的各种处罚，图 5-13 对这 609 家企业受到的不同类型的处罚次数进行了分析，主要包括批评、警告、谴责、罚款、没收非法所得以及其他类型。除没有具体描述的其他类型外，罚款和警告是企业违规通常面临的处罚方式。

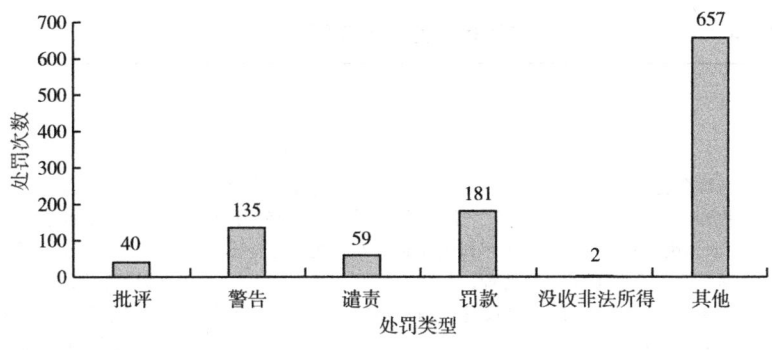

图 5-13　不同处罚类型的次数

5.3.2　基于活动内容视角的环境战略测量及描述性分析

1. 基于企业对环境行为活动内容视角的环境战略指标测量方法

在前文的分析中提到，环境战略是一项计划，除了需要专门的行动计划外，还需要具体的行动实施，不同的企业根据自身发展需要，采取不同的活动内容。根据理论部分构建的环境战略框架，本研究通过随机选择 30 家制造业企业的环境社会责任披露部分进行内容分析，根据这 30 家企业披露环境社会责任时的描述内容，提取了部分字段作为关键指标。主要分为如下 12 个指标：(1) 三废处理；(2) 节约能源；(3) 宣传培训；(4) 过程管理；(5) 应急预案；(6) 制度建设；(7) 环境监督；(8) 绿色办公；(9) 绿色生态；(10) 技术升级；(11) 循环经济；(12) 环境认证。除了这 12 个指标外，还对各个企业的社会责任报告字数以及环境社会责任报告字数进行了统计，以及汇总了各个企业每年的环保投入进行。其归类方法如下所述："公司制订了环境污染事故应急预案，并报岳阳市环保局备案"，则在 (5) 应急预案下标注为 1；"以公司环境保护管理考核办法为平台，不断加大监督管理力度，完善各项环保管理制度，坚持月度考核、季度绩效兑现，有力地促进了各单位节能环保工作的开展和治理任务的落实，确保了重点污染源稳定达标排放"，则在 (4) 过程管理下标注为 1。除此之外，还对各个社会责任报告里面环境社会责任的内容字数与整个社会责任报告的字数以及企业在环保方面的投入金额进行了记录。

表 5-4 对所提取的 13 个关键指标在社会责任报告中对应的内容进行了罗列，以便更好理解本书指标提取的方法。

表 5-4　　　　　　　　环境社会责任指标提取方法

指标提取	提取方法	具体描述
三废处理	在社会责任报告里面的环境社会责任部分，找到带有"废水""废气""废渣"以及"固体废弃物""三废"等字段的描述，判断企业是否做了相应的处理，如果有，则对该字段赋值为1；如果没有，则对该字段赋值为0。	"废水、废气、废渣全部实现了回收再利用与超低排放，做到了绿色生态链闭环处理"，"股份公司及所属的生产型各事业部，分公司均持有排污许可证，稳定运行环保设施，年内废水、废气均达标排放，固体废弃物依规处置，未发生较大以上事故""公司三废监测指标：废水和废弃处置，减少了烟粉尘、二氧化碳、二氧化硫等废气排放量"。
节约能源	在社会责任报告里面的环境社会责任部分，找到带有"节能"字段的描述，判断企业是否采取了相应的手段，如果有，则对该字段赋值为1；如果没有，则对该字段赋值为0。	"应用先进成熟的节能环保技术，努力打造钢铁制造绿色生态系统""倡导绿色发展，支持创新节能项目""实现低碳环保、绿色节能，从而提高资源使用效率，助力建设资源节约型和环境友好型社会""减少能源使用"。
宣传培训	在社会责任报告里面的环境社会责任部分，找到带有"宣传""倡导""培训"等字段的描述，判断企业是否做了相应的处理，如果有，对该字段赋值为1；如果没有，则对该字段赋值为0。	"通过加强宣传节能理念""大力宣传倡导低碳办公生活""为提高员工环保意识，从环保法律法规、环保应急和环保预案演练等多方面进行培训"。
过程管理	在社会责任报告里面的环境社会责任部分，找到带有"管理"字段的描述，判断企业是否采取了过程管理，如果有，则对该字段赋值为1；如果没有，则对该字段赋值为0。	"积极采用新工艺以节约用电和循环利用废水，实现节能、减排、降耗一体化管理""加强节能减排管理机制"。
应急预案	在社会责任报告里面的环境社会责任部分，找到带有"应急预案"字段的描述，判断企业是否采取了应急措施，如果有，则对该字段赋值为1；如果没有，则对该字段赋值为0。	"环境污染事故应急预案"。

续表

指标提取	提取方法	具体描述
制度建设	在社会责任报告里面的环境社会责任部分找到带有"制定""政策""法规"等字段的描述，判断企业是否在环境方面制定了新的政策制度，如果有，则对该字段赋值为1；如果没有，则对该字段赋值为0。	"制订并下发了《开展环境综合整治、打造绿色工厂工作方案》和《环境保护提升规划》"。
环境监督	在社会责任报告里面的环境社会责任部分找到带有"监督""监控""第三方监测"等字段的描述，判断企业在环境方面是否得到了外部监督，如果有，则对该字段赋值为1；如果没有，则赋值为0。	"公司各类污染物治理设施运行正常，通过第三方环境监测机构监测以及公司内部监测，污染物全部达标排放""环境监控体系日臻完善""接受公众监督"。
绿色办公	在社会责任报告里面的环境社会责任部分，找到带有"办公"字段的描述，判断该企业是否采取了绿色办公行为，如果有，则对该字段赋值为1；如果没有，则赋值为0。	"公司推行无纸化办公，提倡打印、传真纸张双面使用，节约办公用纸""实施节水节电节材等绿色办公政策或措施""办公场所全部采用节能灯具"。
绿色生态	在社会责任报告里面的环境社会责任部分，找到带有"绿化"字段的描述，判断该企业是否注重绿色生态，如果有，则对该字段赋值为1；如果没有，则赋值为0。	"推进厂区绿化""新公司主厂区绿化覆盖率"。
技术升级	在社会责任报告里面的环境社会责任部分，找到带有"技术""新产品"等字段的描述，判断企业是否进行了技术升级，如果有，则对该字段赋值为1；如果没有，则赋值为0。	"在全体员工中开展小改进、小优化、小建议、微创新的清洁生产改进项目14项"。
环境认证	在社会责任报告里面的环境社会责任部分，找到带有"认证"字段的描述，判断该企业是否获得了认证，如果有，则对该字段赋值为1；如果没有，则对该字段赋值为0。	"公司及下属各子分公司（单位）通过了环境管理体系审核认证工作，并取得环境管理体系认证证书"。

根据内容分析法提取的 12 个指标，按照其自身的内涵及理论框架部分的推导，将其划分为两个类型：行动计划和行动实施。其中，循环经济、节约能源、制度建设、环境认证、应急预案属于企业在环境方面的行动计划；三废处理、宣传培训、过程管理、环境监督、绿色办公、绿色生态、技术升级属于企业在环境方面的行动实施。根据这两种划分方法，将企业的环境战略划分为注重行动计划的环境战略和注重行动实施的环境战略。

在环境社会责任报告中，不同的企业对于这 12 个方面的指标具体表述不一，有的企业只做了其中的 1 项甚至 0 项，有的企业做了 11 项。在测量过程中，由于测量行动计划的有 5 项，测量行动实施的有 7 项，因此，按照前文所构建的理论框架，根据细分行业每年的平均水平划分，企业披露的数量高于行业平均水平的设为 1，低于行业平均水平的设为 0。

2. 基于企业对环境行为活动内容的环境战略指标描述性分析

本研究主要根据制造业企业的社会责任报告进行内容分析，共得到 3847 条观测样本。为了更加清楚地了解本研究的样本信息，接下来对 3847 条进行内容分析的观测样本进行描述性分析。图 5-14 对 3847 条观测样本的年份进行了分析。从图中可看出，制造业行业公布的社会责任报告数目从 2008 年起得到了快速发展，2018 年在 2008 年的基础上增加了 134%。说明近年来，制造业行业对社会责任报告披露的关注度正在逐步提高。

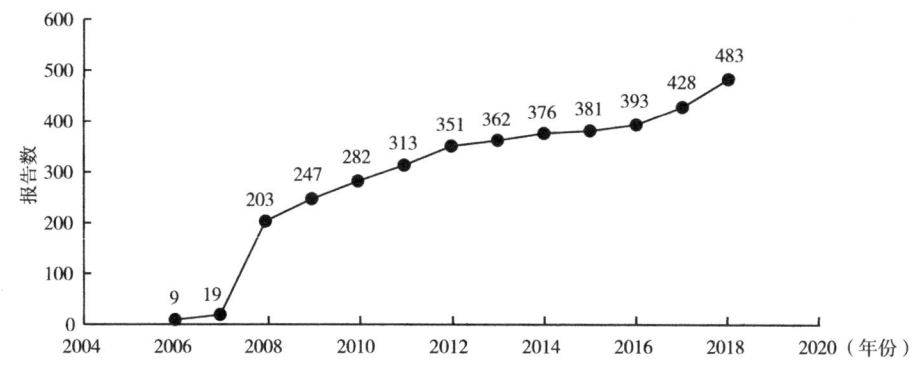

图 5-14 2006—2018 年制造业每年公布社会责任报告数目

根据内容分析所提取的 12 个指标，对这 12 个指标进行分析，如表 5-5 所示。从表中可看出，不同指标企业的参与程度不同。其中，参与程度最高的为三废处理,有72.13%的企业参与其中;其次,节约能源、技术升级也是部分企业进行环境保护的重要举措,其比例分别达到了58.23%、46.76%。

表5-5　　　　　　　　企业采取不同环境保护措施的比例

采取措施	未参与(家)	参与(家)	未参与占比(%)	参与占比(%)
循环经济	2441	1406	63.45	36.55
节约能源	1607	2240	41.77	58.23
制度建设	3545	302	92.15	7.85
环境认证	2260	1587	58.75	41.25
应急预案	3620	227	94.1	5.9
三废处理	1072	2775	27.87	72.13
宣传培训	3005	842	78.11	21.89
过程管理	2546	1301	66.18	33.82
环境监督	3603	244	93.66	6.34
绿色办公	2862	985	74.4	25.6
绿色生态	3513	334	91.32	8.68
技术升级	2048	1799	53.24	46.76

在测量企业的环境战略过程中,根据行业环境社会责任报告披露的平均水平来划分企业是属于计划型、实施型及随机型。首先对各个细分行业的行动计划和行动实施的平均水平进行描述性分析,如表5-6所示。如前所述,在计划项中共有5项指标,在实施项中共有7项指标,各个行业在披露过程中,披露的内容有所区别。从表中可看出,在计划项中,酒、饮料和精制茶制造业,纺织业,皮革、毛皮、羽毛及其制品和制鞋业,造纸及纸制品业,石油加工、炼焦及核燃料加工业,化学原料及化学制品制造业,非金属矿物制品业,黑色金属冶炼及压延加工业,有色金属冶炼及压延加工业以及汽车制造业的计划项平均值为2项,其他行业为1项。在实施项中,除了其他制造业和家具制造业的平均值分别为3项和1项外,其他的均为2项。

因此,根据行业平均值对各个企业的环境社会责任披露报告的内容进行区分,计划型、实施型和随机型的分布状态如图5-15所示。可看出,3847条观测值中,有1383条观测值倾向于注重行动计划,1504条观测值注重行动实施,960条观测值既不注重行动计划也不注重行动实施。

表 5-6　　各细分行业计划项和实施项平均值

行业名称	行业代码	计划项平均值	实施项平均值
农副食品加工业	C13	1	2
食品制造业	C14	1	2
酒、饮料和精制茶制造业	C15	2	2
纺织业	C17	2	2
纺织服装、服饰业	C18	1	2
皮革、毛皮、羽毛及其制品和制鞋业	C19	2	2
家具制造业	C21	1	1
造纸及纸制品业	C22	2	2
印刷和记录媒介复制业	C23	1	2
文教、工美、体育和娱乐用品制造业	C24	1	2
石油加工、炼焦及核燃料加工业	C25	2	2
化学原料及化学制品制造业	C26	2	2
医药制造业	C27	1	2
化学纤维制造业	C28	1	2
橡胶和塑料制品业	C29	1	2
非金属矿物制品业	C30	2	2
黑色金属冶炼及压延加工业	C31	2	2
有色金属冶炼及压延加工业	C32	2	2
金属制品业	C33	2	2
通用设备制造业	C34	1	2
专用设备制造业	C35	1	2
汽车制造业	C36	2	2
铁路、船舶、航空航天和其他运输设备制造业	C37	1	2
电气机械及器材制造业	C38	1	2
计算机、通信和其他电子设备制造业	C39	1	2
仪器仪表制造业	C40	1	2
其他制造业	C41	1	3
废弃资源综合利用业	C42	3	2

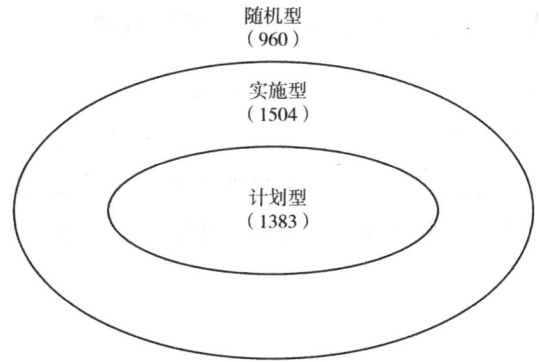

图 5-15　根据企业环境行为活动内容的战略划分

5.3.3　基于资源分配视角的环境战略测量及描述性分析

1. 基于企业对环境行为资源分配视角的环境战略指标测量方法

根据前文构建的基于资源投入的环境战略划分，可以将企业对环境资源的投入归类为注重源头管理的投入、注重过程管理的投入以及注重末端管理的投入。基于企业社会责任报告，对企业在环境社会责任部分披露的信息进行提取，方法与前文一致，即首先选取 30 家企业的环境社会责任部分进行内容分析，并提取相关的关键指标，其他的企业以此为基准，对类似指标的数据进行提取。除此之外，从企业年报里面以同样的方式将制造业企业的环境资源投入指标进行了内容分析。主要关键指标有：(1) 环保支出；(2) 废水、废气、固废处理在建工程投入；(3) 垃圾发电在建工程投入；(4) 脱销、脱氨、除尘、污泥处理在建工程投入；(5) 清洁生产在建工程投入；(6) 节能、节电、余热发电；(7) 环保项目在建工程投入；(8) 监测系统在建工程；(9) 绿化处理在建工程；(10) 排污费。根据理论框架构建部分，将这 10 项内容分别划分到三个阶段。其中，(2) 废水、废气、固废处理在建工程投入；(3) 垃圾发电在建工程投入；(4) 脱销、脱氨、除尘、污泥处理在建工程投入；(10) 排污费属于末端治理投入；(5) 清洁生产在建工程投入；(6) 节能、节电、余热发电；(7) 环保项目在建工程投入；属于源头管理投入；(8) 监测系统在建工程；(9) 绿化处理在建工程属于过程管理的投入。

2. 基于企业对环境行为资源投入的环境战略指标描述性分析

在企业年报和环境社会责任报告中,并不是所有企业都公布了自身在环境方面的资源投入,根据企业年报和环境社会责任报告中提取的内容,对公布企业环境资源投入的企业进行了统计,结果如图5-16所示。2008—2017年,每年公布企业环境资源投入的企业数目保持逐步增加的趋势,从2008年的161家到2018年的231家。

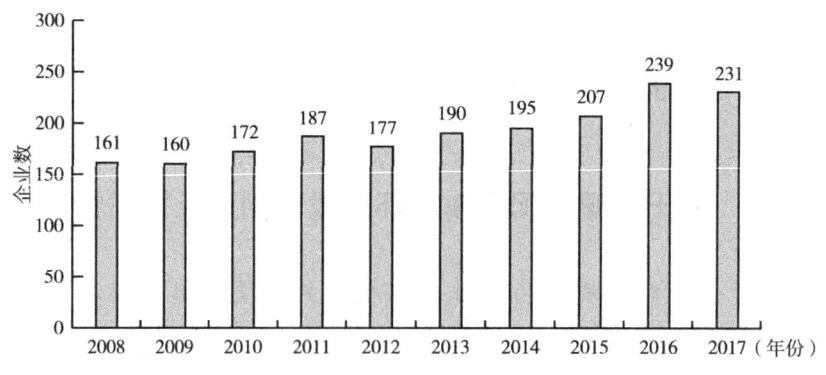

图5-16 2008—2017年公布企业环境资源投入的企业数目

2008—2017年,共有1919家制造业披露了在环境方面的资源投入,因此,表5-7在前文分析的基础上,进一步分析了各个细分行业有环境方面资源投入的分类。从这1919家制造业中可看出,化学原料及化学制品制造业公布企业环保资源投入的数目最多,有556家;此外,有色金属冶炼及压延加工业、医药制造业、黑色金属冶炼及压延加工业及非金属矿物制品业等细分行业公布企业环境资源投入的企业也较多,分别为208家、245家、204家及184家。

从第三列环保支出平均值中可看出,黑色金属冶炼及压延加工业,化学纤维制造业以及石油加工、炼焦及核燃料加工业等细分行业的环保支出平均值相对较高,超过1亿元;从第四列中可看出,黑色金属冶炼及压延加工业,石油加工、炼焦及核燃料加工业,造纸及纸制品业中末端治理投入的资源比其他细分行业多出几倍,橡胶和塑料制品业和电气机械及器材制造业末端治理投入资源较少;从第五列中看出,相较于末端治理和源头管理,过程管理是企业投入资源最少的阶段;从第六列中分析出,黑色金属冶炼及压延加工业,化学纤维制造业以及石油加工、炼焦及核燃料加工业等细分行业等的源头管理投入的资源较多。从表 5-7 可分析出，具有高污染的行业在源头治理和末端治理中投入的资源更多。

表 5-7　　制造业环境资源投入分行业分布

制造业细分行业	企业数目（家）	环保支出平均值（万元）	末端治理投入平均值（万元）	过程管理投入平均值（万元）	源头管理投入平均值（万元）
电气机械及器材制造业	7	391	116	0	276
纺织业	83	2472	811	1	449
非金属矿物制品业	184	8271	1520	9	4681
废弃资源综合利用业	6	3147	1381	0	0
黑色金属冶炼及压延加工业	204	23949	7896	54	16916
化学纤维制造业	77	14733	1742	1	12537
化学原料及化学制品制造业	556	4933	1358	11	3409
计算机通信和其他电子设备制造业	6	282	450	0	2
金属制品业	24	2021	610	2	1388
酒、饮料和精制茶制造业	89	1059	817	3	287
皮革、毛皮、羽毛及其制品和制鞋业	11	1654	260	0	1455
石油加工、炼焦及核燃料加工业	50	10383	4204	0	7214
食品制造业	12	2563	761	0	1903
橡胶和塑料制品业	49	5365	96	5	225
医药制造业	245	1601	544	13	162
有色金属冶炼及压延加工业	208	6410	1599	25	4385
造纸及纸制品业	105	3431	3093	0	877
专用设备制造业	3	1523	790	0	733

除了各细分行业资源的投入差异外，本书进一步分析了各个地区环境投入上是否存在区别。从表 5-8 中可看出，31 个地区中，山东、江苏、浙江、广东等地区公布环保投入的企业分别有 191 家、187 家、186 家、137 家。在投入的平均值中，青海、山西、广西、安徽、河北等地区的环保平均支出数目较多，分别为 28446 万元、24341 万元、10788 万元、10731 万元及 10213 万元。而在这些地区中，大部分地区在源头投入的资源相较于末端治理要多。

表5-8 制造业环境资源投入分地区分布

省份	省份代码	企业数目（家）	环保支出平均值（万元）	末端治理平均值（万元）	过程管理平均值（万元）	源头管理平均值（万元）
北京	11	93	8250	1324	0	6909
天津	12	8	654	654	0	0
河北	13	75	10213	6374	62	4604
山西	14	42	24341	7145	143	17224
内蒙古	15	63	7005	4223	23	2662
辽宁	21	50	9336	3436	30	6942
吉林	22	34	1431	981	21	737
黑龙江	23	15	491	392	36	89
上海	31	55	3251	1935	4	1017
江苏	32	187	5869	1338	6	4161
浙江	33	186	7294	1038	5	5656
安徽	34	63	10731	2154	0	8108
福建	35	59	2842	877	0	2141
江西	36	58	4481	2395	2	2828
山东	37	191	8856	2555	0	5348
河南	41	95	2788	1547	12	1242
湖北	42	51	5896	2970	24	3401
湖南	43	58	12732	4175	79	8414
广东	44	137	8664	938	5	4459
广西	45	42	1100788	2121	0	8726
海南	46	9	1420	279	0	1141
重庆	50	32	7056	284	0	1220
四川	51	95	4233	1820	0	1947
贵州	52	25	1822	744	0	1113
云南	53	53	3092	893	25	2409
西藏	54	1	24	0	0	24
陕西	61	12	853	647	7	101
甘肃	62	38	4935	1612	27	3403
青海	63	14	28446	2506	0	26129
宁夏	64	31	2503	1621	7	1044
新疆	65	47	3322	1174	0	1946

5.3.4 公司治理指标测量

在本研究中,公司治理主要包括两个层面的指标:激励层面与内部监管层面。在激励层面,主要选取了公司高管的持股比例来反映企业对高管的激励。高管持股比例越高,与公司的利益越一致;高管持股比例越低,说明公司对高管的激励相对较少。指标衡量方法主要采取高管持股数量与公司总股数的比值(吕迪伟等,2018;张兴亮,2018),数据主要来源于国泰安数据库(CSMAR)。在内部监管层面,主要采取总经理和董事长是否两职合一进行测量。总经理和董事长两职合一,代表公司内部监管效率较低(谢永珍,2006),数据主要来源于国泰安数据库(CSMAR)。

5.3.5 公共治理指标测量

本研究的公共治理主要体现在政府层面,为了更加有效地衡量当地的行政效率,采用了企业所处的城市在观测当年是否设立了行政审批中心作为衡量指标(冯笑等,2018;张天华等,2019)。审批数量的增减、审批流程的重塑以及审批方式的变迁是政府行政审批制度改革的关键,与原有的行政审批体系存在较大的区别,其功能主要定位于简化企业的登记注册以及事项处理等。行政审批中心的设立主要是为了减少审批事项、简化审批流程以及缩短行政审批时间,可以提高政府的行政效率。指标衡量方法为根据行政审批中心的成立年份设置了行政审批中心的时长指标,以此来反映行政审批改革的连续效果,指标测量方法为观测年减去企业设立行政审批中心的时间,在观测年还没有设置行政审批中心的时长设为0,主要通过各个城市的网页搜集数据(王磊,2020)。选取设立行政审批中心的指标作为政府行政效率的代理变量,主要优势在于该指标是外生的,不存在内生性问题,使本研究更加科学(曾守桢和余官胜,2020)。

5.3.6 调节变量测量

本研究的三个调节变量分别对三条影响机制进行了验证。第一是针对高管持股对企业环境战略选择的影响，主要选取企业的盈利能力作为调节变量，由于企业对高管的股权激励与公司整体盈利能力有关，用公司总利润衡量企业的盈利能力（许庆瑞和王方瑞，2003）；第二是针对企业内部监管对环境战略选择的影响，主要以高管年龄作为调节变量；第三是针对企业外部监管对环境战略选择的影响，主要选择行政审批层级作为调节变量。将企业主要分为央企，省国企，市国企，民营，外资以及其他六类。参考 Wang 等（2018b）的分类方法，将央企的行政审批层级设为 0，省国企设置为 1，市国企设置为 2，民营企业设置为 3，外资企业设置为 4，其他企业设置为 5。数值越大，代表距离中央政府的距离越远，也就是行政审批距离越远；数值越小，代表离中央政府的距离越近，即行政审批距离越近。

5.3.7 控制变量测量

在研究过程中，为了确保研究结论的准确性，除了运用调节效应进行验证外，还对其他影响因素进行了控制。主要包括以下几个方面：(1) 企业规模。在内外部治理对企业环境战略选择的影响中，企业规模发挥了重要作用，规模越大的企业拥有更多的资金和人力去进行环境保护。指标的测量方法主要是对企业的总资产进行对数化处理（Quacoe et al., 2018）。(2) 企业年龄。不同年龄的企业对环境战略的态度不同，年龄大的企业由于拥有丰富的社会资源，且自身发展较为成熟，拥有较为充足的资源支撑企业进行积极的环境战略改革；对于刚成立的企业而言，其首要目标是保证存活，较少有资源进行环境战略变革（苑德宇等，2018）。指标的测量方法主要是以观测年减去企业的成立时间。(3) 财务风险。企业主要目标是保证正常运营，不会出现破产等现象。只有当企业的财务风险较低时，企业才能拿出大量的资金进行环境保护（王诗雨和陈志红，2018；王小燕和姚佳舍，2020）。指标的测量方法是企业总负债与总资产的比值，比值越高，代表财务风险越大，比值越低，财务风险越小。(4) 独董比例，在上市公司中，独立董事的比例越高，说明公司的内部监管更加严格；独立董事的比例越低，说明公司的内部监管较为放松。指标衡量方法主要采取独立董事人数与公司所有董事的比值（潘克勤，2010；宋立丰等，2019）。除了检验公司治理对企业环境战略的影响外，还检验了外部公共治理对企业环境战略选择的影响。在讨论外部影响因素对企业环境战略选择的影响时，考虑了地区的经济发展水平，人口素质以及当地制造业发展情况。地区的经济发展水平越高,则当地的经济发展越快,企业对环境的重视程度则会相对降低(陈守明等,2012;黄庆华等,2017),故以人均 GDP 测量当地经济的发展水平。地区人口素质越高,则对环境的要求越高,因此人口素质对企业环境战略的选择也有较大的影响,以当地大学生的比例进行衡量(陈瑜,2001;侯燕飞和陈仲常,2018)。当地制造业的发展越发达,则排出的废水废气废渣等越高,对环境的危害越大,会影响企业对自身的环境战略进行重新定位(曹执令和杨婧,2013;金基瑶和杜建国,2020),故以第二产业占 GDP 的比例测量制造业的发展情况。为了更加清晰的了解各个指标,表 5-9 对各个指标进行了罗列。

表 5-9　　　　　　　　变量名称与定义

变量	变量名	英文简称	定义
因变量	积极型	Proactive	根据企业对环境战略的态度划分:自愿披露和强制性环境信息披露质量高,且无财务违规的为积极型,设置为1。
	消极型	Reactive	根据企业对环境战略的态度划分:有财务违规的,无论自愿披露和强制性披露质量如何,都视为消极型,设置为0。
	计划型	Planned	根据企业对环境行为的活动内容划分:只注重纲领制度建设而不注重具体实施的,视为计划型。
	实施型	Implementation	根据企业对环境行为的活动内容划分:只注重具体实施而不注重纲领制度建设的,视为实施型。
	随机型	Stochastic	根据企业对环境行为的活动内容划分:不注重纲领制度建设也不注重具体实施的,只根据政府要求或者外界压力随机改善环境问题的,视为随机型。
	源头投入型	Source_input	根据企业对环境行为的资源投入划分:从源头对企业进行环保投入的,视为源头投入型。
	过程投入型	Process_input	根据企业对环境行为的资源投入划分:从过程管理中对企业进行环保投入的,视为过程投入型。
	末端投入型	End_input	根据企业对环境行为的资源投入划分:从末端对企业进行环保投入的,视为末端投入型。

续表

变量	变量名	英文简称	定义
自变量	高管持股	CEOshare	高管持股数量占总股数的比例。
	两职合一	Duality	企业的董事长和总经理是否为同一人，是 = 1，否 = 0。
	政府行政效率	Govefficiency	政府在企业所在地级市设立行政审批中心的时长，以观测年 − 设立时间，未设立的视为 0。
调节变量	盈利能力	Profit	用企业的总利润代表企业的盈利能力。
	高管年龄	CEOage	企业总经理的年龄的对数值。
	制度距离	Distance	企业所属层级与中央政府的距离，中央政府 = 0，省级 = 1，市级 = 2，民营 = 3，外资 = 4，其他 = 5。
控制变量	总资产	Size	用企业的资产总额代表企业的总资产，取对数。
	财务风险	Lev	用企业的总负债与企业总资产的比值。
	企业年龄	Firmage	用观测年与企业成立时间的差值。
	独董比例	Independent	独立董事的人数占总的董事人数的比例。
	人均 GDP	PerGDP	企业所在地级市人均 GDP 的比例。
	大学生比例	Students	企业所在地级市每万人中大学生的比例。
	第二产业 GDP 占比	SecondGDP	企业所在地级市第二产业占 GDP 的比例。

5.4 模型设计

本书主要是从内部公司治理和外部公共治理两个层面出发，分析内外部治理对企业环境战略选择的影响。从数据结构来看，公司嵌套于地区，因此数据是多层结构。所以本模型主要考虑使用多层线性分析模型（Hierarchical Linear Model，HLM）。多层线性模型最早是由 Lindley and Smith 在 1972 年提出来的，但是由于传统的参数估计方法与该模型不能相适应，其发展受到了一定的限制。到了 20 世纪 80 年代，随着迭代加权广义最小二乘法等被应用于多层线性模型中，加上计算软件如 HLM 等的出现，多层线性分析模型开始得到了发展（盖笑松和张向葵，2005；雷雳和张雷，2002）。

多层线性模型主要是为了解决传统统计方法中的局限性问题——嵌套数据，该模型是目前社会科学中较为前沿的统计方法。传统的线性模型只能对同一层的数据进行分析，不能对两层甚至两层以上的数据进行综合分析。但是，在社会科学中，较多研究问题都涉及多层次的数据结构。多层次数据结构在两类研究中较为常见：一类是在教育研究中，学生嵌套于班级，而班级又嵌套于学校，或者把学生看成嵌套于学校。在这种数据结构中，学生代表了第一层，班级或者学校代表了第二层。如果是学生嵌套于班级，班级嵌套于学校，那么就是三层数据结构。另一类嵌套数据来自重复测量或者纵向研究，常见于心理学，研究者在一段时间内对被试对象进行多次观察，因此，不同时间的观测数据形成了数据结构的第一层，被试对象的个体差异形成了第二层，这样就可以研究被试对象在纵向时间上的发展趋势以及个体间的发展曲线。当面临这种数据结构时，通常先以第一层级的变量建立回归模型，然后将第一层级方程中的截距和斜率作为因变量，使用第二层级数据中的变量作为自变量，再建立两个方程（张雷等，2005；郑昱和王二平，2011）。通过这种方法，可以对两个层级中的变量对因变量的影响进行考察。由于这种方法是将第一阶段的回归方程中的截距和斜率作为第二阶段回归方程中的因变量，也被称为"回归的回归"（李雪燕和辛涛，2006；吴进进等，2017）。

多层线性分析模型对样本量的要求主要涉及两个方面：第一，样本的大小和统计推断与假设检验有关。在普通回归分析中，随机抽取30个以上的样本就能够符合正态分布的假设检验，因此需要至少保证30个样本，这条法则对于多层线性分析模型同样适用。第二，变量的个数和样本量的比例合理。根据变量的个数选择合理的样本量，在研究设计中，如果有10个变量，那么30个样本量就太少了。通常变量个数和样本量的比例需要达到1∶10以上（Fontes et al.，2010；Hofmann and Gavin，1998；Kim et al.，2009）。在多层分析中，不同层次都需要考虑样本量的条件，通常高层次的样本量的要求比低层次样本量的要求更高。使用该方法主要有两方面的优势：第一，能够解决数据的嵌套问题；第二，为重复测量或者时间序列数据的研究提供了新方法（李雪燕和辛涛，2006；刘朝等，2013；张亚军和张磊，2017；郑昱和王二平，2011）。

多层线性模型的基本形式包括以下三个公式：

$$Y_{ij} = \beta_{0j} + \beta_{1j}X_{ij} + r_{ij} \qquad (5-1)$$

$$\beta_{0j} = \gamma_{00} + \upsilon_{0j} \qquad (5-2)$$

$$\beta_{ij} = \gamma_{10} + \upsilon_{1j} \qquad (5-3)$$

由公式（5-1）、公式（5-2）、公式（5-3）可得出：

$$Y_{ij} = \beta_{0j} + \beta_{1j}X_{ij} + r_{ij}$$
$$= (\gamma_{00} + \upsilon_{0j}) + (\gamma_{10} + \upsilon_{1j})X_{ij} + r_{ij}$$
$$= \gamma_{00} + \gamma_{10}X_{ij} + \upsilon_{0j} + \upsilon_{1j}X_{ij} + r_{ij} \tag{5-4}$$

其中，下标 i 代表的是第一层的单元，在本研究中表示各个企业；下标 j 代表的是第一层的个体所嵌套的第二层的单位，在本研究中表示各个城市；γ_{00} 和 γ_{10} 分别表示 β_{0j} 和 β_{1j} 的平均值，这两个值在第二层的单位之间是不变的。υ_{0j} 和 υ_{1j} 分别表示 β_{0j} 和 β_{1j} 的随机成分，它们代表了第二层单位之间的区别。在方程（5-4）中，$\upsilon_{0j} + \upsilon_{1j}X_{ij} + r_{ij}$ 为残差项。

在本研究中，主要是探讨公司治理（高管持股、两职合一）和公共治理（政府行政效率）对企业环境战略选择的影响，涉及以下几种模型：

第一种，零模型（the Null Model）。在零模型回归分析中，第一层和第二层中都没有预测变量，这个模型主要是将方程分解成两部分，由第一层企业差异造成的部分和第二层城市差异造成的部分，这种分析方法为方差成分分析（Variance Component Analysis）。

$$L1: EnvironmentStra_{it} = \beta_0 + \gamma \tag{5-5}$$

$$L2: \beta_0 = \gamma_{00} + \upsilon_0 \tag{5-6}$$

由模型（5-5）和模型（5-6）可得出零模型的完整方程为：

$$EnvironmentStra_{it} = \gamma_{00} + \upsilon_0 + \gamma \tag{5-7}$$

从模型（5-7）中可计算出企业的环境战略有多大比例是由第二层城市层面的差异造成的，可以计算出一个跨级相关的值 ICC（Intra-Class Correlation）。在不同研究领域 ICC 的值差异较大，因此在不同领域对 ICC 值的判断不同。Cohen（2013）指出，当 ICC 小于 0.059 时，属于相当小的组内相关，不适合进行多层线性分析；当 ICC 介于 0.059~0.138 时，则属于中度相关；当 ICC 值高于 0.138 则算是高度的组内相关。其中，中度程度的组内相关就不能忽略组内和组间相似性的存在，因此，当 ICC 大于 0.059 时，就必须考虑多层次的统计分析。

第二种，随机截距模型（Random Intercept Model）。随机截距模型指截距是一个随机变量，斜率是固定的。

$$L1: EnvironmentStra_{it} = \beta_0 + \beta_1 CEOshare_{it} + \beta_2 Duality_{it} + \beta_3 Size_{it} + \beta_4 Profit_{it}$$
$$+ \beta_5 Lev_{it} + \beta_6 Firmage_{it} + \beta_7 Independent_{it} \tag{5-8}$$

$L2$：

$$\begin{cases} \beta_0 = \gamma_{00} + \gamma_{01}(Govefficiency) + \gamma_{02}(CEOage) + \gamma_{03}(Distance) \\ \quad\quad + \gamma_{04}(Students) + \gamma_{05}(PerGDP) \\ \quad\quad + \gamma_{06}(SecondGDP) + v_0 \\ \beta_1 = \gamma_{10} + v_1 \\ \beta_2 = \gamma_{20} + v_2 \\ \beta_3 = \gamma_{30} + v_3 \\ \beta_4 = \gamma_{40} + v_4 \\ \beta_5 = \gamma_{50} + v_5 \\ \beta_6 = \gamma_{60} + v_6 \\ \beta_7 = \gamma_{70} + v_7 \end{cases} \quad (5-9)$$

由模型（5-8）和模型（5-9）可以得出随机截距模型的完整模型为：

$$\begin{aligned} EnvironmentStra_{it} &= \gamma_{00} + \gamma_{01}(Govefficiency) + \gamma_{02}(CEOage) + \gamma_{03}(Distance) \\ &\quad + \gamma_{04}(Students) + \gamma_{05}(PerGDP) + \gamma_{06}(SecondGDP) \\ &\quad + \gamma_{10}CEOshare_{it} + \gamma_{20}Duality_{it} + \gamma_{30}Size_{it} + \gamma_{40}Profit_{it} \\ &\quad + \gamma_{50}Lev_{it} + \gamma_{60}Firmage_{it} + \gamma_{70}Independent_{it} + v_0 \end{aligned} \quad (5-10)$$

其中，第一层方程 $L1$ 中，$EnvironmentStra_{it}$ 是指企业的环境战略选择，分别包括根据态度划分的环境战略、根据活动内容划分的环境战略以及根据资源分配视角划分的环境战略。$CEOshare_{it}$ 代表企业层面的高管持股，$Size_{it}$，$Profit_{it}$，Lev_{it}，$Firmage_{it}$，$Independent_{it}$ 分别代表本研究的控制变量，包括企业规模，企业盈利能力，财务风险，企业年龄，独董比例等。在 $L2$ 中，$Govefficiency$，$CEOage$，$Distance$，$Students$，$PerGDP$，$SecondGDP$ 分别代表第二层面的影响因素，包括政府行政效率，高管年龄，制度距离，大学生比例，人均 GDP 以及第二产业 GDP 占比，v_i 表示城市之间的误差。与普通回归方程不同，多层线性模型中 $L1$ 不是假设截距和斜率是一个常数，相反，是一个随机变量，这个随机变量充当第二层模型 $L2$ 的解释变量。这样可以通过考察 $L1$ 和 $L2$ 中变量的系数来判断企业层面和城市层面变量的作用关系。如果 $L2$ 中变量的系数显著且与 $L1$ 中相对应的变量的系数符号相同，则表明第二层变量可以加强第一层中相应变量对被解释变量的影响；如果第二层中的符号显著为负或者不显著，则表明第二层对第一层的影响较弱，或者会削弱其影响。

第三种，随机斜率模型（Random Slope Model）。当回归模型中存在跨层交互时，斜率就在变化，因此采取随机斜率模型。

$L1$：$EnvironmentStra_{it} = \beta_0 + \beta_1 CEOshare_{it} + \beta_2 Duality_{it} + \beta_3 Size_{it} + \beta_4 Profit_{it}$
$\quad + \beta_5 Lev_{it} + \beta_6 Firmage_{it} + \beta_7 Independent_{it} + \gamma \quad (5-11)$

$L2$：

$$\begin{cases} \beta_0 = \gamma_{00} + \gamma_{01}(Govefficiency) + \gamma_{02}(CEOage) + \gamma_{03}(Distance) \\ \qquad + \gamma_{04}(Students) + \gamma_{05}(PerGDP) + \gamma_{06}(SecondGDP) \\ \qquad + \gamma_{07}(Govefficiency \times Distance) + v_0 \\ \beta_1 = \gamma_{10} + \gamma_{11}(Profit) + v_1 \\ \beta_2 = \gamma_{20} + \gamma_{21}(CEOage) + v_2 \\ \beta_3 = \gamma_{30} + v_3 \\ \beta_4 = \gamma_{40} + v_4 \\ \beta_5 = \gamma_{50} + v_5 \\ \beta_6 = \gamma_{60} + v_6 \\ \beta_7 = \gamma_{70} + v_7 \end{cases} \quad (5-12)$$

由模型（5-11）和模型（5-12）得出随机斜率模型的完整模型为：

$EnvironmentStra_{it} = \gamma_{00} + \gamma_{01}(Govefficiency) + \gamma_{02}(CEOage) + \gamma_{03}(Distance)$
$\quad + \gamma_{04}(Students) + \gamma_{05}(PerGDP) + \gamma_{06}(SecondGDP)$
$\quad + \gamma_{10} CEOshare_{it} + \gamma_{11} Profit \times CEOshare_{it} + \gamma_{20} Duality_{it}$
$\quad + \gamma_{21} CEOage \times Duality_{it} + \gamma_{30} Size_{it} + \gamma_{40} Profit_{it} + \gamma_{50} Lev_{it}$
$\quad + \gamma_{60} Firmage_{it} + \gamma_{70} Independent_{i} + v_1 CEOshare_{it}$
$\quad + v_2 CEOduality_{it} + \gamma \quad (5-13)$

在模型（5-13）中，$Profit \times CEOshare_{it}$ 代表企业盈利能力和高管持股比例的交互作用，$CEOage \times Duality_{it}$ 代表高管年龄与企业是否两职合一的交互作用，$Govefficiency \times Distance$ 代表城市层面政府行政效率和制度距离的交互作用。其他指标含义与模型（5-10）一致。通过零模型、随机截距模型以及随机斜率模型，可以更好地对主效应、调节效应进行检验，从而保证本研究方法更加科学。

6 实证结果与分析

本章内容主要分为以下几部分,首先对本书所选取的指标进行描述性分析,相关性分析,共线性检验等;其次对影响机制进行实证检验,最后进行稳健性检验。

6.1 数据描述性统计

6.1.1 描述性统计分析

本小节首先对数据进行描述性分析,如表 6-1 所示。从表中可看出,被解释变量积极型、计划型、实施型、随机型的数据分布都是 0-1 变量。由于数据来源不同,各个指标的观测值存在区别。以态度划分的指标积极型平均值为 0.45,标准误为 0.5;计划型指标的平均值为 0.24,标准误为 0.43;实施型指标的平均值为 0.16,标准误为 0.37;随机型指标的平均值为 0.35,标准误为 0.48。除此之外,根据资源投入划分的环境战略分为末端投入、源头投入以及过程管理投入,这些指标为连续性指标。末端投入指标的平均值为 4.76,标准误为 7.15,最小值为 0.00,最大值为 20.73;源头投入指标的平均值为 2.07,标准误为 5.50,最小值为 0.00,最大值为 21.97;过程管理指标的平均值为 0.17,标准误为 1.53,最小值为 0.00,最大值为 17.50。解释变量包括两职合一、高管持股以及政府行政效率。调节变量包括制度距离、CEO 年龄以及总利润等,通过对这些指标的平均值、标准误、最小值以及最大值进行描述性分析,可以看出本书所选取的指标不存在异常值等情况。

表 6-1　　　　　　　　　指标描述性分析

变量名	观测值	平均值	标准误	最小值	最大值
积极型	17976	0.45	0.50	0.00	1.00
计划型	3744	0.24	0.43	0.00	1.00
实施型	3744	0.16	0.37	0.00	1.00
随机型	3744	0.35	0.48	0.00	1.00
末端投入	6365	4.76	7.15	0.00	20.73
源头投入	6365	2.07	5.50	0.00	21.97
过程管理	6365	0.17	1.53	0.00	17.50
高管持股	17234	10.51	7.33	0.00	21.30
两职合一	17619	0.28	0.45	0.00	1.00
制度距离	17879	3.01	1.63	0.00	6.00
CEO 年龄	16506	48.41	6.69	24.00	80.00
总利润	17863	0.19	0.93	-15.97	51.48
财务风险	17837	0.43	2.97	-0.06	353.58
企业年龄	17860	14.38	5.62	0.00	38.00
总资产	17840	21.58	1.19	14.26	27.10
独董比例	17824	6.65	5.95	3.00	17.33
人均 GDP	10590	77290.58	55862.01	4346.00	617992.00
大学生比例	7756	392.96	722.00	3.24	17130.00
第二产业 GDP 比例	10613	46.80	10.46	18.57	85.08

6.1.2　方差膨胀因子检验

对指标描述性分析后，接下来对指标的共线性进行分析。从表 6-2 可看出，各个指标的方差膨胀因子（VIF）较小，最高的随机型指标为 1.98，平均方差膨胀因子为 1.32，远低于 10（Katila and Ahuja, 2002）。通过对指标进行方差膨胀因子分析，结果表明指标之间不存在共线性问题。

表6-2　　　　　　　　方差膨胀因子分析

变量名	VIF	1/VIF
随机型	1.98	0.51
计划型	1.88	0.53
总资产	1.85	0.54
财务风险	1.5	0.67
制度距离	1.48	0.67
积极型	1.36	0.74
实施型	1.32	0.76
独董比例	1.27	0.79
第二产业 GDP 比例	1.26	0.79
源头投入	1.25	0.80
人均 GDP	1.24	0.80
总利润	1.19	0.84
企业年龄	1.19	0.84
两职合一	1.19	0.84
末端投入	1.16	0.86
高管持股	1.15	0.87
过程投入	1.07	0.93
政府行政效率	1.12	0.89
大学生比例	1.03	0.97
CEO 年龄	1.02	0.98
平均 VIF	1.32	—

6.1.3　相关性分析

进一步分析指标之间的相关性问题。如表6-3所示。从表中可以看出，指标之间的相关系数都较小，说明指标之间不存在高度相关性，因此，本书的指标选取合理。

表6-3　　　　　　　　　　　　　相关性检验

变量名	积极型	计划型	实施型	随机型	末端投入	源头投入	过程管理	独董比例
计划型	0.056***	1						
实施型	-0.079***	0.249***	1					
随机型	-0.025	0.416***	0.322***	1				
末端投入	0.112***	-0.043*	-0.018	0.051**	1			
源头投入	0.068***	0.041	-0.029	0.026	0.282***	1		
过程管理	-0.018	-0.01	-0.005	0.042*	0.090***	0.115***	1	
独董比例	0.024***	0.038**	-0.006	-0.003	0.031**	0.007	-0.019	1
高管持股	0.059***	0.045***	0.033**	0.051***	0.135***	0.100***	-0.002	0.041***
政府效率	-0.011	0.018	0.024	-0.028	0.014	0.031**	0.038***	0.108***
财务风险	0.005	0.048***	-0.029*	0.050	0.182***	0.149***	0.039***	0.007
企业年龄	0.207***	0.02	-0.032**	0.065***	0.054***	0.039***	-0.008	-0.002
总资产	0.123***	0.007	0.050***	0.135***	0.264***	0.295***	0.063***	0.024***
两职合一	0.012	-0.017	0.047***	0.002	0.113***	0.085***	-0.017	0.342***
人均GDP	-0.087***	0.060***	0.072***	0.072***	0.081***	0.049***	-0.001	0.048***
大学生比例	0.003	-0.043*	-0.01	0.057**	-0.015	-0.01	0.003	-0.026**
第二产业	0.019*	0.034	-0.025	0.02	0.114***	0.060***	0.031**	0.082***

变量名	高管持股	政府行政效率	财务风险	企业年龄	总资产	两职合一	人均GDP	大学生比例
高管持股	1							
政府效率	0.410***	0.241***						
财务风险	0.033***	-0.017*	1					
企业年龄	0.088***	0.152***	0.002	1				
总资产	0.036***	0.062***	-0.054***	0.217***	1			
两职合一	0.285***	0.080***	-0.006	-0.052***	-0.148***	1		
人均GDP	0.165***	0.154***	-0.018*	0.042***	0.030***	0.130***	1	
大学生比例	0.033***	0.187***	0.001	0.014	0.005	0.002	0.018	1
第二产业	0.051***	0.414***	0.013	-0.052***	-0.029***	-0.027***	-0.206***	-0.090***

注："*"表示p<0.1，"**"表示p<0.05，"***"表示p<0.01。

6.2 回归结果汇报

在对指标进行基本的描述性分析后，对指标分布以及指标之间的共线性及相关性有了基本的了解，接下来主要根据理论部分所提出的假设，基于本书数据进行一一验证。

6.2.1 公司治理、公共治理与基于态度视角划分的环境战略的关系

表 6-4 分析了公司治理中高管激励层面、公司监管层面与公共治理层面政府行政效率与基于态度划分的环境战略之间的关系。在分析过程中，主要采用了三个模型，首先，运用空模型检验公司治理层面和公共治理层面的解释力，得到 ICC 值。从表 6-4 中可看出，企业层面的截距方差为 0.243，城市层面的截距方差为 0.061，可以计算出 ICC = 0.061/(0.243 + 0.061) = 0.20，说明城市层面因素的解释力占比 20%，因此可以进行跨层研究。其次，在没有跨层交互作用时，假设斜率是固定的，选用随机截距模型。从随机截距模型的结果中得出以下几个结论：第一，高管持股与积极型环境战略之间为正向显著相关关系（$\beta = 0.005$，$p < 0.01$），表明高管持股比例越高，企业越倾向于选择积极型的环境战略，假设 H1a 成立。第二，两职合一与积极型环境战略之间为正向显著相关关系（$\beta = 0.02$，$p < 0.05$），假设 H2a 不成立，与原假设相反，说明董事长和总经理两职合一的情形下，虽然基于自利行为会更加倾向于消极型的环境战略，但是迫于利益相关者的压力，还是得积极履行环境保护行为，从而选择积极型的环境战略。第三，政府行政效率与积极型环境战略之间为正向显著相关关系（$\beta = 0.005$，$p < 0.01$），表明政府行政效率越高，企业越倾向于选择积极型的环境战略，假设 H3a 成立。最后，为了验证研究机制是否合理，选取了相应的调节变量，在交叉项中，其斜率会发生改变，因此，选择随机斜率模型。从随机斜率模型的结果中可得出以下结论：第一，高管持股与企业盈利能力的交叉项在高管持股与积极型环境战略间发挥正向调节作用（$\beta = 0.235$，$p < 0.1$），即企业盈利能力越强，高管持股比例越高，企业越倾向于选择积极型的环境战略，假设 H4a 成立，调节效应图如图 6-1 所示。第二，高

管年龄在两职合一与积极型环境战略间发挥正向调节作用（$\beta = 0.003$，$p < 0.1$），即在其他条件不变的情况下，高管年龄越大，两职合一时，企业越倾向于选择积极型环境战略，假设 H5a 成立，调节效应图如图 6-2 所示。第三，政府行政效率与制度距离的交叉项在两职合一与积极型环境战略间发挥负向调节作用（$\beta = -0.256$，$p < 0.01$），即制度距离越远，政府行政效率越高，企业越倾向于选择消极型的环境战略，假设 H6a 成立，调节效应图如图 6-3 所示。此外，从表 6-4 中可以看出，三个模型中的偏差值（Deviance）随着变量的加入不断减小，说明模型中加入的变量是有效的。

表 6-4　　公司治理、公共治理与积极型环境战略间的关系

变量名	积极型						
	空模型	高管持股		两职合一		政府行政效率	
		随机截距模型	随机斜率模型	随机截距模型	随机斜率模型	随机截距模型	随机斜率模型
固定效应							
企业层级							
盈利能力		0.017 *** (3.09)	0.012 (1.62)	0.002 ** (2.47)	0.013 ** (2.56)	0.029 *** (4.49)	0.029 *** (4.48)
财务风险		0.003 ** (2.52)	0.003 ** (2.45)	0.002 ** (2.47)	0.003 ** (2.48)	0.003 ** (2.88)	0.003 ** (2.93)
企业年龄		0.020 *** (25.05)	0.020 *** (24.95)	0.002 ** (2.47)	0.014 *** (17.00)	0.005 *** (5.49)	0.005 *** (5.74)
总资产		0.054 *** (12.56)	0.051 *** (11.91)	0.002 ** (2.47)	0.043 *** (10.42)	0.045 *** (9.64)	0.045 *** (9.58)
独董比例		-0.089 (-1.04)	-0.087 (-1.01)	-0.089 (-1.05)	-0.087 (-1.02)	-0.216 ** (-2.48)	-0.210 ** (-2.42)
CEO 年龄		0.002 ** (2.56)	0.002 ** (2.60)	0.002 ** (3.11)	0.001 * (1.70)	0.001 (0.66)	0.001 (0.75)
制度距离		0.014 *** (4.23)	0.015 *** (4.46)	0.002 ** (2.47)	0.008 *** (2.64)	-0.004 (-1.21)	-0.029 *** (-5.05)
城市层级							
第二产业		-0.039 (-0.74)	-0.039 (-0.77)	0.002 ** (2.47)	-0.044 (-0.88)	0.011 (0.19)	-0.001 (-0.02)

续表

变量名	积极型						
	高管持股			两职合一		政府行政效率	
	空模型	随机截距模型	随机斜率模型	随机截距模型	随机斜率模型	随机截距模型	随机斜率模型
人均GDP		-0.007 (-0.31)	0.001 (-0.01)	0.002** (2.47)	0.01 (0.52)	-0.012 (-0.50)	-0.013 (-0.52)
大学生比例		0.013 (1.04)	0.011 (0.90)	0.002** (2.47)	0.003 (0.25)	0.01 (0.70)	0.008 (0.55)
常数		-0.972*** (-4.11)	-1.028*** (-4.37)	0.002** (2.47)	-0.710*** (-3.16)	-0.665** (-2.44)	-0.533* (-1.93)
高管持股		0.005*** (6.94)	0.006*** (5.78)				
两职合一				0.002** (2.47)	0.134* (1.79)		
政府效率						0.005*** (3.61)	0.014*** (6.53)
高管持股×盈利能力			0.235* (1.74)				
两职合一×CEO年龄					0.003* (1.91)		
政府效率×制度距离							-0.256*** (-5.46)
随机效应							
企业层级							
截距方差	0.243***						
城市层级							
截距方差	0.061***						
模型拟合度							
Deviance	-10899.0	-8561.10	-8556.71	-8865.00	-8606.23	-5668.33	-5653.47
AIC	21803.91	17150.10	17145.40	17758.00	17248.46	11364.66	11336.94
BIC	21826.80	17254.30	17264.50	17862.70	17383.03	11464.92	11444.36
N	15184	12641	12641	13078	13078	9523	9523

注:"*"表示 $p<0.1$,"**"表示 $p<0.05$,"***"表示 $p<0.01$。

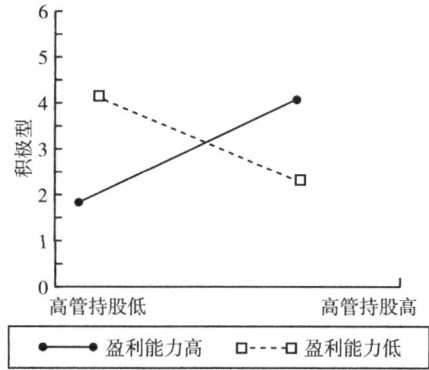

图 6-1　盈利能力在高管持股与积极型环境战略间的调节作用

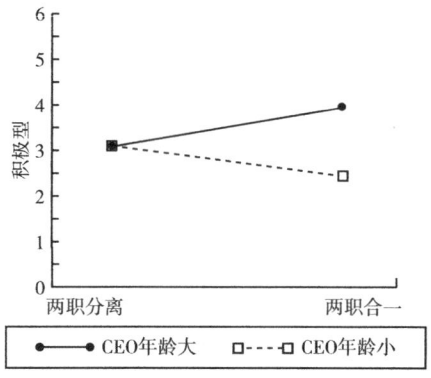

图 6-2　CEO 年龄在两职合一与积极型环境战略间的调节作用

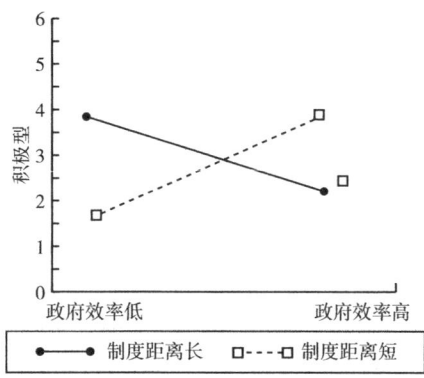

图 6-3　制度距离在政府行政效率与积极型环境战略间的调节作用

6.2.2 公司治理、公共治理与基于活动内容视角划分的环境战略的关系

基于内容划分的环境战略主要分为计划型、实施型和随机型四种。在前文的理论假设中，主要探讨了公司治理、公共治理与计划型、实施型环境战略之间的关系，表6-5、表6-6分别对理论假设进行了验证。

表6-5对公司治理、公共治理与计划型环境战略间的关系进行了分析。首先，运用空模型计算出企业层面和城市层面的影响因素占比，从空模型中可看出，企业层面的截距方差为0.178，城市层面的截距方差为0.014，计算出ICC值=0.014/(0.178+0.014)=0.07，说明城市层面的影响因素占比7%，可以进行跨层研究。其次，从随机截距模型中可看出，高管持股与计划型环境战略间是负向显著相关关系（β=-0.005，p<0.01），即高管持股比例越高，企业越不倾向于实施计划型环境战略；两职合一与计划型环境战略间是正向显著相关关系（β=0.003，p<0.1），即在总经理和董事长两职合一的情况下，企业倾向于选择计划型环境战略，假设H2b成立；政府行政效率与计划型环境战略间的关系不明显。最后，从随机斜率模型中可看出，盈利能力在高管持股与计划型环境战略间发挥负向调节作用，即盈利能力越强，高管持股比例越高，企业越不倾向于选择计划型环境战略。高管年龄在两职合一与计划型环境战略间发挥正向调节作用，即高管年龄越大，在两职合一的情形下，企业越倾向于选择计划型环境战略。

表6-5 公司治理、公共治理与计划型环境战略间的关系

变量名	计划型							
	空模型	高管持股		两职合一		政府行政效率	
		随机截距模型	随机斜率模型	随机截距模型	随机斜率模型	随机截距模型	随机斜率模型
固定效应							
企业层级							
盈利能力		0.006 (0.71)	0.045*** (2.70)	0.004 (0.50)	0.004 (0.49)	0.007 (0.78)	0.007 (0.77)
财务风险		0.118** (2.28)	0.127** (2.45)	0.137*** (2.71)	0.142*** (2.78)	0.174*** (2.96)	0.173*** (2.93)

续表

变量名	空模型	计划型					
		高管持股		两职合一		政府行政效率	
		随机截距模型	随机斜率模型	随机截距模型	随机斜率模型	随机截距模型	随机斜率模型
企业年龄		0.002 (1.17)	0.002 (1.23)	0.002 (1.24)	0.002 (1.17)	0.002 (0.97)	0.002 (0.98)
总资产		-0.011 (-1.12)	-0.011 (-1.05)	-0.015 (-1.49)	-0.014 (-1.43)	-0.025** (-2.16)	-0.025** (-2.14)
独董比例		0.187 (1.06)	0.198 (1.12)	0.137 (0.79)	0.117 (0.67)	0.078 (0.42)	0.076 (0.40)
CEO 年龄		0.003* (1.77)	0.003* (1.74)	0.003** (2.00)	0.001 (0.39)	0.003** (2.00)	0.003** (2.00)
制度距离		0.01 (1.56)	0.01 (1.57)	0.004 (0.61)	0.004 (0.59)	0.005 (0.67)	0.01 (0.77)
城市层级							
第二产业		-0.182* (-1.94)	-0.201** (-2.16)	-0.148 (-1.56)	-0.151 (-1.60)	-0.062 (-0.57)	-0.06 (-0.54)
人均 GDP		0.032 (0.96)	0.037 (1.13)	0.017 (0.50)	0.017 (0.51)	-0.035 (-0.92)	-0.034 (-0.87)
大学生比例		-0.039* (-1.83)	-0.040* (-1.96)	-0.033 (-1.53)	-0.033 (-1.56)	-0.021 (-0.90)	-0.021 (-0.89)
常数		1.007** (2.26)	1.006** (2.26)	1.032** (2.33)	1.045** (2.36)	1.436*** (2.72)	1.395*** (2.61)
高管持股		-0.005*** (-3.13)	-0.004** (-2.10)				
两职合一				0.003* (1.73)	0.001** (2.22)		
政府效率						-0.002 (-0.83)	-0.001 (-0.28)
高管持股 × 盈利能力			-0.003*** (-2.65)				
两职合一 × CEO 年龄					0.004 (1.19)		

续表

变量名	计划型						
	高管持股			两职合一		政府行政效率	
	空模型	随机截距模型	随机斜率模型	随机截距模型	随机斜率模型	随机截距模型	随机斜率模型
政府效率×制度距离							-0.001 (-0.47)
随机效应							
企业层级							
截距方差	0.178***						
城市层级							
截距方差	0.014***						
模型拟合度							
Deviance	-1713.89	-1376.35	-1371.81	-1432.08	-1430.91	-1036.99	-1036.85
AIC	3433.78	2780.71	2777.62	2892.15	2897.97	2101.99	2103.77
BIC	3451.77	2861.87	2876.17	2973.83	3002.98	2179.35	2186.66
N	2968	2434	2434	2524	2524	1856	1856

注:"*"表示 $p<0.1$,"**"表示 $p<0.05$,"***"表示 $p<0.01$。

表6-6对公司治理、公共治理与实施型环境战略间的关系进行了分析。首先,运用空模型计算出企业层面和城市层面的影响因素占比,从空模型中可看出,企业层面的截距方差为0.053,城市层面的截距方差为0.128,因此,可以计算出 ICC 值 $=0.128/(0.053+0.128)=0.71$,说明城市层面的影响因素占比71%,因此可以进行跨层研究。其次,从随机截距模型中可看出,高管持股与实施型环境战略间为正向显著相关关系($\beta=0.003$,$p<0.1$),即高管持股比例越高,企业越倾向于选择实施型环境战略,假设H1b成立,调节效应图如图6-6所示;两职合一与实施型环境战略间的关系不明显;政府行政效率与实施型环境战略间为正向显著相关关系($\beta=0.003$,$p<0.1$),即政府行政效率越高,企业越倾向于选择实施型环境战略,假设H3b成立。最后,从随机斜率模型中可看出,盈利能力在高管持股与实施型环境战略间发挥正向调节作用($\beta=0.135$,$p<0.1$),即在其他条件不变的情况下,企业盈利能力越高,高管持股比例越高,企业越倾向于选择实施型环境战略,假设H4b成立;制度距离在政府行政效率与实施型环境战略间发挥负向调节作用,H6b成立,但系数不显著($\beta=-0.001$,$p>0.1$)。

表6-6　公司治理、公共治理与实施型环境战略间的关系

变量名		实施型					
		高管持股		两职合一		政府行政效率	
	空模型	随机截距模型	随机斜率模型	随机截距模型	随机斜率模型	随机截距模型	随机斜率模型
固定效应							
企业层级							
盈利能力		-0.004 (-0.58)	0.002 (0.15)	-0.002 (-0.38)	-0.001 (-0.19)	-0.006 (-0.76)	-0.006 (-0.78)
财务风险		-0.032 (-0.75)	-0.034 (-0.78)	-0.049 (-1.16)	-0.049 (-1.16)	-0.08 (-1.60)	-0.083* (-1.65)
企业年龄		0.001 (-0.30)	0.001 (-0.06)	0.001 (-0.27)	0.001 (-0.20)	0.001 (0.32)	0.001 (0.35)
总资产		-0.011 (-1.34)	-0.011 (-1.36)	-0.011 (-1.33)	-0.012 (-1.40)	-0.005 (-0.48)	-0.004 (-0.45)
独董比例		0.131 (0.86)	0.138 (0.90)	0.137 (0.92)	0.180 (1.20)	0.043* (1.92)	0.042* (1.88)
CEO年龄		-0.001 (-0.06)	0.001 (0.04)	-0.001 (-1.07)	-0.001 (-0.09)	0.190 (1.18)	0.180 (1.11)
制度距离		-0.001 (-0.26)	-0.002 (-0.32)	-0.001 (-0.28)	0.001 (0.10)	-0.001 (-0.01)	-0.001 (-0.03)
城市层级							
第二产业		0.038 (0.57)	0.032 (0.48)	0.02 (0.30)	0.019 (0.29)	0.042 (0.55)	0.049 (0.63)
人均GDP		0.019 (0.83)	0.021 (0.92)	0.015 (0.63)	0.011 (0.48)	0.021 (0.83)	0.024 (0.92)
大学生比例		0.01 (0.67)	0.009 (0.60)	0.009 (0.65)	0.011 (0.77)	0.015 (0.96)	0.016 (0.97)
常数		0.013 (0.04)	0.021 (0.06)	0.134 (0.41)	0.187 (0.57)	-0.184 (-0.47)	-0.267 (-0.67)
高管持股		0.003* (1.72)	0.001* (1.79)				
两职合一				0.001 (0.74)	0.001 (0.06)		

续表

变量名	实施型						
	高管持股			两职合一		政府行政效率	
	空模型	随机截距模型	随机斜率模型	随机截距模型	随机斜率模型	随机截距模型	随机斜率模型
政府效率						0.003 (1.33)	0.005* (1.68)
高管持股×盈利能力			0.135* (1.73)				
两职合一×CEO年龄					0.001 (0.55)		
政府效率×制度距离							-0.001 (-1.08)
随机效应							
企业层级							
截距方差	0.053***						
城市层级							
截距方差	0.128***						
模型拟合度							
Deviance	-1201.39	-970.26	-968.89	-1013.78	-1005.61	-801.82	-801.24
AIC	2408.78	1968.52	1971.79	2055.56	2047.21	1631.64	1632.49
BIC	2426.77	2049.68	2070.34	2137.23	2152.22	1709.01	1715.38
N	2968	2434	2434	2524	2524	1856	1856

注:"*"表示 $p<0.1$,"**"表示 $p<0.05$,"***"表示 $p<0.01$。

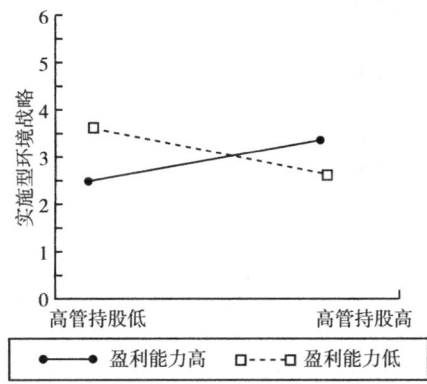

图6-4 盈利能力在高管持股与实施型环境战略间的调节作用

表6-7对公司治理、公共治理与随机型环境战略间的关系进行了检验。首先，从空模型中可看出，城市层面的截距方差为0.03，企业层面的截距方差为0.21，可以计算出 ICC = 0.03/(0.03 + 0.21) = 0.12，说明企业层面的因素解释占比12%，可以进行跨层次分析。其次，从随机截距模型中可看出，高管持股、两职合一、政府行政效率与随机型环境战略间没有显著相关关系。最后，从随机斜率模型中可看出，企业盈利能力、高管年龄、制度距离的调节作用不显著。因此，可以推断出，随着国家对环保的大力推进，上市公司作为企业的代表，在对环境保护方面都做出了适合企业发展的安排，较少有上市公司随机应对环境管制问题。

表6-7 公司治理、公共治理与随机型环境战略间的关系

变量名	空模型	随机型					
		高管持股		两职合一		政府行政效率	
		随机截距模型	随机斜率模型	随机截距模型	随机斜率模型	随机截距模型	随机斜率模型
固定效应							
企业层级							
盈利能力		-0.002 (-0.23)	-0.021 (-1.18)	-0.003 (-0.39)	-0.002 (-0.24)	-0.006 (-0.57)	-0.006 (-0.56)
财务风险		-0.004 (-0.07)	-0.004 (-0.08)	0.001 (0.03)	-0.009 (-0.16)	-0.014 (-0.21)	-0.01 (-0.16)
企业年龄		-0.006*** (-2.76)	-0.006*** (-2.85)	-0.006*** (-2.98)	-0.006*** (-3.10)	-0.007*** (-2.78)	-0.007*** (-2.78)
总资产		-0.033*** (-2.93)	-0.035*** (-3.04)	-0.030*** (-2.73)	-0.030*** (-2.73)	-0.012 (-0.89)	-0.012 (-0.93)
独董比例		0.139 (0.70)	0.117 (0.58)	0.140 (0.72)	0.066 (0.33)	0.218 (1.06)	0.228 (1.11)
CEO年龄		-0.005*** (-3.00)	-0.005*** (-2.91)	-0.005*** (-2.77)	-0.005** (-2.43)	-0.007*** (-3.65)	-0.007*** (-3.63)
制度距离		-0.01 (-1.46)	-0.012* (-1.70)	-0.008 (-1.14)	-0.01 (-1.37)	-0.006 (-0.76)	-0.022 (-1.53)

续表

变量名	空模型	随机型 高管持股 随机截距模型	随机型 高管持股 随机斜率模型	随机型 两职合一 随机截距模型	随机型 两职合一 随机斜率模型	随机型 政府行政效率 随机截距模型	随机型 政府行政效率 随机斜率模型
城市层级							
第二产业		-0.003 (-0.02)	0.007 (0.06)	0.002 (0.01)	0.041 (0.35)	-0.137 (-0.96)	-0.143 (-0.99)
人均GDP		-0.084* (-1.92)	-0.084* (-1.94)	-0.068 (-1.54)	-0.081* (-1.90)	-0.061 (-1.19)	-0.067 (-1.29)
大学生比例		0.056** (2.05)	0.054** (1.96)	0.053* (1.90)	0.058** (2.16)	0.046 (1.46)	0.046 (1.45)
常数		1.829*** (3.31)	1.857*** (3.38)	1.622*** (2.94)	1.582*** (2.92)	1.698** (2.55)	1.824*** (2.70)
高管持股		0.003 (1.52)	0.001 (0.49)				
两职合一				0.001 (-0.20)	0.002 (0.53)		
政府效率						0.003 (0.97)	-0.001 (-0.16)
高管持股×盈利能力			0.002 (1.23)				
两职合一×CEO年龄					-0.003 (-0.97)		
政府效率×制度距离							0.002 (1.34)
随机效应							
企业层级							
截距方差	0.21***						
城市层级							
截距方差	0.03***						
模型拟合度							
Deviance	-1936.68	-1574.73	-1569.04	-1643.37	-1624.04	-1205.21	-1204.32
AIC	3879.37	3177.45	3172.08	3296.74	3284.08	2438.42	2438.64
BIC	3897.36	3258.62	3270.64	3378.41	3389.09	2515.78	2521.53
N	2968	2434	2434	2524	2524	1856	1856

注:"*"表示 $p<0.1$,"**"表示 $p<0.05$,"***"表示 $p<0.01$。

6.2.3 公司治理、公共治理与基于资源分配视角划分的环境战略的关系

接下来主要分析公司治理、公共治理与基于资源分配视角划分的环境战略之间的关系。表6-8对公司治理、公共治理与末端投入型环境战略间的关系进行了分析。首先，运用空模型计算出企业层面和城市层面的影响因素占比，从空模型中可看出，企业层面的截距方差为20.63，城市层面的截距方差为38.68，可以计算出ICC值=38.68/(20.63+38.68)=0.65，说明城市层面的影响因素占比65%，可以进行跨层研究。其次，从随机截距模型中可看出，高管持股与末端投入型环境战略之间是负向显著相关关系（$\beta = -0.05$，$p < 0.01$），即高管持股比例越高，企业越不倾向于选择末端投入型环境战略；两职合一与末端投入型环境战略间是正向显著相关关系（$\beta = 0.057$，$p < 0.01$），即公司总经理与董事长两职合一，企业越倾向于选择末端投入型环境战略，假设H2c成立；政府行政效率与末端投入型环境战略间是正向显著相关关系（$\beta = 0.095$，$p < 0.05$），即政府行政效率越高，企业越倾向于选择末端投入型环境战略，假设H3c成立。最后，从随机斜率模型中可看出，CEO年龄在高管持股与末端投入型环境战略间发挥正向调节作用（$\beta = 0.031$，$p < 0.1$），即CEO年龄越大，企业越倾向于进行末端投入，假设H5c成立；制度距离在政府行政效率与末端投入型环境战略间发挥正向调节作用（$\beta = -0.019$，$p < 0.1$），即制度距离越远，政府行政效率越高，企业越不倾向于进行末端治理投入，假设H6c成立。此外，模型拟合度结果表中可看出，变量加入是有效的。

表6-9对公司治理、公共治理与源头投入型环境战略间的关系进行了分析。首先，运用空模型计算出企业层面和城市层面的影响因素占比，从空模型中可看出，企业层面的截距方差为10.19，城市层面的截距方差为25.19，可以计算出ICC值=25.19/(10.19+25.19)=0.71，说明城市层面的影响因素占比71%，可以进行跨层研究。其次，从随机截距模型中可看出，高管持股与源头投入型环境战略之间是正向显著相关关系（$\beta = 0.012$，$p < 0.1$），即高管持股比例越高，企业越倾向于选择源头投入型环境战略，假设H1c成立；两职合一与源头投入型环境战略间的关系不明显；政府行政效率与源头投入型环境战略间为负向显著相关关系（$\beta = -0.076$，$p < 0.05$），即政府行政效率越高，企业越不倾向于进行源头治理投入。最后，从随机斜率模型中可看出，盈利能力在

高管持股比例与源头投入型环境战略间发挥正向调节作用（β=0.26，p<0.1），即盈利能力越高，高管持股比例越高，企业越倾向于选择源头投入型环境战略，假设 H4c 成立，调节效应图如图 6-5 所示。此外，模型拟合度结果表中可看出，变量加入是有效的。

表 6-8　公司治理、公共治理与末端投入型环境战略间的关系

变量名	末端投入型						
	空模型	高管持股		两职合一		政府行政效率	
		随机截距模型	随机斜率模型	随机截距模型	随机斜率模型	随机截距模型	随机斜率模型
固定效应							
企业层级							
盈利能力		-0.536*** (-3.96)	-0.376** (-2.19)	-0.483*** (-4.04)	-0.514*** (-3.99)	-0.475*** (-3.74)	-0.475*** (-3.74)
财务风险		1.547*** (3.40)	1.666*** (3.67)	1.611*** (3.91)	1.548*** (3.75)	1.317*** (2.94)	1.316*** (2.93)
企业年龄		-0.021 (-1.12)	-0.024 (-1.24)	-0.02 (-1.10)	-0.004 (-0.22)	0.001 (0.03)	0.001 (0.04)
总资产		1.386*** (13.71)	1.365*** (13.23)	1.332*** (13.89)	1.331*** (13.75)	1.328*** (12.32)	1.328*** (12.30)
独董比例		0.932 (0.49)	0.806 (0.42)	0.575 (0.30)	1.149 (0.61)	0.828 (0.40)	0.819 (0.40)
CEO 年龄		0.015 (1.03)	0.010 (0.64)	0.020 (1.33)	0.044** (2.44)	0.025 (1.56)	0.025 (1.56)
制度距离		-0.430*** (-5.56)	-0.451*** (-5.65)	-0.528*** (-7.13)	-0.473*** (-6.25)	-0.594*** (-7.24)	-0.599*** (-4.03)
城市层级							
第二产业		2.911 (1.64)	2.699 (1.50)	2.588 (1.45)	2.432 (1.38)	2.372 (1.33)	2.369 (1.33)
人均 GDP		-0.099 (-0.14)	-0.092 (-0.13)	0.008 (0.01)	0.033 (0.05)	0.051 (0.07)	0.051 (0.07)

续表

变量名	末端投入型						
	空模型	高管持股		两职合一		政府行政效率	
		随机截距模型	随机斜率模型	随机截距模型	随机斜率模型	随机截距模型	随机斜率模型
大学生比例		-0.563 (-1.28)	-0.509 (-1.15)	-0.632 (-1.42)	-0.674 (-1.54)	-0.69 (-1.57)	-0.691 (-1.57)
常数		-30.919** (-4.02)	-30.142** (-3.89)	-30.032*** (-3.89)	-29.922*** (-3.90)	-28.102*** (-3.54)	-28.068*** (-3.52)
高管持股		-0.050*** (-3.23)	-0.036 (-1.15)				
两职合一				0.057*** (3.27)	0.069** (2.12)		
政府效率						0.095** (-2.46)	0.097* (1.72)
高管持股×盈利能力			-0.017 (-0.90)				
两职合一×CEO年龄					0.031* (1.84)		
政府效率×制度距离							-0.019* (-1.68)
随机效应							
企业层级							
截距方差	20.63***						
城市层级							
截距方差	38.68***						
模型拟合度							
Deviance	-18149.47	-15008.89	-14927.47	-15634.72	-15598.06	-12988.19	-12988.19
AIC	36304.94	30045.78	29888.94	31297.44	31232.11	26004.39	26006.39
BIC	36324.78	30135.86	29998.33	31388.1	31348.66	26092.43	26100.71
N	5507	4603	4603	4794	4794	3977	3977

注:"*"表示p<0.1,"**"表示p<0.05,"***"表示p<0.01。

表6-9 公司治理、公共治理与源头投入型环境战略间的关系

变量名	空模型	源头投入型					
		高管持股		两职合一		政府行政效率	
		随机截距模型	随机斜率模型	随机截距模型	随机斜率模型	随机截距模型	随机斜率模型
固定效应							
企业层级							
盈利能力		0.001 (0.01)	0.188 (1.37)	0.109 (1.13)	0.106 (1.03)	0.097 (0.97)	0.097 (0.97)
财务风险		0.757** (2.09)	0.59 (1.62)	0.624* (1.89)	0.528 (1.59)	0.456 (1.29)	0.391 (1.11)
企业年龄		-0.022 (-1.45)	-0.021 (-1.39)	-0.02 (-1.34)	-0.006 (-0.38)	-0.01 (-0.54)	-0.007 (-0.39)
总资产		1.213*** (15.03)	1.226*** (14.86)	1.218*** (15.83)	1.229*** (15.84)	1.188*** (13.99)	1.175*** (13.82)
独董比例		1.285 (0.84)	0.987 (0.64)	0.785 (0.53)	0.752 (0.50)	0.692 (0.42)	0.595 (0.37)
CEO年龄		0.011 (0.90)	0.010 (0.82)	0.007 (0.57)	0.021 (1.44)	0.022* (1.74)	0.022* (1.74)
制度距离		-0.273*** (-4.42)	-0.216*** (-3.39)	-0.277*** (-4.67)	-0.237*** (-3.90)	-0.324*** (-5.02)	-0.593*** (-5.07)
城市层级							
第二产业		0.666 (0.48)	0.522 (0.37)	0.594 (0.44)	0.579 (0.45)	0.988 (0.69)	0.852 (0.59)
人均GDP		0.274 (0.48)	0.085 (0.15)	0.31 (0.56)	0.183 (0.34)	0.406 (0.68)	0.395 (0.66)
大学生比例		-0.494 (-1.44)	-0.486 (-1.41)	-0.509 (-1.53)	-0.457 (-1.43)	-0.531 (-1.50)	-0.551 (-1.55)
常数		-26.271*** (-4.38)	-24.229*** (-4.00)	-26.578*** (-4.57)	-25.923*** (-4.58)	-27.763*** (-4.37)	-26.022*** (-4.05)
高管持股		0.012* (1.95)	0.018* (1.69)				
两职合一				-0.004 (-0.27)	-0.018 (-0.68)		

续表

变量名	空模型	源头投入型 高管持股 随机截距模型	源头投入型 高管持股 随机斜率模型	源头投入型 两职合一 随机截距模型	源头投入型 两职合一 随机斜率模型	源头投入型 政府行政效率 随机截距模型	源头投入型 政府行政效率 随机斜率模型
政府效率						-0.076** (-2.47)	-0.166*** (-3.72)
高管持股×盈利能力			0.026* (1.68)				
两职合一×CEO年龄					0.044 (1.51)		
政府效率×制度距离							0.033*** (2.76)
随机效应							
企业层级							
截距方差	10.19***						
城市层级							
截距方差	25.19***						
模型拟合度							
Deviance	-16940.54	-13973.69	-13900.03	-14580.75	-14541.76	-12035.36	-12031.55
AIC	33887.08	27975.38	27834.06	29189.5	29119.52	24098.72	24093.1
BIC	33906.92	28065.46	27943.45	29280.16	29236.07	24186.75	24187.43
N	5507	4603	4603	4794	4794	3977	3977

注:"*"表示p<0.1,"**"表示p<0.05,"***"表示p<0.01。

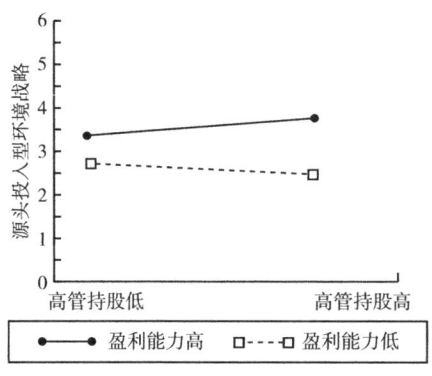

图6-5 企业盈利能力在高管持股与源头投入型环境战略间的调节作用

表 6-10 对公司治理、公共治理与过程投入型环境战略间的关系进行了实证研究。首先，从空模型中可以看出，企业层级的截距方差为 1.022，城市层级的截距方差为 2.505，因此可以计算出其 ICC = 2.505/(2.505 + 1.022) = 0.71，说明城市层级的影响因素占比 71%，可以进行跨层研究。从随机截距模型中可看出，两职合一与过程投入型环境战略间是负向显著相关关系（β = -0.008，p < 0.1），即上市公司总经理和董事长两职合一的情况下，企业不倾向于选择过程投入型环境战略；政府行政效率与过程投入型环境战略间是负向显著相关关系（β = -0.016，p < 0.05），即政府行政效率越高，企业越不倾向于选择过程投入型环境战略。

表 6-10 公司治理、公共治理与过程投入型环境战略间的关系

变量名	空模型	过程投入型					
		高管持股		两职合一		政府行政效率	
		随机截距模型	随机斜率模型	随机截距模型	随机斜率模型	随机截距模型	随机斜率模型
固定效应							
企业层级							
盈利能力		-0.018 (-0.54)	-0.002 (-0.03)	-0.012 (-0.40)	-0.012 (-0.39)	-0.018 (-0.53)	-0.017 (-0.53)
财务风险		0.261** (2.26)	0.259** (2.22)	0.216** (2.06)	0.159 (1.53)	0.199* (1.72)	0.19 (1.64)
企业年龄		-0.009* (-1.93)	-0.010** (-1.99)	-0.010** (-2.13)	-0.005 (-0.95)	-0.006 (-1.16)	-0.006 (-1.09)
总资产		0.083*** (3.27)	0.067*** (2.59)	0.096*** (3.98)	0.095*** (3.94)	0.113*** (4.12)	0.111*** (4.06)
独董比例		-0.524 (-1.08)	-0.474 (-0.95)	-0.531 (-1.11)	-0.428 (-0.89)	-0.597 (-1.11)	-0.606 (-1.12)
CEO 年龄		-0.001 (-0.13)	-0.001 (-0.02)	-0.004 (-1.00)	-0.004 (-0.90)	-0.001 (-0.02)	-0.001 (-0.02)
制度距离		-0.023 (-1.20)	-0.023 (-1.16)	-0.01 (-0.53)	-0.002 (-0.10)	0.002 (0.09)	-0.038 (-1.06)
城市层级							
第二产业		-0.182 (-0.77)	-0.187 (-0.70)	-0.079 (-0.34)	-0.192 (-0.89)	-0.106 (-0.43)	-0.118 (-0.48)

续表

变量名	过程投入型						
	高管持股		两职合一		政府行政效率		
	空模型	随机截距模型	随机斜率模型	随机截距模型	随机斜率模型	随机截距模型	随机斜率模型
人均GDP		0.168* (1.83)	0.194* (1.87)	0.155* (1.72)	0.163** (2.04)	0.169* (1.75)	0.164* (1.71)
大学生比例		-0.122** (-2.21)	-0.120* (-1.92)	-0.106** (-1.97)	-0.122** (-2.52)	-0.114** (-2.01)	-0.116** (-2.05)
常数		-2.014* (-1.85)	-1.909 (-1.60)	-2.538** (-2.39)	-2.181** (-2.18)	-2.939** (-2.50)	-2.698** (-2.27)
高管持股		0.006 (1.59)	0.004 (0.70)				
两职合一				-0.008* (-1.69)	-0.007 (-0.77)		
政府效率						-0.016** (-2.15)	-0.030** (-2.38)
高管持股×盈利能力			-0.003 (-0.55)				
两职合一×CEO年龄					-0.005 (-0.56)		
政府效率×制度距离							0.005 (1.35)
随机效应							
企业层级							
截距方差	1.022***						
城市层级							
截距方差	2.505***						
模型拟合度							
Deviance	-10411.48	-8779.77	-8752.66	-9185.32	-9147.79	-7731.78	-7730.87
AIC	20828.96	17587.55	17539.33	18398.67	18331.58	15491.56	15491.74
BIC	20848.8	17677.63	17648.71	18489.32	18448.13	15579.6	15586.06
N	5507	4603	4603	4794	4794	3977	3977

注:"*"表示 $p<0.1$,"**"表示 $p<0.05$,"***"表示 $p<0.01$。

6.2.4 公司治理、公共治理共同作用对企业环境战略选择的影响

表 6-11 对公司内部激励（高管持股）与公司外部监管（政府行政效率）相互作用对企业环境战略选择的影响进行了实证分析。模型 1 分析了公司内部激励和外部监管共同作用对以态度划分的环境战略选择的影响，结果表明内部激励和外部监管相互作用促进企业选择积极型的环境战略（β=0.001，p<0.01），假设 H7a 成立。模型 2、模型 3 分析了内部激励和外部监管共同作用对以内容划分的环境战略选择的影响，结果表明内部激励和外部监管相互作用促进企业选择实施型的环境战略（β=0.013，p<0.1），假设 H7b 成立。模型 4、模型 5 分析了内部激励和外部监管共同作用对以资源划分的环境战略选择的影响，结果表明内部激励和外部监管共同作用下企业不倾向于选择末端型环境战略（β=-0.008，p<0.01），倾向于选择源头投入型环境战略（β=0.086，p<0.05），假设 H7c 得证。

表 6-11　高管持股与政府行政效率相互作用对企业环境战略选择的影响

变量名	模型 1 积极型	模型 2 计划型	模型 3 实施型	模型 4 末端型	模型 5 源头型
固定效应					
企业层级					
盈利能力	-0.030*** (-4.18)	0.008 (0.79)	-0.007 (-0.85)	-0.560*** (-3.88)	-0.016 (-0.14)
财务风险	0.003*** (2.99)	0.162*** (2.69)	-0.056 (-1.08)	1.478*** (2.98)	0.683* (1.74)
企业年龄	0.005*** (5.38)	0.002 (0.76)	0.001 (0.22)	-0.007 (-0.30)	-0.016 (-0.88)
总资产	0.047*** (9.87)	-0.021* (-1.80)	-0.006 (-0.65)	1.362*** (12.13)	1.206*** (13.58)
两职合一	-0.007 (-0.67)	0.036 (1.37)	0.038* (1.67)	-0.286 (-1.08)	-0.046 (-0.22)
制度距离	-0.004 (-1.02)	0.007 (0.95)	-0.003 (-0.56)	-0.575*** (-6.73)	-0.303*** (-4.49)

续表

变量名	模型1 积极型	模型2 计划型	模型3 实施型	模型4 末端型	模型5 源头型
CEO 年龄	0.02 (0.57)	0.005 (0.09)	-0.05 (-1.33)	1.673 (1.64)	1.215 (1.38)
城市层级					
第二产业	0.009 (0.16)	-0.108 (-1.05)	0.036 (0.49)	2.541 (1.45)	0.951 (0.63)
人均 GDP	-0.038 (-1.55)	-0.024 (-0.67)	0.028 (1.13)	-0.196 (-0.26)	-0.05 (-0.08)
大学生比例	0.018 (1.26)	-0.028 (-1.24)	0.022 (1.40)	-0.638 (-1.46)	-0.305 (-0.81)
常数	-0.445 (-1.62)	1.523*** (3.00)	-0.281 (-0.73)	-27.826*** (-3.53)	-24.247** (-3.59)
政府效率	-0.010*** (-4.52)	-0.006 (-1.51)	0.008** (2.49)	0.001 (0.02)	0.001 (0.38)
高管持股	-0.005*** (-4.01)	-0.008*** (-2.82)	0.005* (1.81)	0.046 (1.47)	-0.009 (-0.38)
高管持股×政府效率	0.001*** (4.43)	0.001 (1.45)	0.013* (1.68)	-0.008*** (-2.61)	0.086** (2.01)
随机效应 企业层级					
截距方差	0.061***	0.178***	0.053**	20.63***	10.19***
城市层级					
截距方差	0.243***	0.014***	0.128***	38.68***	25.19***
模型拟合度					
Loglikelihod	-5418.12	-993.48	-760.83	-12386.55	-11488.02
AIC	10870.25	2020.96	1555.66	24807.1	23010.05
BIC	10991.3	2114.27	1648.98	24913.8	23116.17
N	9142	1789	1789	3800	3800

注:"*"表示 p<0.1,"**"表示 p<0.05,"***"表示 p<0.01。

表6-12对公司内部监管(两职合一)与公司外部监管(政府行政效率)相互作用对企业环境战略选择的影响进行了实证分析。模型1分析了两职合一和政府行政效率相互作用对以态度划分的环境战略的影响,结果得出两者相互

作用有助于企业选择积极型的环境战略（β=0.02，p<0.1），假设 H8a 成立。模型 2、模型 3 分析了两职合一和政府行政效率相互作用对以内容划分的环境战略的影响，结果得出两者相互作用有助于企业选择实施型的环境战略（β=0.023，p<0.1），假设 H8b 成立。模型 4、模型 5 分析了两职合一和政府行政效率相互作用对以资源划分的环境战略的影响，结果得出两者相互作用有助于企业选择末端投入型的环境战略（β=0.007，p<0.05），假设 H8c 成立。

表 6-12　两职合一与政府行政效率相互作用对企业环境战略选择的影响

变量名	模型 1	模型 2	模型 3	模型 4	模型 5
	积极型	计划型	实施型	末端型	源头型
固定效应					
企业层级					
盈利能力	-0.030*** (-4.50)	0.008 (0.85)	-0.006 (-0.70)	-0.465*** (-3.62)	0.088 (0.87)
财务风险	0.003*** (2.89)	0.177*** (3.02)	-0.079 (-1.57)	1.382*** (3.11)	0.506 (1.45)
企业年龄	0.005*** (5.66)	0.002 (0.96)	0.001 (0.37)	-0.005 (-0.20)	-0.012 (-0.68)
总资产	0.044*** (9.51)	-0.026** (-2.25)	-0.006 (-0.57)	1.311*** (12.23)	1.179*** (13.95)
独董比例	0.005 (0.42)	0.043 (1.53)	0.043* (1.79)	-0.036 (-0.13)	-0.013 (-0.06)
制度距离	-0.006* (-1.69)	0.001 (0.04)	-0.001 (-0.14)	-0.649*** (-7.86)	-0.324*** (-4.97)
CEO 年龄	0.021 (0.64)	0.014 (0.25)	-0.038 (-0.97)	1.835* (1.80)	1.164 (1.38)
城市层级					
第二产业	0.029 (0.52)	-0.078 (-0.73)	0.029 (0.37)	2.245 (1.28)	0.667 (0.46)
人均 GDP	-0.050** (-2.20)	-0.045 (-1.20)	0.021 (0.83)	0.035 (0.05)	0.014 (0.02)
大学生比例	0.025* (1.88)	-0.019 (-0.83)	0.017 (1.03)	-0.729* (-1.67)	-0.305 (-0.84)

续表

变量名	模型1 积极型	模型2 计划型	模型3 实施型	模型4 末端型	模型5 源头型
常数	-0.427 (-1.61)	1.572 *** (3.03)	-0.132 (-0.33)	-27.378 *** (-3.48)	-23.114 *** (-3.55)
政府效率	-0.003 * (-1.65)	-0.001 (-0.34)	0.004 (1.40)	-0.106 ** (-2.15)	-0.109 *** (-2.77)
两职合一	0.003 ** (2.07)	0.005 * (1.67)	0.001 (0.31)	0.031 (0.87)	-0.052 * (-1.83)
两职合一 × 政府效率	0.002 * (1.72)	0.001 (0.23)	0.023 ** (2.41)	0.007 ** (2.40)	0.004 (1.17)
随机效应					
企业层级 方差					
截距方差	0.061 ***	0.178 ***	0.053 ***	20.63 ***	10.19 ***
城市层级 方差					
截距方差	0.243 ***	0.014 ***	0.128 ***	38.68 ***	25.19 ***
模型拟合度					
Log-likelihod	-5621.927	-1028.95	-796.31	-12922.84	-11973.04
AIC	11277.85	2091.91	1626.63	25879.68	23980.07
BIC	11399.55	2185.78	1720.51	25986.52	24086.92
N	9494	1849	1849	3964	3964

注:"*"表示 $p<0.1$,"**"表示 $p<0.05$,"***"表示 $p<0.01$。

6.3 稳健性检验

在前文的分析中,主要采用多层线性分析模型验证了公司治理、公共治理层面的因素对企业环境战略选择的影响。为了进一步确保研究结果的稳健,进行稳健性检验。接下来主要采取混合效应回归模型进行稳健性检验。

混合效应回归模型主要由随机效应和固定效应两部分组成。混合效应模型可以划分为线性混合效应模型、非线性混合效应模型以及广义线性混合效应模型三类。线性混合效应模型表示随机效应和固定效应以线性的函数关系表现出来；非线性混合效应模型表示随机效应和固定效应以非线性的函数关系表现出来，线性混合效应和非线性混合效应使用的前提是数据服从正态分布；广义线性混合效应模型是线性混合效应模型的一种推广，这种扩展方式具有双重意义。首先，数据不再局限于正态分布，而是扩展到了离散数据、泊松分布、逆高斯分布以及二分类数据等指数分布，从而能够适应更加复杂的数据结构；其次，不要求因变量数据的均值和自变量之前有直接的线性关系，只要求基于联结函数能够实现因变量与自变量之间的线性转换，从而给予数据建模更大的灵活空间（白永娟和李好奇，2018；李翰芳等，2016；刘学良和陈琳，2011）。由于本书数据大部分是二值分布模型，因此主要采取广义线性混合效应模型。

模型构建主要包括：模型（6-1）、模型（6-2）、模型（6-3）分别验证公司治理层面激励因素、监管因素和公共治理层面政府行政效率与环境战略之间的关系。

$$EnvironmentStra_{it} = \beta_0 + \beta_1 CEOshare_{it} + \beta_2 Size_{it} + \beta_3 Lev_{it} + \beta_4 Firmage_{it} \\ + \beta_5 Independent_{it} + \beta_6 Profit_{it} + \varepsilon_{it} + \sum (year, industry) \quad (6-1)$$

$$EnvironmentStra_{it} = \beta_0 + \beta_1 Duality_{it} + \beta_2 Size_{it} + \beta_3 Lev_{it} + \beta_4 Firmage_{it} \\ + \beta_5 Independent_{it} + \beta_6 Profit_{it} + \varepsilon_{it} + \sum (year, industry) \quad (6-2)$$

$$EnvironmentStra_{it} = \beta_0 + \beta_1 Govefficiency_{ct} + \beta_2 Size_{it} + \beta_3 Lev_{it} + \beta_4 Firmage_{it} \\ + \beta_5 Independent_{it} + \beta_6 Profit_{it} + \beta_7 PerGDP_{ct} + \beta_8 Students_{ct} \\ + \beta_9 SecondGDP_{ct} + \varepsilon_{it} + \sum (year, industry) \quad (6-3)$$

在模型（6-1）中，$EnvironmentStra_{it}$为根据企业对环境行为的态度、内容及资源划分的环境战略。$CEOshare_{it}$为解释变量即高管持股比例，模型（6-1）主要是考察高管持股比例对企业环境战略选择的影响。$Size_{it}$，Lev_{it}，$Firmage_{it}$，$Independent_{it}$，$Profit_{it}$分别为控制变量企业的总资产，财务风险，企业年龄，独董比例以及总利润，it表示i企业在t年的取值。β_1，β_2，β_3，β_4，β_5为系数，主要考察β_1的取值。此外，还对年份以及行业变量进行了控制。除了考察公司治理激励层面对企业环境战略选择的影响外，还同时考察了公司治理监管层面，以及公共治理监管层面对企业环境战略选择的影响。模型（6-2）检验了环境战略与公司治理监管层面的关系，模型（6-3）检验了环境战略与公共治理层面的关系。其中，$Govefficiency_{ct}$ 代表企业所在地级市政府的行政效率，$PerGDP_{ct}$，$Students_{ct}$ 及 $SecondGDP_{ct}$ 分别代表企业所在地级市的经济发展水平，人口素质以及制造业发展情况，其他指标含义与模型（6-1）一致。

为了判断企业的影响机制是否合理，本书还针对三条影响机制分别引入了相应的调节变量，即在前面的模型中分别加入交叉项，模型（6-4）、模型（6-5）、模型（6-6）分别加入了企业盈利能力、高管年龄、企业制度距离三个调节变量。

$$EnvironmentStra_{it} = \beta_0 + \beta_{x1}CEOshare_{it} + \beta_x CEOshare_{it} \times Profit_{it} + \beta_{x2}Profit_{it}$$
$$+ \beta_1 Size_{it} + \beta_2 Lev_{it} + \beta_3 Firmage_{it} + \beta_4 Independent_{it}$$
$$+ \varepsilon_{it} + \sum(year, industry) \qquad (6-4)$$

$$EnvironmentStra_{it} = \beta_0 + \beta_{x1}Duality_{it} + \beta_x Duality_{it} \times CEOage_{it} + \beta_{x2}CEOage_{it}$$
$$+ \beta_1 Size_{it} + \beta_2 Lev_{it} + \beta_3 Firmage_{it} + \beta_4 Independent_{it}$$
$$+ \beta_5 Profit_{it} + \varepsilon_{it} + \sum(year, industry) \qquad (6-5)$$

$$EnvironmentStra_{it} = \beta_0 + \beta_{x1}Govefficiency_{ct} + \beta_x Govefficiency_{ct} \times Distance_{ct}$$
$$+ \beta_{x2}Distance_{ct} + \beta_1 Size_{it} + \beta_2 Lev_{it} + \beta_3 Firmage_{it}$$
$$+ \beta_4 Independent_{it} + \beta_5 PerGDP_{ct} + \beta_6 Students_{ct}$$
$$+ \beta_7 SecondGDP_{ct} + \varepsilon_{it} + \sum(year, industry) \qquad (6-6)$$

其中，模型（6-4）中 $\beta_x CEOshare_{it} \times Profit_{it}$ 代表企业盈利能力与高管持股比例的交叉项，β_x 代表了企业盈利能力的调节作用；模型（6-5）中，$\beta_x Duality_{it} \times CEOage_{it}$ 代表高管年龄与两职合一的交叉项，β_x 代表了高管年龄的调节作用；模型（6-6）中，$\beta_x Govefficiency_{ct} \times Distance_{ct}$ 代表政府行政效率与制度距离的交叉项，β_x 代表制度距离所发挥的调节作用；$PerGDP_{ct}$，$Students_{ct}$ 及 $SecondGDP_{ct}$ 分别代表企业所在地级市的经济发展水平，人口素质以及制造业发展情况，其他指标含义和模型（6-1）一致。

因此，以上模型主要为本文研究所依据的模型，通过这6个模型，分别对三个解释变量（高管持股比例、两职合一、政府行政效率），与以态度划分、活动内容划分和资源划分的环境战略，以及三个调节变量（企业盈利能力、高管年龄、制度距离）之间的关系进行实证分析，以此判定各个变量之间的关系。

6.3.1 公司治理与企业环境战略选择的关系

本书环境战略划分主要根据三个方面，包括根据企业对环境战略的态度划分，根据企业对环境战略的活动内容划分，根据企业对环境战略的资源投入视角划分。表6-13首先分析了公司治理与根据态度划分的企业环境战略之间的关系，被解释变量为以态度划分的环境战略类型，积极型和消极型环境战略。模型1仅包括解释变量两职合一，模型2包含了解释变量两职合一以及其他控制变量；模型3仅包括解释变量高管持股比例，模型4包含了解释变量高管持股比例以及其他控制变量。从模型1和模型2中可看出，公司总经理和董事长两职合一的情况下，企业越倾向于选择积极型的环境战略，这与假设H2a相反，假设H2a不成立，原因可能在于董事长和总经理两职合一的情形下，总经理基于自利行为会较少考虑环境问题，但是随着外界利益相关者对环境的重视程度增加，总经理不得不选择积极型的环境战略以树立企业的良好形象。从模型3和模型4中可看出，公司高管持股比例越高，企业越倾向于选择积极型的环境战略，假设H1a成立（C=0.010，$p<0.01$）。

表6-13　　　　公司治理与积极型环境战略之间的关系

变量名	积极型			
	模型1	模型2	模型3	模型4
两职合一	0.005*** (3.17)	0.005* (1.78)		
高管持股			0.010*** (7.76)	0.014*** (6.85)
总利润		-0.056*** (-4.05)		-0.049*** (-2.71)
财务风险		0.012*** (3.89)		0.007*** (3.84)
企业年龄		0.008** (1.99)		0.048*** (17.52)
总资产		0.118*** (6.41)		0.135*** (9.04)

续表

变量名	积极型			
	模型1	模型2	模型3	模型4
独董比例		-0.026 (-0.61)		0.044 (1.40)
常数	-0.167*** (-11.81)	-0.528 (-1.23)	-0.233*** (-13.80)	-3.965*** (-12.15)
年份	控制	控制	控制	控制
行业	控制	控制	控制	控制
观测值	17824	17287	17234	16714
Loglikelihood	-12248.8	-7148.27	-11829.8	-10871.1
Wald Chi2	10.07***	2872.21***	60.27***	568.23***

注："*"表示 $p<0.1$，"**"表示 $p<0.05$，"***"表示 $p<0.01$，括号内为 Z 值。

表 6-14 分析了公司治理与根据企业对环境活动内容的战略划分，被解释变量为计划型环境战略，模型 1 为解释变量两职合一，模型 2 为解释变量两职合一和控制变量，模型 3 为解释变量高管持股比例，模型 4 为解释变量高管持股比例和控制变量。从模型 1 和模型 2 中可看出，上市公司两职合一的情况下，企业更倾向于选择计划型的环境战略（C = 0.009，p < 0.01），假设 H2b 成立；从模型 3 和模型 4 中可看出，高管持股比例越高，企业越不倾向于实施计划型的环境战略（C = -0.009，p < 0.01）。因此，从这四个模型中可看出，公司治理中监管措施和激励措施对企业选择计划型环境战略的影响不一致。

表 6-14　　公司治理与计划型环境战略之间的关系

变量名	计划型			
	模型1	模型2	模型3	模型4
两职合一	0.009** (2.34)	0.008* (1.74)		
高管持股			-0.009*** (-2.68)	-0.011** (-2.37)
总利润		-0.033 (-1.48)		-0.032 (-1.44)
财务风险		0.256 (1.51)		0.244 (1.39)

续表

变量名	计划型			
	模型1	模型2	模型3	模型4
企业年龄		0.001 (0.03)		-0.001 (-0.20)
总资产		0.023 (0.67)		0.035 (1.00)
独董比例		0.01 (0.12)		0.013 (0.17)
常数	-0.755*** (-22.74)	-1.958** (-1.99)	-0.618*** (-16.34)	-2.053** (-2.11)
年份	控制	控制	控制	控制
行业	控制	控制	控制	控制
观测值	3730	3656	3605	3533
Loglikelihood	-2064	-1919.19	-1992	-1847.92

注:"*"表示p<0.1,"**"表示p<0.05,"***"表示p<0.01,括号内为Z值。

表6-15分析了公司治理与根据企业对环境的活动内容划分的战略,被解释变量为实施型环境战略,模型1为解释变量两职合一,模型2为解释变量两职合一和控制变量,模型3为解释变量高管持股比例,模型4为解释变量高管持股比例和控制变量。从模型1和模型2中可看出,两职合一与企业选择实施型环境战略之间的关系不显著(C=-0.002,p>0.1);从模型3和模型4中可看出,公司高管持股比例越高,企业越倾向于选择实施型环境战略(C=0.07,p<0.05),假设H1b成立。

表6-15　　　　公司治理与实施型环境战略之间的关系

变量名	实施型			
	模型1	模型2	模型3	模型4
两职合一	-0.002 (-0.39)	0.001 (0.14)		
高管持股			0.007** (2.00)	0.011** (2.07)
总利润		-0.024 (-0.95)		-0.02 (-0.79)

续表

变量名	实施型			
	模型1	模型2	模型3	模型4
财务风险		-0.063 (-0.34)		0.021 (0.12)
企业年龄		-0.006 (-0.86)		0.008 (0.90)
总资产		-0.038 (-1.03)		-0.088** (-2.52)
独董比例		0.159* (1.91)		0.142* (1.78)
常数	-0.979*** (-27.36)	-0.033 (-0.04)	-1.064*** (-24.64)	1.183 (1.30)
年份	控制	控制	控制	控制
行业	控制	控制	控制	控制
观测值	3730	3683	3605	3524
Loglikelihood	-1648.48	-1622.01	-1583.33	-1471.65

注:"*"表示$p<0.1$,"**"表示$p<0.05$,"***"表示$p<0.01$,括号内为Z值。

表6-16分析了公司治理与根据企业对环境活动内容划分的战略,被解释变量为随机型环境战略。模型1为解释变量两职合一,模型2为解释变量两职合一和控制变量,模型3为解释变量高管持股比例,模型4为解释变量高管持股比例和控制变量。从模型1和模型2中可看出,两职合一与企业实施随机型环境战略的关系不显著($C=-0.001$,$p>0.1$);从模型3和模型4中可看出,高管持股比例越高的企业,越不倾向于实施随机型环境战略($C=-0.009$,$p<0.01$)。

表6-16　　　公司治理与随机型环境战略之间的关系

变量名	随机型			
	模型1	模型2	模型3	模型4
两职合一	-0.001 (-0.20)	-0.003 (-0.51)		
高管持股			-0.009*** (-3.08)	-0.009* (-1.70)

续表

变量名	随机型			
	模型1	模型2	模型3	模型4
总利润		-0.013 (-0.58)		-0.001 (-0.06)
财务风险		0.05 -0.28		0.005 -0.03
企业年龄		-0.008 (-1.37)		-0.011 (-1.37)
总资产		-0.126*** (-3.80)		-0.181*** (-5.18)
独董比例		-0.044 (-0.60)		0.005 -0.07
常数	-0.376*** (-12.25)	2.600*** -3.75	-0.293*** (-8.20)	3.932*** -4.27
年份	控制	控制	控制	控制
行业	控制	控制	控制	控制
观测值	3730	3683	3605	3533
Loglikelihood	-2418.95	-2353.06	-2332.53	-2166.75

注："*"表示 $p<0.1$, "**"表示 $p<0.05$, "***"表示 $p<0.01$, 括号内为Z值。

通过表6-14、表6-15、表6-16中对公司治理与根据企业对环境活动内容的战略之间的关系进行实证分析可以发现，公司治理中，监管措施和激励措施对企业不同环境战略的影响不一致。根据企业对环境活动内容划分的战略主要分为3个层面：计划型，实施型，随机型。可以看出，实施监管措施的企业更倾向于采取计划型环境战略；通过实施激励措施的企业更倾向于采取实施型环境战略。

接下来主要分析公司治理与企业根据资源投入划分的环境战略之间的关系，企业根据资源投入划分的环境战略主要包括源头投入型、过程管理投入型以及末端投入型。表6-17中，被解释变量为源头投入型，模型1为解释变量两职合一，模型2为解释变量两职合一和控制变量，模型3为解释变量高管持股比例，模型4为解释变量高管持股比例和控制变量。从模型1和模型2中可看出,两职合一与企业采取源头投入型环境战略之间的关系不明显(C = -0.006,p>0.1);从模型 3 和模型 4 中可看出,高管持股比例越高的企业,越倾向于采取源头投入型环境战略(C=0.036,p<0.01),假设 H1c 成立。

表 6-17　　公司治理与源头投入型环境战略之间的关系

变量名	源头投入			
	模型 1	模型 2	模型 3	模型 4
两职合一	-0.006 (-0.47)	-0.018 (-1.54)		
高管持股			0.036*** (2.91)	0.038*** (2.88)
总利润		0.213*** (2.77)		0.108 (1.20)
财务风险		-0.31 (-1.02)		0.342 (1.00)
企业年龄		0.015 (0.67)		-0.054*** (-3.04)
总资产		0.958*** (10.88)		1.106*** (12.49)
独董比例		-0.378** (-2.12)		-0.393** (-2.07)
常数	1.933*** (12.80)	-16.913*** (-6.83)	2.276*** (12.77)	-20.657*** (-11.34)
年份	控制	控制	控制	控制
行业	控制	控制	控制	控制
观测值	6347	6215	6112	6039
Wald Chi2	0.23***	386.44***	8.50***	311.98***

注:"*"表示 p<0.1,"**"表示 p<0.05,"***"表示 p<0.01,括号内为 Z 值。

表 6-18 中,被解释变量为过程管理投入型,模型 1 为解释变量两职合一,模型 2 为解释变量两职合一和控制变量,模型 3 为解释变量高管持股比例,模型 4 为解释变量高管持股比例和控制变量。从模型 1 和模型 2 中可看出,两职合一与企业采取过程管理投入型之间的关系不显著(C = -0.005,p>0.1);从模型 3 和模型 4 中可看出,高管持股比例与企业采取过程管理投入型之间的

关系也不显著（C=0.001，p>0.1），因此，说明企业在经营过程中，其过程管理投入型环境战略与公司治理之间的关系不明确。

表6-18　公司治理与过程管理投入型环境战略之间的关系

变量名	过程管理投入			
	模型1	模型2	模型3	模型4
两职合一	-0.005 (-1.52)	-0.005 (-1.51)		
高管持股			0.001 (0.17)	0.005 (1.57)
总利润		-0.009 (-0.38)		-0.009 (-0.37)
财务风险		0.088 (0.99)		0.126 (1.31)
企业年龄		0.001 (0.02)		0.001 (0.34)
总资产		0.034* (1.66)		0.024 (1.15)
独董比例		-0.029 (-0.58)		-0.019 (-0.40)
常数	0.205*** (6.83)	-0.659 (-1.27)	0.169*** (5.26)	-0.48 (-0.91)
年份	控制	控制	控制	控制
行业	控制	控制	控制	控制
观测值	6347	6215	6112	5985
Wald Chi2	2.32***	113.28***	0.83***	91.95***

注："*"表示p<0.1，"**"表示p<0.05，"***"表示p<0.01，括号内为Z值。

表6-19中，被解释变量为末端投入型，模型1为解释变量两职合一，模型2为解释变量两职合一和控制变量，模型3为解释变量高管持股比例，模型4为解释变量高管持股比例和控制变量。模型1和模型2表明，两职合一越高的企业，越倾向于采取末端投入的环境战略（C=0.047，p<0.01），假设H2c成立；模型3和模型4表明，高管持股比例越高的企业，越不倾向于采取末端投入的环境战略（C=-0.050，p<0.01）。

表 6-19　公司治理与末端投入型环境战略之间的关系

变量名	末端投入			
	模型1	模型2	模型3	模型4
两职合一	0.047*** (3.41)	0.028** (1.97)		
高管持股			-0.050*** (-3.23)	-0.024 (-1.52)
总利润		-0.099 (-1.09)		-0.094 (-0.95)
财务风险		0.261 (0.72)		0.355 (0.89)
企业年龄		0.072** (2.25)		0.064* (1.95)
总资产		0.765*** (6.80)		0.743*** (6.42)
独董比例		-0.529** (-2.46)		-0.592*** (-2.78)
常数	3.872*** (18.68)	-15.142*** (-4.51)	4.732*** (19.55)	-14.798*** (-4.31)
年份	控制	控制	控制	控制
行业	控制	控制	控制	控制
观测值	6347	6215	6112	5985
Wald Chi2	11.64***	330.54***	10.46***	305.60***

注："*"表示 $p<0.1$，"**"表示 $p<0.05$，"***"表示 $p<0.01$，括号内为 Z 值。

6.3.2　公共治理与企业环境战略选择的关系

除了公司治理层面，本书还考察了公共治理层面对企业环境战略的影响。在公共治理层面，主要考察了政府行政效率与企业各个类型的环境战略之间的关系。表 6-20 包含了 7 个模型。模型 1 考察了政府行政效率与企业根据态度划分的环境战略之间的关系，从结果中可看出，政府行政效率有助于企业选择积极型的环境战略（C=0.011，$p<0.1$）。模型 2、模型 3、模型 4 分别考察了政府行政效率与企业根据活动内容划分的环境战略之间的关系。其中，模型 2

考察的是政府行政效率与企业选择计划型环境战略之间的关系，模型 3 考察的是政府行政效率与企业选择实施型环境战略之间的关系，模型 4 考察的是政府行政效率与企业选择随机型环境战略之间的关系。从结果中可看出，政府行政效率有助于企业选择实施型的环境战略（$C=0.023$，$p<0.05$），而对计划型和随机型环境战略的影响不显著。模型 5、模型 6、模型 7 考察的是企业根据资源投入划分的环境战略与政府行政效率之间的关系。其中，模型 5 分析了政府行政效率与末端投入型环境战略之间的关系，模型 6 分析了政府行政效率与源头投入型环境战略之间的关系，模型 7 分析了政府行政效率与过程管理投入之间的关系。通过这三个模型分析可得出，政府行政效率与企业实施末端投入型环境战略之间有显著的正向关系（$C=0.044$，$p<0.1$），假设 H3c 成立，政府行政效率与企业实施源头投入型环境战略之间有显著的负向关系（$C=-0.045$，$p<0.1$），政府行政效率与企业实施过程管理投入之间没有显著的关系（$C=-0.001$，$p>0.1$）。

表 6-20　　　　　公共治理与企业环境战略之间的关系

变量名	模型 1 积极型	模型 2 计划型	模型 3 实施型	模型 4 随机型	模型 5 末端型	模型 6 源头型	模型 7 过程型
政府效率	0.011* (1.92)	-0.006 (-0.70)	0.023** (2.19)	-0.013 (-1.29)	0.044* (1.72)	-0.045* (-1.65)	-0.001 (-0.14)
总利润	-0.099*** (-3.00)	-0.005 (-0.13)	-0.024 (-0.70)	-0.03 (-0.90)	-0.214* (-1.68)	0.134 (1.34)	-0.026 (-0.71)
财务风险	0.012*** (5.24)	0.390* (1.93)	-0.106 (-0.44)	-0.074 (-0.35)	1.149** (2.33)	0.48 (1.25)	0.164 (1.22)
企业年龄	0.022*** (4.12)	0.003 (0.31)	0.001 (0.02)	-0.018* (-2.00)	0.077** (2.01)	-0.004 (-0.13)	-0.007 (-0.92)
总资产	0.113*** (4.55)	-0.073 (-1.58)	0.011 (0.24)	-0.081* (-1.96)	1.000*** (6.78)	1.083*** (9.56)	0.069** (2.17)
独董比例	-0.049 (-0.84)	0.071 (0.66)	0.171* (1.67)	-0.106 (-1.02)	-0.762** (-2.46)	-0.384 (-1.60)	-0.063 (-0.77)
人均 GDP	-0.120** (-2.44)	-0.167* (-1.94)	0.134 (1.62)	-0.073 (-1.04)	-0.701** (-2.49)	-0.490** (-2.27)	-0.02 (-0.33)
大学生比例	0.063** (2.17)	-0.016 (-0.32)	-0.023 (-0.38)	0.117** -2.21	-0.096 (-0.62)	-0.004 (-0.03)	0.032 -0.82

续表

变量名	模型1 积极型	模型2 计划型	模型3 实施型	模型4 随机型	模型5 末端型	模型6 源头型	模型7 过程型
第二产业比例	0.011 (0.09)	0.001 (0.29)	-0.007 (-1.54)	0.006 (1.22)	0.073*** (3.95)	0.032** (2.28)	0.001 (0.17)
行业/年份	控制	控制	控制	控制	控制	控制	控制
常数	-2.693*** (-2.79)	0.816 (0.82)	-1.024 (-1.03)	2.309** (1.99)	-13.723*** (-3.18)	-17.298*** (-5.22)	-1.059 (-1.16)
观测值	7282	1750	1750	1750	3408	3408	3408
Wald Chi2	81.79***	14.94***	12.01***	21.31***	96.87***	122.53***	9.67***

注:"*"表示 $p<0.1$,"**"表示 $p<0.05$,"***"表示 $p<0.01$,括号内为Z值。

6.3.3 公司治理、公共治理共同作用与企业环境战略选择的关系

在分别考察了公司治理层面、公共治理层面的因素对企业环境战略的影响后,本节对公司治理层面和公共治理层面共同治理结果进行分析。表6-21对公司治理层面激励因素和公共治理层面监管因素的交叉项进行了分析。

表6-21 政府行政效率与高管持股共同作用对环境战略的影响

变量名	模型1 积极型	模型2 计划型	模型3 实施型	模型4 随机型	模型5 末端投入	模型6 源头投入	模型7 过程投入
政府效率×高管持股	0.001* (1.65)	0.001 (0.53)	0.001* (1.72)	0.001 (1.20)	0.006* (1.74)	0.005* (1.93)	0.002* (1.69)
政府效率	0.013* (1.83)	-0.012 (-1.08)	0.030** (2.07)	-0.018 (-1.43)	-0.091** (-2.13)	-0.079** (-2.40)	-0.011 (-1.11)
高管持股	0.012** (2.00)	0.003 (0.34)	0.003 (0.34)	-0.011 (-1.15)	0.001 (0.04)	-0.054** (-2.48)	-0.023*** (-2.86)
总利润	-0.096** (-2.13)	-0.006 (-0.14)	-0.023 (-0.68)	-0.027 (-0.80)	-0.197 (-1.55)	0.142 (1.44)	-0.027 (-0.73)
财务风险	0.011*** (4.74)	0.352* (1.72)	-0.069 (-0.29)	-0.102 (-0.48)	1.138** (2.31)	0.418 (1.10)	0.149 (1.10)

续表

变量名	模型1 积极型	模型2 计划型	模型3 实施型	模型4 随机型	模型5 末端投入	模型6 源头投入	模型7 过程投入
企业年龄	0.022 *** (4.28)	0.004 (0.41)	0.001 (0.03)	-0.019 ** (-2.12)	0.074 * (1.95)	-0.011 (-0.39)	-0.008 (-1.04)
总资产	0.111 *** (4.53)	-0.067 (-1.42)	0.002 (0.04)	-0.080 * (-1.95)	0.982 *** (6.64)	1.074 *** (9.48)	0.065 ** (2.02)
独董比例	-0.007 (-0.11)	0.103 (0.92)	0.157 (1.49)	-0.096 (-0.88)	-0.567 * (-1.71)	-0.510 ** (-2.00)	-0.123 (-1.40)
人均GDP	-0.123 ** (-2.50)	-0.146 (-1.59)	0.132 (1.47)	-0.156 ** (-2.03)	-0.592 ** (-1.99)	-0.505 ** (-2.22)	-0.051 (-0.76)
大学生比例	0.068 ** (2.37)	-0.019 (-0.38)	-0.021 (-0.34)	0.125 ** (2.35)	-0.107 (-0.69)	-0.023 (-0.19)	0.038 (0.95)
第二产业	-0.008 (-0.06)	0.115 (0.58)	-0.324 (-1.60)	0.241 (1.15)	2.817 *** (3.55)	1.317 ** (2.17)	0.105 (0.63)
行业	控制	控制	控制	控制	控制	控制	控制
年份	控制	控制	控制	控制	控制	控制	控制
常数	-2.668 ** (-2.77)	1.825 (1.06)	-1.235 (-0.76)	1.962 (1.32)	-21.240 * (-1.97)	-19.878 * (-1.95)	-1.025 (-0.86)
观测值	7261	1740	1740	1740	3395	3395	3395
Wald Chi2	85.31 ***	16.31	12.15	29.42 ***	97.17 ***	123.92 ***	18.73 **

注:"*"表示 $p<0.1$,"**"表示 $p<0.05$,"***"表示 $p<0.01$,括号内为 Z 值。

表6-21中主要包含了7个模型,模型1主要研究了政府行政效率和高管激励的交互作用与企业对待环境战略的态度之间的关系,结果表明,高管激励和政府行政效率的交互作用让企业倾向于选择积极型的环境战略($C=0.001$,$p<0.05$),假设H7a成立。模型2、模型3、模型4分析了政府行政效率和高管激励的交互作用与企业对待环境战略的活动内容之间的关系,其结果表明,从企业不同的活动内容出发,政府行政效率和高管激励的交互作用下,企业更倾向于选择实施型环境战略($C=0.001$,$p<0.1$),假设H7b成立。模型5、模型6、模型7主要分析了外部监管与内部激励的相互作用与企业对环境战略的资源投入之间的关系,结果表明,外部监管和内部激励相结合,会促进企业从环境保护的各个环节进行资源投入,相比较而言,对企业更多进行末端投入促进更多($C=0.006$,$p<0.1$),假设H7c成立。

在本研究中，公司治理层面主要包括两方面的因素：激励因素和监管因素。前面分析了公司治理层面高管持股与政府行政效率的交叉项对企业环境战略的影响。接下来主要分析公司治理层面监管因素与政府行政效率的交叉项对企业环境战略的影响，结果如表 6-22 所示。

表 6-22　政府行政效率与两职合一共同作用对环境战略的影响

变量名	模型 1 态度划分	模型 2 计划型	模型 3 实施型	模型 4 随机型	模型 5 末端型	模型 6 源头型	模型 7 过程型
政府效率× 两职合一	0.001** (2.19)	-0.001 (-0.08)	0.001* (1.67)	0.001 (0.62)	0.003* (1.86)	-0.002* (-1.74)	0.001 (0.73)
政府效率	-0.001 (-0.13)	-0.007 (-0.52)	0.028* (1.79)	-0.018 (-1.35)	-0.071 (-1.44)	-0.024 (-0.62)	-0.008 (-0.76)
两职合一	-0.017** (-2.89)	-0.01 (-1.19)	0.012 (1.33)	-0.012 (-1.49)	-0.052 (-1.57)	-0.031 (-1.20)	0.005 (0.67)
总利润	-0.095** (-2.80)	-0.01 (-0.25)	-0.026 (-0.74)	-0.021 (-0.66)	-0.211 (-1.43)	-0.072 (-0.61)	-0.031 (-0.71)
财务风险	0.010*** (4.42)	0.302 (1.44)	0.021 (0.08)	-0.155 (-0.73)	1.101* (1.93)	0.677 (1.51)	0.25 (1.60)
企业年龄	0.021*** (3.82)	0.002 (0.22)	0.004 (0.42)	-0.018** (-2.02)	0.069* (1.76)	-0.016 (-0.55)	-0.005 (-0.71)
总资产	0.109*** (4.38)	-0.06 (-1.28)	-0.004 (-0.08)	-0.083** (-2.06)	1.017*** (6.64)	1.079*** (9.14)	0.065* (1.91)
独董比例	-0.03 (-0.51)	0.114 (1.07)	0.156 (1.51)	-0.082 (-0.78)	-0.704** (-2.21)	-0.326 (-1.31)	-0.095 (-1.12)
人均 GDP	-0.098* (-1.97)	-0.128 (-1.41)	0.13 (1.44)	-0.165** (-2.13)	-0.640** (-2.12)	-0.419* (-1.80)	-0.049 (-0.71)
大学生比例	0.058** (1.98)	-0.023 (-0.46)	0.013 (0.22)	0.102* (1.93)	-0.193 (-1.23)	-0.057 (-0.46)	0.024 (0.58)
第二产业	0.029 (0.22)	0.148 (0.74)	-0.346* (-1.73)	0.211 (1.02)	2.666*** (3.31)	1.304** (2.11)	0.067 (0.40)
行业	控制	控制	控制	控制	控制	控制	控制
年份	控制	控制	控制	控制	控制	控制	控制
常数	-2.738** (-2.80)	1.533 (0.94)	-1.407 (-0.86)	2.430* (1.68)	-19.872*** (-3.47)	-20.796*** (-4.72)	-1.07 (-0.88)
观测值	6981	1683	1683	1683	3245	3245	3245
Wald Chi2	90.77***	19.57***	22.74***	105.53**	97.36**	114.93**	14.21

注："*"表示 $p<0.1$，"**"表示 $p<0.05$，"***"表示 $p<0.01$，括号内为 Z 值。

表 6-22 中，模型 1 分析了内部公司治理层面的监管因素与外部治理层面的监管因素与企业对待环境战略的态度之间的关系，结果表明，在内外部监管的相互作用下，企业更加倾向于选择积极的环境战略（C=0.001，p<0.1），假设 H8a 成立。模型 2、模型 3、模型 4 主要分析了内外部监管因素的相互作用与企业对环境战略的活动内容之间的关系，其结果表明，当内部监管和外部监管都较为严格的时候，企业更加倾向于采取实施型的环境战略（C=0.001，p<0.1），假设 H8b 成立。模型 5、模型 6、模型 7 分析了内外部监管的交互作用与企业对待环境战略的资源投入之间的关系，结果表明，从企业不同的资源投入阶段来分析，在内外部监管的交互作用下，企业更加倾向于从末端进行资源投入（C=0.003，p<0.1），假设 H8c 成立；且在这种交互作用下，企业更加倾向于减少源头投入（C=-0.002，p<0.1）。

6.3.4 基于主效应的调节效应检验

前文分析了公司治理、公共治理与企业环境战略选择之间的关系，为了进一步验证本文的逻辑是否合理，选取了相关的调节变量进行检验。

首先，高管持股比例对企业环境战略的影响机理主要认为高管持股比例越高，与公司的利益更加一致，则企业更倾向于选择有利于公司长远发展的环境战略。前文中提到，当公司的盈利能力越强时，公司高管能够获得的收益越高，因此选取公司的盈利能力作为调节变量。表 6-23 中模型 1 主要分析了盈利能力在高管持股比例和企业根据态度划分的环境战略之间的调节作用，从结果中可看出，公司的盈利能力在高管持股和企业选择积极型的环境战略中发挥正向调节作用（C=0.003，p<0.05），表明盈利能力越高的企业，高管持股比例越高，越倾向于选择积极型环境战略，假设 H4a 成立。模型 2、模型 3、模型 4 主要分析了盈利能力在高管持股比例和企业根据活动内容划分的环境战略之间的调节作用，模型 2 主要分析了盈利能力在高管持股比例和计划型环境战略中的调节作用，模型 3 主要分析了盈利能力在高管持股比例和实施型环境战略中的调节作用，模型 4 主要分析了盈利能力在高管持股比例和随机型环境战略中的调节作用。从结果中可看出，盈利能力主要在高管持股比例和实施型环境战略中发挥显著正向调节作用（C=0.002，p<0.1），说明盈利能力越高的企业，高管持股比例越高，越倾向于选择实施型环境战略，假设 H4b 成立。模型 5、模型 6、模型 7 主要分析了盈利能力在高管持股比例与根据企业资源投入

划分的环境战略之间的关系,其中,模型 5 主要表明了盈利能力在高管持股比例与末端投入环境战略之间的关系,模型 6 主要表明了盈利能力在高管持股比例与源头投入型环境战略之间的关系,模型 7 主要表明了盈利能力在高管持股比例与过程管理投入型环境战略之间的关系。从结果中可看出,盈利能力主要在高管持股比例与源头投入型环境战略中发挥正向调节作用（C = 0.032,p < 0.1）,即当企业盈利能力越强,高管持股比例越高的企业越倾向于选择源头投入型环境战略,假设 H4c 成立。

表 6 – 23　　企业盈利能力在高管持股与环境战略间的调节作用

变量名	模型 1 态度划分	模型 2 计划型	模型 3 实施型	模型 4 随机型	模型 5 末端投入	模型 6 源头投入	模型 7 过程投入
高管持股× 总利润	0.003** (2.11)	-0.003 (-1.15)	0.002* (1.66)	0.003 (1.01)	-0.015 (-0.69)	0.032* (1.93)	-0.005 (-0.74)
高管持股	-0.015*** (-7.03)	-0.009** (-2.01)	-0.010* (-1.88)	-0.010* (-1.88)	-0.028 (-1.19)	-0.054*** (-2.98)	0.009* (1.66)
总利润	-0.030* (-1.81)	-0.004 (-0.09)	-0.043 (-1.11)	-0.027 (-1.07)	-0.098 (-0.44)	-0.332* (-1.89)	0.009 (0.12)
财务风险	0.007*** (3.95)	0.253 (1.44)	0.014 (0.08)	-0.005 (-0.03)	1.080** (2.00)	0.557 (1.32)	0.246* (1.67)
企业年龄	0.048*** (17.57)	-0.001 (-0.20)	0.008 (0.89)	-0.011 (-1.38)	0.058 (1.61)	-0.036 (-1.29)	-0.007 (-0.89)
总资产	0.139*** (9.29)	0.037 (1.05)	-0.089** (-2.54)	-0.182*** (-5.20)	1.014*** (6.81)	1.066*** (9.29)	0.078** (2.34)
独董比例	0.044 (1.42)	0.017 (0.22)	0.140* (1.76)	0.003 (0.03)	-0.705** (-2.28)	-0.345 (-1.43)	-0.097 (-1.17)
行业	控制	控制	控制	控制	控制	控制	控制
年份	控制	控制	控制	控制	控制	控制	控制
常数	-4.046** (-12.40)	-2.114* (-2.16)	1.212 (1.33)	3.967** (4.28)	-19.715** (-3.80)	-20.026** (-5.03)	-1.423 (-1.28)
观测值	16714	3533	3524	3533	3373	3373	3373
Wald Chi2	578.59***				98.35***	121.97***	15.99***

注:"*"表示 p < 0.1,"**"表示 p < 0.05,"***"表示 p < 0.01,括号内为 Z 值。

其次，针对 CEO 年龄在两职合一与企业环境战略选择的影响，认为其影响机理为，虽然两职合一让总经理有更多的机会谋取私利，但随着总经理年龄的增加，总经理会更加注重规避环境污染带来的风险问题。表 6-24 中模型 1 分析了高管年龄对两职合一与积极型环境战略间关系的影响，结果表明 CEO 年龄在两职合一与积极型环境战略间发挥正向调节作用（C = 0.003，p < 0.1），假设 H5a 成立。模型 2、模型 3、模型 4 分析了 CEO 年龄对两职合一与以内容划分的环境战略间关系的影响，结果表明 CEO 年龄两职合一与计划型环境战略间发挥正向调节作用（C = 0.031，p < 0.05），假设 H5b 成立。模型 5、模型 6、模型 7 分析了 CEO 年龄对两职合一与以资源分配视角划分的战略间关系的影响，结果表明 CEO 年龄在两职合一与末端投入型环境战略间发挥正向调节作用（C = 0.015，p < 0.1），假设 H5c 成立。

表 6-24　CEO 年龄在两职合一与环境战略间的调节作用

变量名	模型 1 态度划分	模型 2 计划型	模型 3 实施型	模型 4 随机型	模型 5 末端投入	模型 6 源头投入	模型 7 过程投入
两职合一 × CEO 年龄	0.003 * (1.69)	0.031 ** (2.33)	-0.013 (-1.20)	0.001 (0.06)	0.015 * (1.77)	-0.009 (-0.82)	0.009 (0.49)
两职合一	0.078 (1.32)	1.576 ** (2.32)	0.854 (1.52)	-0.028 (-0.05)	0.497 * (1.90)	0.241 (0.42)	-0.563 (-0.57)
CEO 年龄	0.005 * (1.83)	-0.007 (-1.08)	0.001 (0.21)	-0.005 (-0.75)	0.011 * (1.87)	0.008 (1.23)	-0.009 (-0.79)
财务风险	0.007 *** (4.21)	0.339 ** (2.00)	-0.014 (-0.08)	-0.094 (-0.54)	0.486 *** (3.51)	0.16 (1.09)	0.276 (1.64)
企业年龄	0.031 *** (11.29)	-0.007 (-0.99)	0.004 (0.49)	0.001 (0.14)	0.002 (0.28)	0.001 (0.02)	-0.009 (-0.87)
总资产	0.108 *** (7.62)	0.01 (0.31)	-0.086 ** (-2.60)	-0.149 ** (-4.61)	0.136 *** (3.96)	0.265 *** (6.44)	0.05 (1.00)
独董比例	0.009 *** (3.55)	0.009 * (1.71)	-0.002 (-0.34)	0.001 (-0.08)	0.003 (0.63)	0.002 (0.32)	-0.012 (-1.08)
行业	控制	控制	控制	控制	控制	控制	控制
年份	控制	控制	控制	控制	控制	控制	控制

续表

变量名	模型1 态度划分	模型2 计划型	模型3 实施型	模型4 随机型	模型5 末端投入	模型6 源头投入	模型7 过程投入
常数	-3.485*** (-10.54)	-1.146 (-1.62)	1.459* (1.94)	2.661*** (3.61)	-4.480*** (-5.94)	-6.978*** (-7.81)	-3.272** (-2.41)
观测值	15209	3204	3196	3204	6191	6160	5649
Wald Chi2	337.55***				190.37***	209.05***	26.10***

注:"*"表示 $p<0.1$,"**"表示 $p<0.05$,"***"表示 $p<0.01$,括号内为 Z 值。

最后,外部监管对企业环境战略选择的影响机理主要为行政效率越高,对企业的激励和奖惩速度更快,企业越有动力和压力去做出不同选择。但是对于当地政府而言,环境发展和经济发展中常常面临着冲突。当地政府与中央政府的距离往往对企业在环境发展和经济发展中发挥着作用。因此选取中央政府与企业所属管辖的层级之间的距离(制度距离)作为调节变量,分析它在政府行政效率与企业环境战略选择中发挥的作用。表6-25中模型1分析了制度距离在政府行政效率与基于态度划分的环境战略中所发挥的作用,结果表明,制度距离在政府行政效率与企业环境战略中发挥负向调节作用,即制度距离越远,企业越倾向于选择消极型环境战略($C=-0.006$,$p<0.01$),假设 H6a 成立。模型2、模型3、模型4分析了制度距离在政府行政效率与企业环境战略中所发挥的作用。模型2分析了制度距离在政府行政效率与计划型环境战略中的作用,模型3分析了制度距离在政府行政效率与实施型环境战略中的作用,模型4分析了制度距离在政府行政效率与随机型环境战略中的作用,结果表明,企业制度距离在政府行政效率与实施型环境战略中发挥负向调节作用($C=-0.003$,$p<0.1$),假设 H6b 成立。模型5、模型6、模型7分析了制度距离在政府行政效率与企业资源投入环境战略中所发挥的作用,模型5分析了制度距离在政府行政效率与企业末端投入环境战略中的作用,模型6分析了制度距离在政府行政效率与企业源头投入环境战略中的作用,模型7分析了制度距离在政府行政效率与企业过程管理投入环境战略中的作用。从结果中可看出,企业制度距离在政府行政效率与企业末端投入环境战略中发挥负向调节作用,即当制度距离越远,政府行政效率对企业末端投入环境战略的影响越小($C=-0.024$,$p<0.1$),假设 H6c 成立。

表 6-25　　制度距离在政府行政效率与企业环境战略间的调节作用

变量名	模型1 态度划分	模型2 计划型	模型3 实施型	模型4 随机型	模型5 末端投入	模型6 源头投入	模型7 过程投入
政府效率× 制度距离	-0.006*** (-2.87)	-0.002 (-0.63)	-0.003* (-1.79)	0.003 (0.93)	-0.024* (-1.66)	0.002 (0.17)	0.004 (1.12)
政府效率	0.015** (2.23)	0.008 (0.73)	0.012 (0.98)	-0.007 (-0.67)	0.076* (1.73)	-0.029 (-0.66)	-0.012 (-0.98)
制度距离	-0.058*** (-3.36)	0.029 (0.88)	-0.018 (-0.50)	-0.052 (-1.51)	-0.759*** (-4.92)	-0.380*** (-3.19)	-0.022 (-0.68)
总利润	-0.100*** (-4.45)	-0.02 (-0.56)	-0.026 (-0.86)	-0.007 (-0.29)	-0.223* (-1.74)	0.129 (1.30)	-0.025 (-0.68)
财务风险	0.013*** (2.65)	0.468** (2.54)	-0.219 (-0.98)	0.041 (0.21)	0.866* (1.75)	0.322 (0.83)	0.149 (1.10)
企业年龄	0.008** (2.02)	0.003 (0.42)	0.001 (0.10)	-0.013* (-1.73)	0.048 (1.25)	-0.023 (-0.78)	-0.005 (-0.74)
总资产	0.115*** (5.87)	-0.046 (-1.09)	-0.003 (-0.07)	-0.126** (-2.34)	0.835*** (5.55)	0.991*** (8.53)	0.068** (2.06)
独董比例	-0.036 (-0.85)	0.043 (0.44)	0.113 (1.18)	-0.042 (-0.47)	-0.585* (-1.88)	-0.27 (-1.12)	-0.06 (-0.73)
人均GDP	-0.114** (-2.21)	-0.171* (-1.85)	0.141 (1.57)	-0.153** (-1.97)	-0.421 (-1.41)	-0.348 (-1.51)	-0.046 (-0.69)
大学生 比例	0.051* (1.72)	-0.013 (-0.26)	-0.024 (-0.40)	0.118** (2.24)	-0.163 (-1.05)	-0.041 (-0.34)	0.033 (0.82)
第二产业	0.077 (0.58)	0.087 (0.44)	-0.343* (-1.72)	0.276 (1.33)	2.861*** (3.64)	1.328** (2.19)	0.089 (0.54)
行业	控制	控制	控制	控制	控制	控制	控制
年份	控制	控制	控制	控制	控制	控制	控制
常数	-3.124*** (-6.87)	-0.017 (-0.02)	-0.861 (-1.00)	2.756*** (3.39)	-17.485*** (-3.11)	-19.036*** (-4.39)	-1.185 (-1.00)
观测值	11436	2423	2423	2423	3408	3408	3408
Wald Chi2	138.60***	9.00***	4.34***	23.43***	124.99***	135.29***	11.56***

注："*"表示 $p<0.1$，"**"表示 $p<0.05$，"***"表示 $p<0.01$，括号内为 Z 值。

6.4 补充性分析

本研究的补充性分析主要包含四方面的内容：第一，内生性检验。判断公司治理、公共治理与企业环境战略选择之间是否存在反向因果关系；第二，政府环境规制对企业环境战略选择的影响。在前文的分析中，公共治理包括政府制定政策法规与政府执行效率两个方面，主效应部分主要分析了政府行政效率对企业环境战略选择的影响，因此补充性分析部分主要分析政府环境规制对企业环境战略选择的影响，补充公共治理与企业环境战略的研究。第三，环境战略的结果变量研究。在前文分析中，主要分析了环境战略的前因变量。在补充性分析部分，对环境战略的结果变量进行分析，完善环境战略的研究内容。第四，其他解释变量对企业环境战略选择的影响。选用其他替代解释变量的指标检验公司治理、公共治理与企业环境战略选择之间的关系。

6.4.1 内生性检验

在本研究中，主要分析了高管持股比例、董事长和总经理两职合一以及政府效率对企业环境战略选择的影响。政府效率主要采取地方设立行政审批中心的时长作为代理变量，由于地区行政审批中心的设置是一个外生变量，不存在内生性问题。因此，本小节主要探讨高管持股比例以及董事长总经理两职合一与企业环境战略选择之间的反向因果关系。表 6-26 主要以企业对待环境战略选择的态度作为解释变量，高管持股比例以及董事长总经理两职合一作为被解释变量，检验两者之间的关系。从模型 1 中可看出，企业对环境战略的态度与高管持股比例之间的关系不显著（$C=0.418$，$p>0.1$），与董事长总经理两职合一的关系不显著（$C=0.001$，$p>0.1$），说明不存在反向因果关系，即不存在内生性问题。

表 6-26　　　　　　　　　　内生性检验

变量名	模型 1 高管持股	模型 2 两职合一
固定效应		
企业层级		
盈利能力	0.290 *** (3.11)	0.014 ** (2.49)
财务风险	-0.027 * (-1.67)	-0.001 (-0.51)
企业年龄	-0.113 *** (-9.47)	-0.004 *** (-4.97)
总资产	0.515 *** (8.24)	-0.038 *** (-9.70)
独董比例	2.011 * (1.72)	0.688 *** (9.41)
CEO 年龄	0.082 *** (8.67)	0.016 *** (26.96)
制度距离	1.529 *** (33.14)	0.056 *** (19.39)
城市层级		
第二产业 GDP	0.231 (0.18)	-0.051 (-0.76)
人均 GDP	1.499 *** (2.73)	0.085 *** (3.07)
大学生比例	-0.416 (-1.29)	-0.021 (-1.25)
常数	-23.993 *** (-4.24)	-0.694 ** (-2.35)
积极型	0.418 (1.29)	0.001 (0.18)
企业层级		
随机截距	39.23 ***	0.02 ***
城市层级		
随机截距	8.19 ***	0.15 ***

续表

变量名	模型1 高管持股	模型2 两职合一
模型拟合度		
Deviance	-36621.27	-5901.99
AIC	73270.55	11831.99
BIC	73373.07	11934.87
N	11194	11478

注:"*"表示p<0.1,"**"表示p<0.05,"***"表示p<0.01,括号内为Z值。

6.4.2 环境规制对环境战略的影响

在本研究中,主要借鉴徐鹏杰(2018)的做法,选取地方性环境规章数量作为地方环境规制强度的代理变量,探讨地方环境规制强度对企业环境战略选择的影响,结果如表6-27所示。模型1表示环境规制强度对以态度划分的环境战略的影响,结果表明,环境规制强度越强,企业越倾向于选择积极型的环境战略。模型2、模型3、模型4表示环境规制强度对以内容划分的环境战略的影响,结果表明,环境规制强度越强,企业越倾向于选择实施型的环境战略。模型5、模型6表示环境规制强度对以资源划分的环境战略的影响,结果表明环境规制强度越强,企业越倾向于选择末端投入型的环境战略。

表6-27　　环境规制强度对企业环境战略选择的影响

变量名	模型1 积极型	模型2 计划型	模型3 实施型	模型4 随机型	模型5 末端型	模型6 源头型
固定效应						
企业层级						
盈利能力	-0.034*** (-5.05)	0.011 (1.10)	-0.012 (-1.28)	0.001 (-0.02)	-0.481*** (-3.43)	0.038 (0.35)
财务风险	0.003 (1.47)	0.221*** (3.58)	-0.135** (-2.45)	-0.051 (-0.73)	1.886*** (3.91)	0.925** (2.50)
企业年龄	0.009*** (10.13)	0.001 (0.22)	0.001 (0.64)	-0.004 (-1.43)	-0.013 (-0.55)	-0.027 (-1.49)

续表

变量名	模型1 积极型	模型2 计划型	模型3 实施型	模型4 随机型	模型5 末端型	模型6 源头型
总资产	0.044*** (9.73)	-0.035*** (-2.83)	0.006 (0.59)	-0.007 (-0.48)	1.317*** (11.72)	1.177*** (13.64)
独董比例	-0.026 (-0.31)	0.008 (0.04)	0.205 (1.16)	0.231 (1.06)	1.895 (0.87)	0.169 (0.10)
CEO年龄	0.001 (0.74)	0.003* (1.73)	0.001 (0.18)	-0.007*** (-3.67)	0.012 (0.70)	0.013 (0.96)
制度距离	0.004 (1.13)	0.004 (0.59)	0.004 (0.62)	-0.015* (-1.70)	-0.497*** (-5.89)	-0.346*** (-5.34)
第二产业	0.003 (0.04)	-0.142 (-1.23)	0.007 (0.08)	-0.015 (-0.10)	2.131 (1.18)	0.508 (0.36)
人均GDP	-0.041 (-1.56)	-0.012 (-0.26)	0.060* (1.69)	-0.089 (-1.45)	0.382 (0.49)	0.184 (0.30)
大学生比例	0.028* (1.88)	-0.029 (-1.12)	-0.012 (-0.60)	0.060* (1.68)	-0.591 (-1.32)	-0.26 (-0.74)
常数	-0.721*** (-2.64)	1.736*** (3.30)	-0.538 (-1.24)	1.437** (2.08)	-31.231*** (-3.95)	-24.522*** (-3.96)
行政型规制	0.016** (2.13)	-0.017 (-1.10)	-0.012 (-0.91)	0.019* (1.92)	0.192** (1.97)	-0.118 (-0.77)
随机效应						
企业层级						
截距方差	0.012***	0.011***	0.044***	0.033***	13.81***	8.57***
城市层级						
截距方差	0.156***	0.168***	0.142***	0.199***	37.52***	22.04***
Deviance	-4119.91	-913.81	-758.27	-1081.81	-11825.19	-10869.5
AIC	8267.84	1855.62	1544.54	2191.61	23678.38	21766.98
BIC	8365.95	1931.47	1620.39	2267.46	23765.05	21853.65
N	8167	1666	1666	1666	3608	3608

注:"*"表示 p<0.1,"**"表示 p<0.05,"***"表示 p<0.01。

6.4.3 环境战略对企业绩效的影响

较多学者对环境战略与企业绩效之间的关系进行了分析,但并没有取得一致性的结论。本书在借鉴李牧南等(2019)的研究,将托宾 Q 值作为衡量企业绩效的指标,对企业选择不同环境战略对企业财务绩效的影响进行了分析。由于环境战略实施对于企业财务绩效而言,具有一定滞后性,分别检验了环境战略实施当年、滞后 1 年、滞后 2 年对企业财务绩效的影响。表 6-28 考察了以态度划分的环境战略对企业财务绩效的影响,结果表明,企业选择积极型的环境战略在当年对企业的经济绩效发挥负向作用,但是在未来的 2~3 年对企业的经济绩效发挥正向作用。

表 6-28 积极型环境战略对企业财务绩效的影响

变量名	模型 1 托宾 Q 值	模型 2 托宾 Q 值(滞后 1 年)	模型 3 托宾 Q 值(滞后 2 年)
固定效应			
企业层级			
盈利能力	0.205 *** (26.67)	1.046 *** (65.30)	0.882 *** (48.31)
企业年龄	0.060 *** (10.79)	0.044 *** (7.78)	0.025 *** (3.74)
总资产	-1.009 *** (-36.75)	-0.910 *** (-33.19)	-0.756 *** (-24.02)
独董比例	2.564 *** (4.71)	1.366 ** (2.56)	0.819 (1.33)
CEO 年龄	0.006 (1.30)	0.014 *** (3.20)	0.011 ** (2.16)
制度距离	0.095 *** (4.58)	0.119 *** (5.82)	0.112 *** (4.81)
第二产业 GDP	0.066 (0.21)	-0.075 (-0.24)	-0.112 (-0.32)
人均 GDP	-0.082 (-0.65)	-0.057 (-0.47)	-0.156 (-1.16)
大学生比例	0.065 (0.88)	0.01 (0.14)	0.029 (0.37)

续表

变量名	模型 1	模型 2	模型 3
	托宾 Q 值	托宾 Q 值（滞后 1 年）	托宾 Q 值（滞后 2 年）
常数	22.579*** (15.24)	20.743*** (14.29)	19.086*** (11.78)
积极型	-0.223*** (-3.72)	0.313*** (5.08)	0.628*** (8.93)
城市层级			
截距方差	2.38***	2.25***	2.53***
企业层级			
截距方差	9.06***	7.64***	8.88***
模型拟合度			
Deviance	-28817.85	-23971.99	-21354.59
AIC	57661.69	47969.98	42735.17
BIC	57757.13	48063.47	42826.76
N	11403	9812	8479

注："*"表示 $p<0.1$，"**"表示 $p<0.05$，"***"表示 $p<0.01$。

6.4.4 其他解释变量对企业环境战略的影响

在主效应中，解释变量主要选取了公司治理层面的高管持股比例与两职合一，公共治理层面选取了地区设立行政审批中心的时长作为检验政府行政效率的指标。其中，高管持股比例主要是从公司内部对高管的激励层面选取的指标，两职合一主要是从公司内部的监管方面选取的指标，政府行政效率主要是从公司外部监管方面选取的指标。因此，在稳健性部分，分别选取了前三名高管的薪酬、前三大股东持股比例作为衡量公司治理层面的激励因素和监管因素的替代变量（谭松涛等，2019；吴育辉和吴世农，2010；闫瑶和高健民，2006），选取了当地政府投资占国内生产总值的比例作为衡量政府行政效率的指标（Wang et al., 2016；Wang et al., 2009）。此外，参考周茜等（2020）的研究，运用主成分分析法，从激励、监督等多方面构造一个综合性指标来测量上市公司的治理水平。其中，激励层面包括高管薪酬和高管持股比例，监督层面包含独立董事比例、董事会规模、机构持股比例、股权制衡度（第二到第五大股东持股比例之和/控股股东持股比例）、董事长与总经理是否两职合一。基于以上

7个指标，运用主成分分析法构建上市公司治理指数，用主成分分析法中的第一主成分反映上市公司治理水平的综合指标，得分越高，表示上市公司治理水平越好。表6-29中模型1、模型2、模型3、模型4分别检验了前三大股东持股、前三名高管薪酬、政府投资占比以及上市公司治理水平对企业参与环境保护态度的影响。

表6-29　　　　　　　其他解释变量与环境战略的关系

变量名	模型1	模型2	模型3	模型4
前三大股东持股	0.033** (2.15)			
前三高管薪酬		0.056*** (8.28)		
政府投资占比			0.101*** (3.80)	
公司治理水平				0.110*** (6.85)
总利润	-0.009* (-1.93)	-0.011** (-2.35)	-0.017*** (-3.10)	-0.055*** (-2.83)
财务风险	0.003*** (2.78)	0.003*** (2.89)	0.003*** (3.20)	-0.059 (-0.90)
企业年龄	0.030*** (32.97)	0.027*** (29.62)	0.001 (0.60)	0.037*** (16.44)
总资产	0.055*** (12.14)	0.040*** (8.32)	0.032*** (6.57)	0.157*** (11.32)
独董比例	0.037*** (3.81)	0.030*** (3.08)	-0.024** (-2.17)	-1.227*** (-4.76)
行业	控制	控制	控制	控制
年份	控制	控制	控制	控制
常数	-1.273*** (-11.31)	-1.566*** (-14.63)	-0.455*** (-4.43)	-3.748*** (-13.14)
观测值	17505	17452	11799	12044
Wald Chi2	1882.31***	1936.31***	91.84***	486.31***

注："*"表示p<0.1，"**"表示p<0.05，"***"表示p<0.01。

从表6-29中可看出，前三名股东持股比例代表了公司的股权集中度，前三名高管薪酬总额代表了公司薪酬激励程度，政府投资占比代表了地区政府对地区发展的重视程度。选择这三个解释变量进行稳健性检验分析，从模型1中可看出，股权集中度越高，企业越倾向于选择积极型的环境战略；从模型2中可看出，高管激励程度越高，企业越倾向于选择积极型的环境战略；从模型3中可看出，政府投资占比越高，企业越倾向于选择积极型的环境战略。从模型4中可看出，上市公司治理水平越高，企业越倾向于选择积极型的环境战略。该结果与主效应的回归结果一致，说明本研究结果具有稳健性。

6.5 本章小结

本章首先对本研究的数据进行描述性分析，以此判断各个指标是否选取得当等问题；其次对回归结果进行汇报，包括公司治理对企业环境战略选择的影响以及公共治理对企业环境战略选择的影响；为了进一步验证影响机制是否成立，针对每条影响机制选取了合适的调节变量进行回归分析；最后进行了稳健性检验和补充性分析。为了更清晰地了解研究结果，表6-30对本文的研究结果进行了汇总。

表6-30　　　　　　　　　研究结果汇总

变量名	积极型	计划型	实施型	源头投入	末端投入	结论
高管持股	0.005 ***	-0.005 ***	0.003 *	0.012 *	-0.050 ***	H1a, H1b, H1c 成立
两职合一	0.002 **	0.003 *	0.001	-0.004	0.057 ***	H2b, H2c 成立, H2a 不成立
政府效率	0.005 ***	-0.002	0.003	-0.076 **	0.095 **	H3a, H3b, H3c 成立
盈利能力 × 高管持股	0.235 *	-0.003 ***	0.135 *	0.026 *	-0.017	H4a, H4b, H4c 成立
两职合一 × CEO 年龄	0.003 *	0.004	0.001	0.044	0.031 *	H5a, H5b, H5c 成立
政府效率 × 制度距离	-0.256 ***	-0.001	-0.001	-0.019 *	0.033 ***	H6a, H6b, H6c 成立
政府效率 × 高管持股	0.001 ***	0.001	0.013 *	0.086 **	-0.008 ***	H7a, H7b, H7c 成立
政府效率 × 两职合一	0.002 *	0.001	0.023 **	0.004	0.007 *	H8a, H8b, H8c 成立

注："*"表示 $p<0.1$，"**"表示 $p<0.05$，"***"表示 $p<0.01$。

从表 6-30 第 2 列可看出，公司治理层面的高管激励措施、两职合一监管措施以及公共治理层面的政府行政效率措施，对企业基于态度层面的环境战略的选择都有显著的促进作用，即这些措施都让企业倾向于选择积极型的环境战略。除假设 H2a 未成立外，其他假设均成立。假设 H2a 未成立的原因可能在于虽然董事长和总经理两职合一的情形下，基于自利行为，总经理较少考虑企业的环境行为。但随着外部经营环境的变化，出于利益相关者对环境的重视，企业不得不重视自身的环境发展问题，因此，在两职合一的情形下，迫于外界压力，企业还是会选择积极型环境战略。此外，在第 2 列中，还运用调节效应对本研究的三条影响机制都进行了进一步验证，其结果也得到了证实。即：盈利能力越强，高管持股比例越高，企业越倾向于选择积极型的环境战略；高管年龄越大，在两职合一的情况下，企业越倾向于选择积极型的环境战略；制度距离越远的城市，政府行政效率越高，企业越倾向于选择消极型的环境战略。可以看出，在环境战略态度层面，公司治理和公共治理层面的措施都会促进企业选择积极型的环境战略。

表格的第 3—4 列主要分析的是基于企业对环境战略内容划分的环境战略，包括计划型、实施型三种情况。从第 3—4 列的结果可以看出，公司治理、公共治理层面的不同措施对企业选择具体的环境保护行为的影响不同。从高管持股比例这条影响因素中可以分析出，高管持股比例越高的企业，越倾向于选择实施型的环境战略，不倾向于计划型的环境战略。从两职合一这条影响因素可以分析出，董事长和总经理两职合一的企业，越倾向于计划型的环境战略，较少将计划和实施同时进行。从政府行政效率这条影响因素中可以分析出，外部政府行政效率越高的企业，企业越倾向于实施型环境战略。因此，从具体的环境实施做法层面分析，激励措施和监管措施对企业的影响不同，且内部监管和外部监管对企业的影响同样也不同。企业内部激励层面的措施促进企业选取实施型的环境战略，内部监管促使企业选择计划型的环境战略，外部监管促使企业选择实施型的环境战略。造成这一差异的主要原因应该归结为：注重环保实施能够给企业带来真正的环保改善以及绩效提高，这对于高管而言，不仅能够为企业生存发展提高合法性，还能为自身获取更多的利益。对于公司的总经理而言，当缺乏董事会监督时，更看重短期的利益，因此，企业可能采取富于形式化的计划型环境保护战略。

第 5—6 列主要分析的是公司治理、公共治理对企业不同的环境战略资源投入的影响。在分析了企业对待环境战略的态度、具体做法后，接下来主要分析资源投入。从第 6 列可以看出，公司治理层面的内部激励有助于企业实施源头投入战略，而内外部监管促使企业更多进行末端资源投入。

通过对前面的分析，主要得出以下结论：

第一，在企业对待环境问题的态度方面，公司治理层面的激励因素、监管因素以及公共治理层面的监管因素，都会促进企业选择积极的环境战略。

第二，在企业对待环境战略的活动内容中，公司治理层面的激励因素和公共治理层面的监管因素会促进企业选择实施型的环境战略，主要原因是实施型环境战略能够切实改变企业的环保现状，从而能够满足企业生存的合法性需求，也能给高管带来可观的利益。公司治理层面的监管因素会促使企业选择计划型的环境战略，主要原因是企业代理人更看重自身的短期利益，因此，在短期内，更加关注企业的经济绩效，会选择计划型的环境战略。

第三，在确定了企业对待环境战略的态度、活动内容后，具体的资源投入对环境战略的实施至关重要。从分析中可看出，公司治理激励层面的因素会促进企业选择源头投入资源的环境战略，而内部外监管因素都会促进企业选择末端投入资源的环境战略。主要原因归结于从源头投入资源可以推动企业不断改善自身的流程，不断创新，从而提高企业的绩效，高管也能够从中获取更多的利益；而对于内外部监管来说，最主要的目的是满足监管人的需求，只要处理好最低程度的末端治理，企业就能够获得支持从而继续生存。

7 研究结论与讨论

7.1 研究结论

近年来,环境问题已经严重威胁到人类的生存和发展,成为全球各国共同关注的重要课题。进一步推动构建人类命运共同体,在发展本国经济的同时深度参与全球环境问题,已经成为各国义不容辞的责任。企业作为环境污染和治理的主体,在这个过程中发挥着举足轻重的作用,其环境战略的选择对于环保事业的成功开展发挥着重要作用。关于企业环保的研究近年来也获得了学术界的广泛关注,主要涉及政府环境规制和企业环保绩效等,集中在外部政府治理层面或者内部公司治理层面。企业作为社会运行中的一部分,其环境方面的表现受到内部和外部的共同作用,但现有研究忽略了将公司治理层面和公共治理层面结合起来,考虑对企业环境战略的影响。

因此,本书在前人研究的基础上,根据战略的定义,首先,从企业对环境战略的态度视角、企业对环境战略的活动内容视角、企业对环境战略的资源分配视角三个方面,利用中国上市公司环境社会责任报告、企业年报,构建了一个系统的环境战略测量框架;其次,分别从公司治理、公共治理层面对不同视角的环境战略的影响进行了分析;再次,针对不同的影响机制,选择了合理的调节变量进行分析,验证主效应的影响机理是否成立;最后,运用不同的回归方法以及不同的变量进行了稳健性检验,判断计量结果是否稳健。接下来对本书的研究结论、理论贡献、管理实践、研究局限等进行系统分析。

本书的主要研究问题有:第一,公司治理层面的因素会如何影响企业环境战略选择?第二,公共治理层面的因素会如何影响企业环境战略选择?第三,公司治理和公共治理层面的因素如何共同影响企业环境战略选择?在研究过程中,公司治理层面选取了高管激励和董事长总经理两职合一分别作为公司内部治理激励因素和监管因素的代理变量，外部治理层面选取了政府行政效率作为公共治理的代理变量。在研究过程中，由于公司治理和公共治理属于两个层面的因素，为了确保研究方法更加科学可靠，选用了多层线性模型（Hierarchical Linear Model，HLM），对企业层面和城市层面的不同差异进行考量。这种回归方法与实际情况更加吻合，能够合理、正确揭示企业层面和城市层面因素对企业环境战略的影响。通过实证研究主要得出以下结论：

第一，监管措施和激励措施都能够促进企业选择积极型的环境战略。积极的环境战略是企业可持续发展的源泉，能够促进企业不断改进自身生产工艺，生产出符合利益相关者需求的产品，从而提升市场占有率，获取竞争优势等。但是，环境保护是一项需要投入大量资金、人力、物力的投资，具有高风险性、高回报性。因此，对于企业经营者而言，在没有激励和压力的情况下，经营者只需要完成好自身的本职工作即可。当面对外部压力时，为了满足自身经营的合法性，以及获得企业的长远发展，企业必须考虑到外部利益相关者的诉求，根据外部监管的要求选择积极的环境战略。另外，当面对内部激励，经营者的利益和企业的利益保持一致时，企业发展战略决策会更加倾向于考虑企业的长远利益。当面对监管因素和激励因素时，企业会更加倾向于选择积极的环境战略。

第二，内部管理和外部监管相结合能够促进企业选择积极型的环境战略。外部监管主要来源于政府监管，企业面对政府监管通常都会做出一系列措施来达到政府要求。政府除了制定政策法规外，自身的行政效率对于企业注重环境保护也具有积极重要的作用。地方政府的行政效率高低，决定了地方经济的发展程度，也决定了地方事项的行政审批速度、信息的传递速度等。因此，地区行政效率越高，办事效率越高，政府制定的各项关于环境保护的政策可以更加快速地落实，对于违反环境规范的企业也面临更加全面的监管等。当地区政府的政策落实速度较快时，企业基于自身的利益考虑，会更加坚决地履行各项环保政策。内部管理中包括激励管理及监管管理，当外部监管严格，企业内部的管理者利益与企业长期发展利益相一致时，管理者更容易考虑企业的长远发展，采取积极主动的环境战略。当外部监管严格，内部监管也较为严格时，政府的各项政策法规在企业能够得到更加具体的落实，因此，企业的管理者基于内外部的压力也会采取积极主动的环境战略。

第三，激励和监管因素对企业选择何种环境保护行为影响不同，激励因素促使上市公司管理者更加注重环境保护的实施，监管因素促使上市公司管理者更加注重环境保护的计划。对于上市公司管理者而言，内部监管和激励所带来的效果不一致。激励属于一种内在动力，能够促使经营者更加主动积极地采取措施，考虑企业的长远发展，选择更好的环境战略，以期企业获得更好的绩效；而内部监管则属于一种外在压力，当面对这种压力时，管理者对环境发展方面的目标不是做到最大限度地获取利益，而是最小限度地达到要求，从而不受到惩罚等。企业在环境保护过程中，采取的措施主要有：计划型、实施型和随机型。当企业的经营者面临激励手段时，更倾向于保证企业的政策落地，获得实际的效果，从而获取更长远的利益，因此选择实施型的环境战略。当企业的经营者面临监管手段时，为了满足达到环境保护的基本要求，企业更倾向于制定各项政策措施，以最少的投入获得最大的回报。

第四，激励和监管因素对企业在环保过程中的资源分配投入影响不同，激励因素促使上市公司管理者更加注重企业在环境方面的长远发展，监管因素促使上市公司管理者更加注重企业在环境方面的短期表现。对于企业而言，其自身拥有的资源是有限的，包括资金资源、人力资源以及物力资源等。因此，企业在经营过程中，会根据企业的发展需要对资源进行配置，以期以最少的投入获取最大的回报。在环境保护过程中，由于环保投资投入大，见效慢，资源配置显得尤为重要。企业的环境保护主要分为三个阶段，源头投入、过程管理投入和末端治理投入。采用被动、末端治理的企业并不把环境管理作为企业发展的优先事项，这类企业对环境进行投资只是为了遵守现行的政策法规，这仅仅是在体制限制下的一种做法，而不是改进企业环境管理的机会。当企业面临快速发展，外部环境管制较为严格时，企业采取末端治理投入可能会错失较多发展机会。源头控制作为污染治理历程中的新手段，能够从源头上提高企业的环保标准以及执行力度，使企业不断创新技术，提高投入产出比率，实现企业环境保护和经济发展的"双赢"局面。但源头治理需要企业进行彻底变革，这要求企业具有长远的规划、充足的资金支持以及人才支持等，并且还需要承担较大的风险。因此，对于经营者而言，当企业的利益与自身利益相一致时，更加倾向于做出有利于企业长远发展的战略决策，从源头进行资源投入；而当企业面临较为严格的监管时，企业更加倾向于从末端治理出发，满足基本的环境规制要求，降低企业有限资源的机会成本。

7.2 理论贡献与政策建议

本研究具有以下三点理论贡献：

第一，基于战略的内涵及以往学者关于环境战略的测量，构建了系统的环境战略测量理论框架。通过对以往文献的梳理，发现目前学术界关于环境战略的测量主要借鉴于 Sharma 和 Vredenburg（1998）、Buysse 和 Verbeke（2003）及 Pinzone 等（2015）的研究，通过对国外某个行业进行问卷设计调查，从而定义企业的环境战略类型。本书在前人研究基础上，结合中国上市公司环境社会责任报告、年报等，通过内容分析法，提取社会责任报告里面的内容。根据战略的定义，构建了基于企业对待环境战略态度视角、企业对待环境战略的活动内容视角及企业对待环境战略的资源分配视角三个方面对企业的环境战略进行测量研究框架。在这个过程中，对所选取的指标进行相互检查，以此确定指标的客观性。如在测量企业对待环境战略态度时，除了从企业社会责任报告里面提取企业对待环境社会责任的态度外，还要考虑企业是否有财务违规现象。如果企业存在财务违规现象，那么企业环境社会责任报告的真实性则值得商榷。

第二，从公司治理的激励层面和监管层面综合考察了对企业环境战略的影响。以往的文献主要从激励层面考察了高管薪酬激励对企业环境绩效的影响（林润辉等，2010；徐彦坤等，2020），较少有研究将激励因素和监管因素同时进行考量。本书从激励和监管两个维度出发，结论说明激励和监管都能够促进企业对环境保护的态度，但在具体的活动内容及资源投入方面存在区别。本研究丰富了公司治理与企业环境方面的研究内容，拓展了企业环境战略的影响因素研究。

第三，本研究补充了公共治理层面政府行政效率与企业环境行为的研究。通过对以往关于公共治理和环境战略研究内容进行分析，学者们主要是从环境规制视角出发，研究环境规制是否提升了企业环境绩效，是否对企业环境战略选择有影响（卞雅莉，2013；蒋伏心等，2013；杨德锋等，2012a），较少有研究从政府行政效率视角出发，讨论政府行政效率对企业环境战略的影响。因此，本书从政府行政效率出发，研究行政效率对企业环境战略选择的影响，进一步丰富了公共治理中政府与企业环境方面的研究内容。

通过研究公司治理、公共治理对企业环境战略的影响，本书主要提出以下政策建议：

第一，企业应该深刻认识到源头投入型环境战略对企业发展的影响，反思经营过程中对企业生态环境的影响行为，从而身体力行地推进建设资源节约型、生态友好型环境的相关工作，实现企业生态环境的可持续发展。随着经济的快速发展，以及公众对生态环境重视程度的提高，源头投入型环境战略将成为众多企业不得不选择的环境战略。但现实中很多企业受制于自身资源、规模，对选择何种环境战略犹豫不决。随着时代的发展，末端投入型环境战略已经难以让企业实现可持续发展，也难以满足大众对企业的诉求。因此，选择积极型的环境战略，从源头对环境进行控制，才是实现环境健康发展的重要保证。

第二，对于企业所有者而言，应该根据企业自身发展定位选择合适的手段对企业经营者进行管理。激励和监管是企业所有者对企业经营者进行约束的两个重要手段，在现实管理中，企业主要是采取惩罚机制来监管企业的经营者，当企业的经营出现问题时，则开展股东大会声讨经营者的过错。但从本研究可以发现，虽然通过监管手段也能够让经营者重视企业的环境问题，但是在具体的实施上存在区别。在监管压力下，经营者通常仅仅为了应对监管压力采取最低限度的环境保护措施，如从末端投入资源进行末端处理，保证企业的废水、废气、废渣等满足排放标准，因此不受到行政监管的惩罚等。而在激励机制下，经营者的利益与企业的利益保持一致，因此，经营者通常考虑企业的长远发展，面对环境问题从根本上解决，从源头投入资源，改善企业的生产设备、生产工艺等，使企业生产出符合公众要求的产品，从而提高企业自身的核心竞争力。可以看出，监管和激励对于企业经营者的作用存在区别，因此，企业的所有者应该根据企业所需，选择合适的管理措施。

第三，对于政府而言，除了制定政策法规外，还需要提高自身的办事效率。制定政策法规可以为企业提供办事标准，办事流程，但是政府的行政效率关系到所制定的政策法规是否能够得到有效实施。从本研究可见，当政府办事效率高企业能够更加积极主动地投入到环境保护中。即当政府办事效率高能够让政府的政策法规更加有效地传达到企业监管层，企业监管层也会加强自我监管，从而保证企业更好地履行环境保护措施。因此，政府除了制定政策法规外，还要提高自身的办事效率，提高奖励惩罚速度，让企业在经营过程中时刻感受到政府的关注，从而更加注重自身经营的合法性和合规性。此外，企业环境战略的选择，除了受到内部公司治理、外部政府行政效率的影响外，还受到企业地理位置、企业性质的影响。政府为了提高地区的环境发展水平，除了对企业加强监管外，还需要调动社会各方面的资源，汇聚各方力量助推环保事业的发展。

7.3 研究局限与展望

企业的环境战略选择是实现我国环保事业成功与否的关键，学术界对此问题的关注由来已久。本书围绕这一研究焦点，基于委托代理理论、资源基础理论及利益相关者共同治理理论，探讨了公司治理、公共治理对企业环境战略选择的影响，并初步揭示了公司治理、公共治理与企业环境战略选择之间的作用机制。本研究还存在以下不足，在未来还有进一步提升空间。

第一，可以将非政府组织（Non-government Organizations，NGO）作为公共治理的代理变量，引入研究中。本书关于公共治理的研究主要关注政府层面的执行效率，今后的研究还可以加入非政府组织。非政府组织作为国际性的民间组织，主要致力于环境、社会、文化等方面的问题。目前国际上部分学者开始关注地区 NGO 对企业环境的影响（Yang，2005；Yin，2011；Yi，2007；Zhao et al.，2016）。在中国，NGO 的发展越来越快，在社会上的影响力也在逐步增大。今后的研究在考虑公共治理时，可以分析 NGO 对企业环境战略选择的影响。此外，公共治理内涵丰富，未来可以进一步拓展不同公共治理主体对企业环境战略选择的影响。

第二，本研究还可以进一步改善稳健性分析。研究数据是重复观测样本，且样本与样本之间存在一些关联，因此，在主效应分析中采取了多层线性模型（Hierarchical Linear Model，HLM），在稳健性检验部分采取了混合效应模型（Mixed-effect Model，MEM）。在指标层面，主要对解释变量进行了稳健性检验。在未来的分析中，还可以进一步寻找合适的被解释变量进行稳健性检验。

第三，本研究题目范围较大，公司治理和公共治理涉及较多方面的内容，未来还可以选取不同的指标作为代理变量进一步丰富本研究内容。本书主要研究公司治理和公共治理从对企业环境战略选择的影响。公司治理层面选取了高管持股代表管理层的激励机制、董事长总经理两职合一代表管理层的监管机制，补充性分析部分选取了前三大股东持股比例、前三高管薪酬、公司治理水平代表公司的监管和激励因素。未来可以从晋升激励、机构投资者持股、审计监督、分析师监督、媒体监督、不同产权性质监督、多个大股东监督等层面分析公司的激励机制和监管机制，进一步丰富公司治理层面的内容。公共治理层面，分析了政府效率对企业环境战略选择的影响，补充性分析部分对政府投资占比以及政府规制对企业环境战略的影响进行了讨论，未来可以将政府制定政策、执行力度以及反馈效果等结合起来，综合分析政府行为对企业环境战略的影响。

参考文献

[1] 安庆贤. 效率视角下的资源配置问题研究 [D]. 中国科学技术大学博士论文, 2014.

[2] 白重恩, 刘俏, 陆洲, 宋敏, 张俊喜. 中国上市公司治理结构的实证研究 [J]. 经济研究, 2005 (2): 81-91.

[3] 毕茜, 顾立盟, 张济建. 传统文化、环境制度与企业环境信息披露 [J]. 会计研究, 2015 (3): 12-19.

[4] 卞雅莉. 环境创新动因、创新战略与企业经济绩效——基于238家企业样本的实证分析 [J]. 科技进步与对策, 2013, 30 (16): 79-84.

[5] 步丹璐, 兰宗. 政府和市场的互动与企业战略实现——中国道路自信在京东方案例中的现实依据 [J]. 财经研究, 2020, 46 (8): 108-123.

[6] 曹执令, 杨婧. 中国制造业环境污染水平测算与变化态势分析 [J]. 经济地理, 2013, 33 (4): 107-113.

[7] 曾守桢, 余官胜. 行政审批简化与我国对外直接投资增长——基于核准权下放试点的准自然实验实证研究 [J]. 国际贸易问题, 2020, 448 (4): 23-38.

[8] 陈德萍, 陈永圣. 股权集中度、股权制衡度与公司绩效关系研究——2007~2009年中小企业板块的实证检验 [J]. 会计研究, 2011 (1): 40-45.

[9] 陈东, 邢霖. 企业慈善捐赠行为能带来价值回报吗——基于广告营销能力和市场经济环境调节效应的分析 [J]. 现代经济探讨, 2019 (1): 68-76.

[10] 陈怀超, 范建红. 制度距离, 中国跨国公司进入战略与国际化绩效: 基于组织合法性视角 [J]. 南开经济研究, 2014 (2): 99-117.

[11] 陈怀超, 范建红, 牛冲槐. 基于制度距离的中国跨国公司进入战略选择: 合资还是独资? [J]. 管理评论, 2013, 25 (12): 98-111.

[12] 陈君. 论促进环境保护投资发展的财政政策 [J]. 财政研究, 2002, 9: 54-55.

[13] 陈鹏, 逯元堂, 程亮, 冯恺. 环境保护投资的管理创新与绩效评价研究 [J]. 中国人口·资源与环境, 2012, 141 (2): 127-130.

[14] 陈守明, 冉毅, 陶兴慧. R&D 强度与企业价值——股权性质和两职合一的调节作用 [J]. 科学学研究, 2012, 30 (3): 441-448.

[15] 陈璇, 淳伟德. 企业控制权与高管激励对企业环境绩效的影响——基于化工行业上市公司的证据 [J]. 西南民族大学学报（人文社科版）: 2013 (6): 160-164.

[16] 陈璇, 淳伟德. 上市公司环境绩效与环境信息披露——对企业控制权和激励调节效应研究 [J]. 西南民族大学学报（人文社科版）, 2015, 36 (10): 126-130.

[17] 陈瑜. 西部地区人口素质对生态环境的影响 [J]. 人口与经济, 2001 (1): 30-31.

[18] 陈云卿. 战略使命的实施: 有效战略、结构和策略选择 [J]. 管理观察, 1995, 19 (10): 5.

[19] 迟楠, 李垣, 郭婧洲. 基于元分析的先动型环境战略与企业绩效关系的研究 [J]. 管理工程学报, 2016, 30 (3): 9-14.

[20] 崔悦. 前瞻型环境战略对企业绩效的影响研究 [D]. 吉林大学博士论文, 2019.

[21] 戴超颖. 从股东至上到利益相关者主义——公司治理目标比较研究 [J]. 经营与管理, 2012 (8): 72-75.

[22] 戴璐, 宋迪. 高管股权激励合约业绩目标的强制设计对公司管理绩效的影响 [J]. 中国工业经济, 2018, 361 (4): 124-143.

[23] 杜传忠, 张丽. 多重目标约束下我国省级地方政府行政效率评价——基于偏好型 DEA 模型的实证分析 [J]. 中国经济问题, 2015, 293 (6): 15-25.

[24] 范逢春. "层层减码"的生成机理与治理之道 [J]. 人民论坛, 2016, (21): 29-31.

[25] 范黎波, 林琪. 平台企业资源管理能力构建及演化路径——基于资源理论的双案例研究 [J]. 经济管理, 2020, 42 (9): 49-63.

[26] 冯根福. 双重委托代理理论: 上市公司治理的另一种分析框架——

兼论进一步完善中国上市公司治理的新思路 [J]. 经济研究, 2004, 3 (12): 16-25.

[27] 冯根福, 韩冰. 中国上市公司股权集中度变动的实证分析 [J]. 经济研究, 2002, 4 (8): 12-18.

[28] 冯丽艳, 肖翔, 张靖, 赵天骄. 企业社会责任与盈余管理治理——基于盈余管理方式和动机的综合分析 [J]. 重庆大学学报 (社会科学版), 2016, 22 (6): 79-92.

[29] 冯笑, 王永进, 刘灿雷. 行政审批效率与中国制造业出口——基于行政审批中心建立的准自然实验 [J]. 财经研究, 2018, 44 (10): 98-110.

[30] 冯之浚. 论循环经济 [J]. 中国软科学, 2004 (10): 1-9.

[31] 冯忠垒, 陈圻. 事前被许可企业自主创新投资决策研究——基于技术基础和资金机会成本的分析 [J]. 科技进步与对策, 2010, 27 (2): 74-76.

[32] 傅颀, 汪祥耀, 路军. 管理层权力、高管薪酬变动与公司并购行为分析 [J]. 会计研究, 2014, 4 (11): 30-37.

[33] 盖笑松, 张向葵. 多层线性模型在纵向研究中的运用 [J]. 心理科学, 2005, 28 (2): 429-431.

[34] 高翔, 袁凯华. 清洁生产环境规制与企业出口技术复杂度——微观证据与影响机制 [J]. 国际贸易问题, 2020 (2): 93-109.

[35] 何任, 王纯. 公司并购行为、会计信息质量与高管薪酬变动 [J]. 工业技术经济, 2018, 37 (3): 153-160.

[36] 和苏超, 黄旭, 陈青. 管理者环境认知能够提升企业绩效吗——前瞻型环境战略的中介作用与商业环境不确定性的调节作用 [J]. 南开管理评论, 2016, 19 (6): 49-57.

[37] 和苏超, 黄旭, 陈青. 创业导向、前瞻型环境战略与企业绩效关系研究 [J]. 软科学, 2017, 5 (12): 25-28.

[38] 洪银兴. 资源配置效率和供给体系的高质量 [J]. 江海学刊, 2018, 1 (5): 84-91.

[39] 侯燕飞, 陈仲常. 中国人口发展对资源消耗与环境污染影响的门槛效应研究 [J]. 经济科学, 2018, 1 (3): 75-88.

[40] 胡才龙, 魏建国. 多任务委托代理模型下地方政府债务管理激励契约设计——基于省级面板数据的实证检验 [J]. 审计与经济研究, 2019, 34

(5): 118 – 127.

[41] 胡珺, 黄楠, 沈洪涛. 市场激励型环境规制可以推动企业技术创新吗? ——基于中国碳排放权交易机制的自然实验 [J]. 金融研究, 2020, 475 (1): 175 – 193.

[42] 胡美琴, 骆守俭. 企业绿色管理战略选择——基于制度压力与战略反应的视角 [J]. 工业技术经济, 2008, 27 (2): 11 – 14.

[43] 胡炜. 基于 DEA 的我国区域卫生资源配置及效率评价 [D]. 中国地质大学博士论文, 2015.

[44] 胡元林, 康炫. 环境规制下企业实施主动型环境战略的动因与阻力研究——基于重污染企业的问卷调查 [J]. 资源开发与市场, 2016, 32 (2): 151 – 155.

[45] 黄菁菁, 原毅军. 协同创新、地方官员变更与技术升级 [J]. 科学学研究, 2018, 36 (6): 1143 – 1152.

[46] 黄庆华, 陈习定, 张芳芳, 周秭宸. CEO 两职合一对企业技术创新的影响研究 [J]. 科研管理, 2017, 38 (3): 69 – 76.

[47] 姜付秀, 申艳艳, 蔡欣妮, 姜禄彦. 多个大股东的公司治理效应: 基于控股股东股权质押视角 [J]. 世界经济, 2020, 43 (2): 74 – 98.

[48] 姜琪. 政府质量、文化资本与地区经济发展——基于数量和质量双重视角的考察 [J]. 经济评论, 2016, 198 (2): 58 – 73.

[49] 蒋伏心, 王竹君, 白俊红. 环境规制对技术创新影响的双重效应——基于江苏制造业动态面板数据的实证研究 [J]. 中国工业经济, 2013, 5 (7): 46 – 57.

[50] 解垩. 环境规制与中国工业生产率增长 [J]. 产业经济研究, 2008 (1): 19 – 25.

[51] 金基瑶, 杜建国. 环境创新水平调节下制造业企业环境绩效对经济绩效的影响——不同所有制类型企业比较 [J]. 科技进步与对策, 2020, 37 (10): 105 – 113.

[52] 金占明. 战略管理: 超竞争环境下的选择 [M]. 北京: 清华大学出版社, 2010.

[53] 郎玫, 郑松. 政策弹性, 执行能力与互动效率: 地方政府政策执行绩效损失生成机制研究 [J]. 行政论坛, 2020, 27 (3): 113 – 120.

[54] 雷雳, 张雷. 多层线性模型的原理及应用 [J]. 首都师范大学学报

（社会科学版），2002（2）：110.

［55］李冬琴. 政府采购对创新的促进：争议问题综述［J］. 中国科技论坛，2018（2）：46-54.

［56］李冬伟，张春婷. 环境战略、绿色创新与绿色形象［J］. 财会月刊，2017（11）：3-10.

［57］李翰芳，罗幼喜，田茂再. 混合效应模型的非参数贝叶斯分位回归方法研究［J］. 统计研究，2016，33（4）：97-103.

［58］李慧聪，李维安，郝臣. 公司治理监管环境下合规对治理有效性的影响——基于中国保险业数据的实证研究［J］. 中国工业经济，2015，2（8）：98-113.

［59］李济含，刘淑莲. 国有企业并购影响高管升职加薪吗——基于国企高管双重身份的视角［J］. 山西财经大学学报，2016，38（12）：89-102.

［60］李牧南，褚雁群，王流云. 专利质量的不同维度指标与托宾Q值的关系测度［J］. 科学学研究，2019，37（7）：1164-1173.

［61］李平，王玉乾. 我国上市公司高管薪酬与环境绩效的关系研究［J］. 软科学，2015（9）：85-90.

［62］李强，朱杨慧. 外部压力、公司治理与环境信息披露质量——基于煤炭行业上市公司的实证检验［J］. 经济与管理，2014，28（3）：68-73.

［63］李善民，毛雅娟，赵晶晶. 高管持股、高管的私有收益与公司的并购行为［J］. 管理科学，2009，22（6）：2-12.

［64］李少林，陈满满. 中国清洁能源与绿色发展：实践探索，国际借鉴与政策优化［J］. 价格理论与实践，2018（4）：56-59.

［65］李婉红，毕克新，孙冰. 环境规制强度对污染密集行业绿色技术创新的影响研究——基于2003-2010年面板数据的实证检验［J］. 研究与发展管理，2013，25（6）：72-81.

［66］李维安，王世权. 利益相关者治理理论研究脉络及其进展探析［J］. 外国经济与管理，2007（4）：10-17.

［67］李晓翔，李晶. 行为策略，资源结构与中小企业创新产出［J］. 科研管理，2019，40（7）：173-181.

［68］李雪燕，辛涛. 二分数据的多层线性模型：原理与应用［J］. 心理发展与教育，2006，22（4）：97-102.

［69］李彦. 企业社会责任信息披露，高管团队特征与企业财务违规

[D]. 山东大学博士论文，2019.

[70] 李怡娜，叶飞. 制度压力、绿色环保创新实践与企业绩效关系——基于新制度主义理论和生态现代化理论视角［J］. 科学学研究，2011，29（12）：1884 - 1894.

[71] 李颖，赵文红，薛朝阳. 创业导向，社会网络与知识资源获取的关系研究——基于信号理论视角［J］. 科学学与科学技术管理，2018，39（2）：130 - 141.

[72] 李玉萍，刘西林. 基于可持续发展的我国环境成本管理模式研究［J］. 科学管理研究，2006（3）：24 - 27.

[73] 李正图. 新制度经济学委托代理理论视野的拓展［J］. 经济理论与经济管理，2020（6）：21 - 38.

[74] 厉以宁. 环境保护与资源重新配置［J］. 财贸经济，1990（9）：16 - 23.

[75] 廖红伟，高锡鹏. 要素配置与资源型产业经济增长——基于东北地区 87 家国有森工企业数据分析［J］. 江汉论坛，2019（9）：26 - 35.

[76] 廖中举，程华. 企业技术创新激励措施的影响因素及绩效研究［J］. 科研管理，2014，35（7）：60 - 66.

[77] 林乐芬. 上市公司股权集中度实证研究［J］. 南京社会科学，2005（11）：53 - 57.

[78] 林泉，邓朝晖，朱彩荣. 国有与民营企业使命陈述的对比研究［J］. 管理世界，2010（9）：116 - 122.

[79] 林润辉，范建红，赵阳，张红娟，侯如靖. 公司治理环境，治理行为与治理绩效的关系研究——基于中国电信产业演进的证据［J］. 南开管理评论，2010，13（6）：138 - 148.

[80] 林秀梅，关. 环境规制推动了产业结构转型升级吗？——基于地方政府环境规制执行的策略互动视角［J］. 南方经济，2020，374（11）：103 - 119.

[81] 林毅夫，李周. 现代企业制度的内涵与国有企业改革方向［J］. 经济研究，1997（3）：30 - 34.

[82] 林钟高，杨雨馨. 年报风险提示信息影响审计意见类型吗？——来自高管任期周期性特征的经验证据［J］. 会计研究，2019，377（3）：80 - 89.

[83] 刘朝，王赛君，马超群，刘沁薇. 基于多层线性模型的情绪劳动、

情绪状态和工作退缩行为关系研究 [J]. 管理学报, 2013, 10 (4): 545 - 551.

[84] 刘丽敏, 底萌妍. 我国环境保护投融资方式探析 [J]. 财政研究, 2007 (9): 25 - 28.

[85] 刘清, 吕航. 末端处理与清洁生产的比较评述 [J]. 环境污染与防治, 2000 (4): 36 - 37 + 44.

[86] 刘伟明. 环境污染的治理路径与可持续增长: "末端治理"还是"源头控制"? [J]. 经济评论, 2014 (6): 41 - 53.

[87] 刘学良, 陈琳. 横截面与时间序列的相关异质——再论面板数据模型及其固定效应估计 [J]. 数量经济技术经济研究, 2011, 28 (12): 96 - 114.

[88] 楼秋然. 上市公司治理的监管模式选择——向"遵守或者解释"规则转变 [J]. 证券市场导报, 2017 (1): 63 - 70.

[89] 鲁永刚, 张凯. 资源依赖、政府行政效率与经济发展质量 [J]. 经济与管理研究, 2019, 40 (1): 3 - 13.

[90] 吕迪伟, 蓝海林, 曾萍. 企业研发投入对出口绩效的影响——高管持股的调节作用 [J]. 软科学, 2018, 32 (7): 84 - 88.

[91] 马富萍, 郭晓川, 茶娜. 环境规制对技术创新绩效影响的研究——基于资源型企业的实证检验 [J]. 科学学与科学技术管理, 2011, 32 (8): 87 - 92.

[92] 马壮, 王云. 媒体报道、行政监管与财务违规传染——基于威慑信号传递视角的分析 [J]. 山西财经大学学报, 2019, 41 (9): 112 - 126.

[93] 孟科学, 杨荔瑶. 环境信息披露与企业环境绩效改善的管理者效应——基于中国重污染企业 2011—2015 年的数据分析 [J]. 贵州财经大学学报, 2017 (6): 70 - 81.

[94] 孟庆斌, 李昕宇, 蔡欣园. 公司战略影响公司违规行为吗 [J]. 南开管理评论, 2018, 21 (3): 116 - 129.

[95] 孟晓华, 曾赛星, 张振波, 李超. 高管团队特征与企业环境责任——基于制造业上市公司的实证研究 [J]. 系统管理学报, 2012, 21 (6): 825 - 834.

[96] 倪敏, 张耀中. 我国上市公司配股后的业绩下降之谜——基于信息不对称及委托代理理论的分析 [J]. 山西财经大学学报, 2012 (10): 77 - 87.

[97] 潘楚林, 田虹. 利益相关者压力、企业环境伦理与前瞻型环境战略 [J]. 管理科学, 2016a, 29 (3): 38-48.

[98] 潘楚林, 田虹. 前瞻型环境战略对企业绿色创新绩效的影响研究——绿色智力资本与吸收能力的链式中介作用 [J]. 财经论丛, 2016b (7): 85-93.

[99] 潘克勤. 独立董事比例、产权性质与长期债务融资契约 [J]. 经济经纬, 2010 (1): 68-71.

[100] 彭海珍, 任荣明. 中小企业实施环境管理体系的激励因素和障碍 [J]. 上海管理科学, 2003 (1): 27-28.

[101] 彭囯囯. 环境规制的综合理论研究 [J]. 当代经济, 2012 (3): 126-128.

[102] 祁毓, 郭均均. FDI会影响地方政府行政效率吗? [J]. 数量经济技术经济研究, 2012, 29 (2): 21-36.

[103] 钱颖一. 企业的治理结构改革和融资结构改革 [J]. 经济研究, 1995 (1): 20-29.

[104] 秦颖, 武春友, 孔令玉. 企业环境战略理论产生与发展的脉络研究 [J]. 中国软科学, 2004 (11): 108-112+154.

[105] 裘益政, 张茜茜. 女性高管与企业环境绩效——基于中国重污染行业上市公司的经验证据 [J]. 财务研究, 2018 (3): 32-43.

[106] 冉冉. "压力型体制"下的政治激励与地方环境治理 [J]. 经济社会体制比较, 2013 (3): 111-118.

[107] 任兵, 阎大颖, 张婧婷. 连锁董事与企业战略: 前沿理论与实证研究评述 [J]. 南开学报 (哲学社会科学版): 2008, 2008 (3): 119-126.

[108] 任志宏, 赵细康. 公共治理新模式与环境治理方式的创新 [J]. 学术研究, 2006 (9): 92-98.

[109] 沈洪涛, 冯杰. 舆论监督、政府监管与企业环境信息披露 [J]. 会计研究, 2012 (2): 72-78.

[110] 沈坤荣, 周力. 地方政府竞争, 垂直型环境规制与污染回流效应 [J]. 经济研究, 2020, 55 (3): 37-51.

[111] 沈能. 环境规制对区域技术创新影响的门槛效应 [J]. 中国人口·资源与环境, 2012, 22 (6): 12-16.

[112] 盛宇华, 蒋舒阳, 韦畅. 创业企业如何有效进行要素资源分配——

供给侧改革背景下一个跨层次被调节的中介模型[J]. 科技进步与对策, 2017, 34 (1): 90-97.

[113] 宋立丰, 祁大伟, 宋远方. 市场化程度、资本结构与政治关联独立董事比例——基于民营企业视角[J]. 财会月刊, 2019, 852 (8): 51-59.

[114] 孙德升. 高管团队与企业社会责任: 高阶理论的视角[J]. 科学学与科学技术管理, 2009, 30 (4): 188-193.

[115] 孙广召. 高铁开通, 政府行为与TFP增长率[J]. 制度经济学研究, 2020 (1): 22-50.

[116] 孙琳, 方爱丽. 财政透明度、政府会计制度和政府绩效改善——基于48个国家的数据分析[J]. 财贸经济, 2013 (6): 22-32.

[117] 孙晓阳. 区域发展战略规划实施机制初探[J]. 科学管理研究, 1992 (2): 11-16.

[118] 谭松涛, 黄俊凯, 杜安然. 个人大股东持股与股价暴跌风险[J]. 金融研究, 2019 (5): 152-169.

[119] 汤金金, 孙荣. 多制度环境下我国的环境治理困境: 产生机理与治理策略[J]. 西南大学学报 (社会科学版), 2017: 23-31.

[120] 唐杰英. 环境规制是否影响了外商对华直接投资——基于城市面板数据的实证分析[J]. 国际经贸探索, 2017, 33 (4): 82.

[121] 唐任伍, 唐天伟. 政府行政效率的特殊性及其测度指标的选择[J]. 北京师范大学学报 (社会科学版), 2004 (2): 100-106.

[122] 唐天伟, 邓久根. 测度政府行政效率的理论依据与实践经验[J]. 经济管理, 2007 (10): 92-96.

[123] 田志龙, 蒋倩. 中国500强企业的愿景: 内涵、有效性与影响因素[J]. 管理世界, 2009 (7): 103-114.

[124] 汪利平, 于秀玲. 清洁生产和末端治理的发展[J]. 中国人口·资源与环境, 2010, 20 (s1): 428-431.

[125] 王兵, 何依, 吕梦. CFO薪酬溢价和公司财务违规[J]. 审计研究, 2019 (2): 73-81.

[126] 王成方、叶若慧、鲍宗客. 两职合一, 大股东控制与投资效率[J]. 科研管理, 2020, 41 (10): 187-194.

[127] 王国印, 王动. 波特假说、环境规制与企业技术创新——对中东部地区的比较分析[J]. 中国软科学, 2011 (1): 100-112.

[128] 王磊. 行政审批对中国制造业生产率的影响及其机制研究——基于进入管制视角 [J]. 产业经济研究, 2020, 105 (2): 106-119.

[129] 王诗雨, 陈志红. 企业财务风险衍化及其产业效应——基于规制环境和竞争环境的双重情境分析 [J]. 会计研究, 2018 (11): 56-62.

[130] 王士红. 所有权性质、高管背景特征与企业社会责任披露——基于中国上市公司的数据 [J]. 会计研究, 2016 (11): 53-60.

[131] 王巍, 路春艳, 吴刚, 曹文佳. 我国地方政府行政效率评价分析——以 DEA 方法为工具 [J]. 中国管理科学学术年会, 2014, 22 (1): 591-596.

[132] 王娴. 机构投资者参与公司治理的监管制度比较 [J]. 证券市场导报, 2019, 327 (10): 27-34.

[133] 王小燕, 姚佳含. 基于聚类分析的惩罚约束财务风险预警模型 [J]. 统计与决策, 2020 (2): 153-156.

[134] 王兴鹏. 基于知识管理的企业应急预案管理体系研究 [J]. 情报杂志, 2015 (10): 91-96.

[135] 王雪平, 王小平. 股权集中度与公司绩效之间存在门槛效应吗? [J]. 财会通讯, 2017 (23): 21.

[136] 王永进, 冯笑. 行政审批制度改革与企业创新 [J]. 中国工业经济, 2018 (2): 24-42.

[137] 王永丽, 卢海陵, 杨娜, 谭玲. 基于资源分配观和补偿理论的组织公平感研究 [J]. 管理学报, 2018, 15 (6): 837-846.

[138] 吴进进, 于文轩. 中国城市财政透明度与政府信任——基于多层线性模型的宏微观互动分析 [J]. 公共行政评论, 2017, 6 (6): 134-155+219.

[139] 吴敬琏. 改革国有企业制度, 培育独立投资主体 [J]. 投资研究, 1994 (6): 1-8.

[140] 吴梦云, 张林荣. 高管团队特质、环境责任及企业价值研究 [J]. 科技进步与对策, 2018 (2): 17-21.

[141] 吴育辉, 吴世农. 高管薪酬: 激励还是自利?——来自中国上市公司的证据 [J]. 会计研究, 2010 (11): 40-48.

[142] 吴育辉, 吴世农. 股权集中、大股东掏空与管理层自利行为 [J]. 管理科学学报, 2011, 14 (8): 34-44.

[143] 肖华, 熊康宁. 小流域石漠化综合治理技术空间优化配置——以毕节撒拉溪示范区为例 [J]. 中国人口·资源与环境, 2016 (2): 236-239.

[144] 肖华, 张国清, 李建发. 制度压力、高管特征与公司环境信息披露 [J]. 经济管理, 2016, 38 (3): 168-180.

[145] 谢永珍. 中国上市公司领导权结构与公司治理监督效率的实证观察 [J]. 中央财经大学学报, 2006 (5): 57-63.

[146] 熊风华, 彭珏. 公司领导权结构与公司绩效——基于中国上市公司的实证分析 [J]. 经济评论, 2008 (3): 78-82.

[147] 徐鹏杰. 环境规制、绿色技术效率与污染密集型行业转移 [J]. 财经论丛, 2018 (2): 11-18.

[148] 徐彦坤, 祁毓, 宋平凡. 环境处罚, 公司绩效与减排激励——来自中国工业上市公司的经验证据 [J]. 中国地质大学学报 (社会科学版), 2020, 20 (4): 72-89.

[149] 许家林, 刘海英. 我国央企社会责任信息披露现状研究——基于 2006~2010 年间 100 份社会责任报告的分析 [J]. 中南财经政法大学学报, 2010 (6): 77-84.

[150] 许庆瑞, 王方瑞. 基于能力的企业经营战略和技术创新战略整合模式研究 [J]. 科学学与科学技术管理, 2003, 24 (4): 42-45.

[151] 薛求知, 宁钟, 李旭, 孙金云, 丁诚. 创新、创业与可持续管理——亚洲企业未来 10 年战略选择 [J]. 研究与发展管理, 2012, 24 (3): 1-14.

[152] 薛求知, 伊晟. 环境战略, 经营战略与企业绩效——基于战略匹配视角的分析 [J]. 经济与管理研究, 2014 (10): 99-108.

[153] 闫文娟, 郭树龙. 环境规制政策的就业及工资效应——一项基于准自然实验的经验研究 [J]. 软科学, 2018, 32 (3): 84-88.

[154] 闫瑶, 高健民. 钢铁行业上市公司股权结构与公司绩效的实证分析 [J]. 财政研究, 2006 (7): 62-63.

[155] 严良, 李姣宇, 谢雄标. 资源型企业绿色战略形成过程研究——基于湖北兴发集团的案例 [J]. 科技进步与对策, 2014 (10): 95-100.

[156] 杨德锋, 杨建华. 环境战略、组织能力与竞争优势——通过积极的环境问题反应来塑造组织能力、创建竞争优势 [J]. 财贸经济, 2009a (9): 122-127.

[157] 杨德锋,杨建华. 企业环境战略研究前沿探析 [J]. 外国经济与管理, 2009b (9): 29-37.

[158] 杨德锋,杨建华,楼润平,姚卿. 利益相关者、管理认知对企业环境保护战略选择的影响——基于我国上市公司的实证研究 [J]. 管理评论, 2012a (3): 142-151.

[159] 杨德锋,赵晶,赵平. 面向可持续发展的双赢范式与企业竞争优势构建机制研究 [J]. 软科学, 2012b, 27 (7): 1-5.

[160] 杨慧军,杨建君. 交易型领导、竞争强度、技术创新选择与企业绩效的关系研究 [J]. 管理科学, 2015 (4): 1-10.

[161] 杨骞,刘华军. 污染排放约束下中国农业水资源效率的区域差异与影响因素 [J]. 数量经济技术经济研究, 2015 (1): 114-128.

[162] 杨树旺,冯兵. 环境库兹涅茨曲线与自回归模型用于三废污染预测的比较分析 [J]. 管理世界, 2007 (3): 162-163.

[163] 杨彦龙. 高管权力,薪酬操控与债权人利益——来自中国上市公司的经验证据 [J]. 北京理工大学学报(社会科学版), 2020, 22 (2): 106-112.

[164] 杨懿丁,姚可宁. 代理成本、高管持股比例与审计需求 [J]. 财会通讯, 2018 (12): 31-34.

[165] 叶陈刚,王孜,武剑锋,李惠. 外部治理、环境信息披露与股权融资成本 [J]. 南开管理评论, 2015, 18 (5): 85-96.

[166] 叶嘉国. 当前问卷调查存在的几个问题 [J]. 中国统计, 1999 (7): 2.

[167] 叶强生,武亚军. 转型经济中的企业环境战略动机:中国实证研究 [J]. 南开管理评论, 2010, 13 (3): 53-59.

[168] 应千伟,呙昊婧,邓可斌. 媒体关注的市场压力效应及其传导机制 [J]. 管理科学学报, 2017, 20 (4): 32-49.

[169] 余东华,崔岩. 双重环境规制、技术创新与制造业转型升级 [J]. 财贸研究, 2019, 30 (7): 19-28.

[170] 俞可平. 中国地方政府的改革与创新 [J]. 经济社会体制比较, 2003 (4): 31-34.

[171] 喻文益. 资源有效配置是解决我国环境保护问题的根本出路 [J]. 复旦学报(社会科学版): 1993 (6): 33-37.

[172] 苑德宇,李德刚,宋小宁.产业集聚、企业年龄与政府补贴 [J].财贸经济,2018,39 (9): 39-56.

[173] 臧传琴,刘畅.环境规制与地方政府激励模式优化 [J].山东财经大学学报,2015,27 (3): 44-52.

[174] 张钢,张小军.企业绿色创新战略的驱动因素:多案例比较研究 [J].浙江大学学报(人文社会科学版):2014,44 (1): 113-124.

[175] 张华,魏晓平.绿色悖论抑或倒逼减排——环境规制对碳排放影响的双重效应 [J].中国人口·资源与环境,2014,24 (9): 21-29.

[176] 张慧玲,盛丹.前端污染治理与我国企业的就业吸纳——基于拟断点回归方法的考察 [J].财经研究,2019,45 (1): 59-75.

[177] 张可,徐,刘.财政约束下经济性、资源性资产与环境负债转换效率研究——基于2009~2013年中国29省面板数据的分析 [J].软科学,2016 (10): 36-42.

[178] 张雷,侯杰泰丛书,雷雳,郭伯良.多层线性模型应用(第2版) [M].北京:教育科学出版社,2005.

[179] 张洛民,王增涛.中国吸引外资与对外投资的比较分析 [J].经济问题,2009 (12): 28-30.

[180] 张洽.基于内部治理与外部监管联动视角的CEO权力寻租治理 [J].社会科学家,2020 (2): 54-61.

[181] 张天华,刘子亮,陈思琪,魏楚钿.行政审批中心的资源配置效率研究——基于中国工业企业数据的分析 [J].财经研究,2019,45 (9): 127-140.

[182] 张先锋,刘婷婷,吴飞飞.高行政层级城市能否延长企业存续期? [J].财贸研究,2020,31 (1): 38-51+61.

[183] 张兴亮.集体行动困境、高管持股差距与企业创新投入 [J].经济管理,2018,40 (8): 172-193.

[184] 张亚军,张磊.领导宽恕与员工抑制性建言的关系研究 [J].管理世界,2017 (12): 184-185.

[185] 张玉臣.研发联合体:基于交易成本和资源基础理论视角 [J].科研管理,2019,40 (8): 1-11.

[186] 张璋.政府绩效评估的元设计理论:两种模式及其批判 [J].中国行政管理,2000 (6): 46-49.

[187] 张兆国,张弛,曹丹婷. 企业环境管理体系认证有效吗 [J]. 南开管理评论, 2019 (4): 123-134.

[188] 张正勇,李玉. 高管减持、信息环境与社会责任报告印象管理——来自重污染行业上市公司的经验证据 [J]. 财会月刊, 2018 (4): 21-26.

[189] 章卫东,赵琪. 地方政府干预下国有企业过度投资问题研究——基于地方政府公共治理目标视角 [J]. 中国软科学, 2014 (6): 182-192.

[190] 赵华伟. 股权激励、公司治理与企业业绩——基于我国上市公司的经验证据 [J]. 宏观经济研究, 2016 (12): 151-159.

[191] 赵晖,邱实. 规范集权与均衡分权:环境管理体制改革的路径选择 [J]. 行政论坛, 2015 (4): 28-32.

[192] 赵立雨. 企业内部 R&D 投入、外部知识获取与创新绩效关系研究 [J]. 科研管理, 2016, 37 (9): 11-19.

[193] 赵玉民,姚树荣. 环境问题实质的社会、经济分析 [J]. 西南民族大学学报 (人文社科版), 2009, 30 (1): 137-141.

[194] 赵玉民,朱方明,贺立龙. 环境规制的界定、分类与演进研究 [J]. 中国人口·资源与环境, 2009, 19 (6): 85-90.

[195] 赵玉攀. 基于资源基础理论的政府部门开放数据研究 [D]. 上海交通大学博士论文, 2019.

[196] 郑昱,王二平. 面板研究中的多层线性模型应用述评 [J]. 管理科学, 2011, 24 (3): 111-120.

[197] 周闯. 乌海及周边地区大气污染治理科技对策研究 [J]. 科学管理研究, 2017 (2): 72-74+101.

[198] 周晖,覃亚洲. 民企环境绩效、政治关联与高管薪酬——基于资源交换的分析视角 [J]. 财会月刊, 2016 (8): 26-32.

[199] 周茜,许晓芳,陆正飞. 去杠杆,究竟谁更积极与稳妥 [J]. 管理世界, 2020, 36 (8): 127-148.

[200] 周杰琦,汪同三. 外资特征、环境规制与环境效率——理论与中国经验 [J]. 当代财经, 2017 (8): 90-101.

[201] 周志炯. 两职合一、产权性质与税收规避 [J]. 金融经济, 2019, 508 (10): 222-223.

[202] 朱庆华. 影响企业实施绿色供应链管理制约因素的实证分析 [J]. 中国人口·资源与环境, 2009, 19 (2): 83-87.

[203] 朱伟民. 战略人力资源管理与企业竞争优势——基于资源基础理论的考察 [J]. 科学学与科学技术管理, 2007 (12): 119 - 126.

[204] 朱炜, 孙雨兴, 汤倩. 实质性披露还是选择性披露: 企业环境表现对环境信息披露质量的影响 [J]. 会计研究, 2019 (3): 10 - 17.

[205] 邹伟, 凌江怀. 政府干预、地方金融发展与经济增长 [J]. 当代财经, 2018 (4): 14 - 24.

[206] 邹宗森, 王秀玲, 张永亮. 制度距离与国际市场进入时间: 基于生存分析方法的研究 [J]. 世界经济研究, 2018, 293 (7): 58 - 69 + 138.

[207] Adomako, S., Ning, E., Adu - Ameyaw, E. Proactive environmental strategy and firm performance at the bottom of the pyramid [J]. Business Strategy and the Environment, 2021, 30 (1): 422 - 431.

[208] Afonso, A., Schuknecht, L., Tanzi, V. Public sector efficiency: An international comparison [J]. Public Choice, 2005, 123 (3): 321 - 347.

[209] Al - Tuwaijri, S. A., Christensen, T. E., Hughes Ii, K. The relations among environmental disclosure, environmental performance, and economic performance: A simultaneous equations approach [J]. Accounting, Organizations and Society, 2004, 29 (5 - 6): 447 - 471.

[210] Alqadasi, A., Abidin, S. The effectiveness of internal corporate governance and audit quality: the role of ownership concentration - Malaysian evidence [J]. The International Journal of Business in Society, 2018, 18 (2): 233 - 253.

[211] Alvarez, S. A., Barney, J. B. How entrepreneurial firms can benefit from alliances with large partners [J]. Academy of Management Executive, 2001, 15 (1): 139 - 148.

[212] Ambec, S., Lanoie, P. Does it pay to be green? A systematic overview [J]. The Academy of Management Perspectives, 2008: 45 - 62.

[213] Andersen, S. E., Høvring, C. M. CSR stakeholder dialogue in disguise: Hypocrisy in story performances [J]. Journal of Business Research, 2019, 114: 421 - 435.

[214] Aragón - Correa, J. A. Strategic proactivity and firm approach to the natural environment [J]. Academy of Management Journal, 1998, 41 (5): 556 - 567.

[215] Barclay, M. J., Holderness, C. G. Private benefits from control of

public corporations [J]. Journal of Financial Economics, 1988, 25 (2): 371 - 395.

[216] Barney, J. Special theory forum the resource - based model of the firm: origins, implications, and prospects [J]. Journal of Management, 1991, 17 (1): 97 - 98.

[217] Bebchuk, L. A., Fried, J. M. Executive compensation as an agency problem [J]. Cepr Discussion Papers, 2003, 17 (3): 71 - 92.

[218] Bennett, N. J., Satterfield, T. Environmental governance: A practical framework toguide design, evaluation, and analysis [J]. Conservation Letters, 2018, 11 (6): 12 - 35.

[219] Berle, A. A. For whom corporate managers are trustees: A note [J]. Harvard Law Review, 1932, 45 (8): 1365 - 1372.

[220] Berrone, P., Fosfuri, A., Gelabert, L., Gomez - Mejia, L. R. Necessity as the mother of green isquo inventions: Institutional pressures and environmental innovations [J]. Strategic Management Journal, 2013, 34 (8): 891 - 909.

[221] Berrone, P., Gomezmejia, L. R. Environmental performance and executive compensation: An integrated agency - institutional perspective [J]. Academy of Management Journal, 2009, 52 (1): 103 - 126.

[222] Berry, M. A., Rondinelli, D. A. Proactive corporate environmental management: A new industrial revolution [J]. Academy of Management Perspectives, 1998, 12 (2): 38 - 50.

[223] Birnbaum, S. Environmental co - governance, legitimacy, and the quest for compliance: when and why is stakeholder participation desirable? [J]. Journal of Environmental Policy and Planning, 2016, 18 (3): 306 - 323.

[224] Boden, R., Corden, A. Viewpoints: joining - up with the self - employed [J]. Public Money and Management, 2000, 20 (3): 3 - 5.

[225] Buysse, K., Verbeke, A. Environmental strategy choice and financial profitability: Differences between multinationals and domestic firms in Belgium [J]. Research in Global Strategic Management, 2003, 9 (9): 43 - 63.

[226] Buzzelli, D. T. Time to structure an environmental policy strategy [J]. Journal of Business Strategy, 1991, 12 (2): 17 - 20.

[227] Carrillo - Rivera, J. J., Cardona, A., Huizar - Alvarez, R., Graniel, E. Response of the interaction between groundwater and other components of the environment in Mexico [J]. Environmental Geology, 2008, 55 (2): 303 - 319.

[228] Caruana, R., Carrington, M. J., Chatzidakis, A. "Beyond the attitude - behaviour gap: Novel perspectives in consumer ethics": Introduction to the thematic symposium [J]. Journal of Business Ethics, 2016, 136 (2): 215 -218.

[229] Chan, H. K., He, H., Wang, W. Y. Green marketing and its impact on supply chain management in industrial markets [J]. Industrial Marketing Management, 2012, 41 (4): 557 - 562.

[230] Chang, C. - H. Proactive and reactive corporate social responsibility: antecedent and consequence [J]. Management Decision, 2015, 53 (2): 451 - 468.

[231] Chang, C. - P., Wen, J., Zheng, M., Dong, M., Hao, Y. Is higher government efficiency conducive to improving energy use efficiency? Evidence from OECD countries [J]. Economic Modelling, 2018, 72: 65 - 77.

[232] Chatterjee, M., Bhattacharjee, T. Ownership concentration, innovation and firm performance: empirical study in Indian technology SME context [J]. South Asian Journal of Business Studies, 2020: 432 - 456.

[233] Chen, M., Chen, J., Sun, F. Agricultural phosphorus flow and its environmental impacts in China [J]. Science of the Total Environment, 2008, 405 (1): 140 - 152.

[234] Chen, S., Sun, Z., Tang, S., Wu, D. Government intervention and investment efficiency: Evidence from China [J]. Journal of Corporate Finance, 2011, 17 (2): 259 - 271.

[235] Chen, Y., Chen, W., Chen, S., 2022a. The mediation role of entrepreneurship in the link between High - speed rail and carbon emission reduction. Frontiers in Environmental Science, 1969.

[236] Chen, Y., Gu, X., Gao, Y., Lan, T., 2021a. Sustainability with high - speed rails: The effects of transportation infrastructure development on firms' CSR performance. Journal of Contemporary Accounting & Economics 17, 100261.

[237] Chen, Y., Jin, D., Zhao, C., 2022b. Research on the synergies

between low – carbon pilot city policy and high – speed railways in improving Chinese urban electricity efficiency. International Journal of Climate Change Strategies and Management.

[238] Chen, Y., Wang, Y., Chen, S., 2021b. Are Chinese Executives Rewarded or Penalized by the Operation of High – Speed Railways? SUSTAINABILITY – BASEL 13, 11797.

[239] Chen, Y., Zhu, G., Wang, Y., 2021c. Effect of High – Speed Railways on City Industrial Sewage Discharge. Water 13, 2893.

[240] Chinomona, E., Chivhungwa, T. The influence of green image, physical environment quality and green trust on green purchase intention [J]. The Retail and Marketing Review, 2019, 15 (1): 13 – 26.

[241] Christmann, P. Effects of "best practices" of environmental management on cost advantage: The role of complementary assets [J]. Academy of Management Journal, 2000, 43 (4): 663 – 680.

[242] Christmann, P. Multinational companies and the natural environment: Determinants of global environmental policy standardization [J]. Academy of Management Journal, 2004, 47 (5): 747 – 760.

[243] Claessens, S., Djankov, S., Fan, J. P., Lang, L. H. Disentangling the incentive and entrenchment effects of large shareholdings [J]. The Journal of Finance, 2002, 57 (6): 2741 – 2771.

[244] Clarkson, P. M., Li, Y., Richardson, G. D., Vasvari, F. P. Revisiting the relation between environmental performance and environmental disclosure: An empirical analysis [J]. Accounting, Organizations and Society, 2008, 33 (4 – 5): 303 – 327.

[245] Clemens, B., Bakstran, L. A framework of theoretical lenses and strategic purposes to describe relationships among firm environmental strategy, financial performance, and environmental performance [J]. Management Research Review, 2010, 33 (4): 393 – 405 (313).

[246] Cochran, T. C. Advances in the study of entrepreneurship, innovation, and economic growth [J]. Journal of Economic History, 1988, 48 (3): 1365 – 1401.

[247] Cohen, J. Statistical power analysis for the behavioral sciences [M].

Academic Press, 2013.

[248] Crane, A., Matten, D., Moon, J. Ecological citizenship and the corporation: Politicizing the new corporate environmentalism [J]. Organization and Environment, 2008, 21 (4): 371 -389.

[249] Cycyota, C. S., Harrison, D. A. What (not) to expect when surveying executives a meta - analysis of top manager response rates and techniques over time [J]. Organizational Research Methods, 2015, 9 (2): 133 -160.

[250] D'Este, P., Guy, F., Iammarino, S. Shaping the formation of university - industry research collaborations: What type of proximity does really matter? [J]. Journal of Economic Geography, 2012, 13 (4): 537 -558.

[251] De Angelis, D., Grinstein, Y. Relative Performance Evaluation in CEO Compensation: A Non - Agency Explanation [J]. Social Science Electronic Publishing, 2014: 23 -48.

[252] Delgado - Ceballos, J., Aragón - Correa, J. A., Ortiz - De - Mandojana, N., Rueda - Manzanares, A. The effect of internal barriers on the connection between stakeholder integration and proactive environmental strategies [J]. Journal of Business Ethics, 2012, 107 (3): 281 -293.

[253] Denison, N. P. Important factors that influence seedling survival with special reference to the open - root nursery system [J]. Journal of the South African Forestry Association, 1981, 117 (1): 50 -54.

[254] Devers, C. E., Cannella Jr, A. A., Reilly, G. P., Yoder, M. E. Executive compensation: A multidisciplinary review of recent developments [J]. Journal of Management, 2007, 33 (6): 1016 -1072.

[255] Donaldson, L., Davis, J. H. Stewardship theory or agency theory: CEO governance and shareholder returns [J]. Australian Journal of Management, 1991, 16 (1): 49 -64.

[256] Duru, A., Iyengar, R. J., Zampelli, E. M. The dynamic relationship between CEO duality and firm performance: The moderating role of board independence [J]. Journal of Business Research, 2016, 69 (10): 4269 -4277.

[257] Edmans, A., Gabaix, X., Jenter, D. Executive compensation: A survey of theory and evidence [J]. The handbook of the Economics of Corporate Governance, 2017, 1: 383 -539.

[258] Eesley, C., Lenox, M. J. Firm responses to secondary stakeholder action [J]. Strategic Management Journal, 2006, 27 (8): 765-781.

[259] Eisenhardt, K. M. Agency theory: An assessment and review [J]. Academy of Management Review, 1989, 14 (1): 57-74.

[260] Elsayed, N., Elbardan, H. Investigating the associations between executive compensation and firm performance [J]. Journal of Applied Accounting Research, 2018: 35-50.

[261] Enos, R. D., Hersh, E. D. Party activists as campaign advertisers: The ground campaign as a principal-agent problem [J]. American Political Science Review, 2015: 252-278.

[262] Faccio, M., Lang, L. H. The ultimate ownership of Western European corporations [J]. Journal of Financial Economics, 2002, 65 (3): 365-395.

[263] Fama, E. F. Financial intermediation and price level control [J]. Journal of Monetary Economics, 1983, 12 (1): 7-28.

[264] Fineman, S. Emotion and management learning [J]. Management Learning, 1997, 28 (1): 13-25.

[265] Fiorani, M., Tombaz, S., Martensson, J., Skubic, B., Wosinska, L., Monti, P. Modeling energy performance of C-RAN with optical transport in 5G network scenarios [J]. Journal of Optical Communications and Networking, 2016, 8 (11): 21-34.

[266] Firth, M., Wong, S. M., Yang, Y. The double-edged sword of CEO/chairperson duality in corporatized state-owned firms: evidence from top management turnover in China [J]. Journal of Management and Governance, 2014, 18 (1): 207-244.

[267] Fontana, E. Corporate social responsibility as stakeholder engagement: Firm-NGO collaboration in Sweden [J]. Corporate Social Responsibility and Environmental Management, 2018, 25 (4): 327-338.

[268] Fontes, G. G., Simoes, R. F., De Oliveira, A. M. H. C. Urban Attributes and Wage Disparities in Brazil: A Multilevel Hierarchical Model [J]. Regional Studies, 2010, 44 (5): 595-607.

[269] Fosu, S., Danso, A., Ahmad, W., Coffie, W. Information asymmetry, leverage and firm value: Do crisis and growth matter? [J]. International

Review of Financial Analysis, 2016, 46: 140 – 150.

[270] Freeman, R. B., Medoff, J. L. What do unions do [J]. Industrial and Labor Relations Review, 1984, 38: 244.

[271] Frooman, J. Stakeholder influence strategies [J]. Academy of Management Review, 1999, 24 (2): 191 – 205.

[272] Garcés – Ayerbe, C., Scarpellini, S., Valero – Gil, J., Rivera – Torres, P. Proactive environmental strategy development: From laggard to eco – innovative firms [J]. Journal of Organizational Change Management, 2016, 29 (7): 1118 – 1134.

[273] Geissdoerfer, M., Savaget, P., Bocken, N. M., Hultink, E. J. The Circular Economy – A new sustainability paradigm? [J]. Journal of Cleaner Production, 2017, 143: 757 – 768.

[274] Grant, R. M. Toward a knowledge – based theory of the firm [J]. Strategic Management Journal, 1996, 17 (2): 109 – 122.

[275] Grossman, S. J., Hart, O. D. Implicit contracts under asymmetric information [J]. The Quarterly Journal of Economics, 1983: 123 – 156.

[276] Guyomard, H., Vermersch, D. Derivation of long – run factor demands from short – run responses [J]. Agricultural Economics, 2017, 3 (3): 213 – 230.

[277] Hart, S. L. A natural – resource – based view of the firm [J]. Academy of Management Review, 1995, 20 (4): 986 – 1014.

[278] He, P., Shen, H., Zhang, Y., Ren, J. External Pressure, Corporate Governance, and Voluntary Carbon Disclosure: Evidence from China [J]. Sustainability, 2019, 11 (10): 2901.

[279] Henriques, I., Sadorsky, P. The relationship between environmental commitment and managerial perceptions of stakeholder importa [J]. Academy of Management Journal, 1999, 42 (1): 87 – 99.

[280] Herrmann, U., Kelly, B., Price, H. Two – tank molten salt storage for parabolic trough solar power plants [J]. Energy, 2014, 29 (5): 883 – 893.

[281] Higueras, Pablo, Oyarzun, Roberto, Lillo, Javier, Ovarzun, Jorge, Hugo. Atmospheric mercury data for the coquimbo region, chile: Influence of mineral deposits and metal recovery practices [J]. Atmospheric Environment, 2005, 39

(39): 7587 - 7596.

[282] Hitt, M. A., Xu, K., Carnes, C. M. Resource based theory in operations management research [J]. Journal of Operations Management, 2016, 41: 77 - 94.

[283] Hoffmann, I., Gerling, D., Kyiogwom, U. B., Mané - Bielfeldt, A. Farmers' management strategies to maintain soil fertility in a remote area in northwest Nigeria [J]. Agriculture Ecosystems and Environment, 2001, 86 (3): 263 - 275.

[284] Hofmann, D. A., Gavin, M. B. Centering decisions in hierarchical linear models: Implications for research in organizations [J]. Journal of Management, 1998, 24 (5): 623 - 641.

[285] Hojnik, J., Ruzzier, M. What drives eco - innovation? A review of an emerging literature [J]. Environmental Innovation and Societal Transitions, 2016, 19: 31 - 41.

[286] Huebert, R. New directions in circumpolar cooperation: Canada, the arctic environmental protection strategy, and the arctic council [J]. Canadian Foreign Policy Journal, 1998, 5 (2): 37 - 57.

[287] Hunt, G. J., Leonard, D. R., Lovett, M. B. Transfer of environmental plutonium and americium across the human gut: a second study [J]. Science of the Total Environment, 1990, 90 (8478): 273 - 282.

[288] Hunt, S. D. Resource - advantage theory: an evolutionary theory of competitive firm behavior? [J]. Journal of Economic Issues, 1997, 31 (1): 59 - 78.

[289] Jackson, S. B., Lopez, T. J., Reitenga, A. L. Accounting fundamentals and CEO bonus compensation [J]. Journal of Accounting and Public Policy, 2008, 27 (5): 374 - 393.

[290] Jennings, N. R., Sycara, K., Wooldridge, M. A roadmap of agent research and development [J]. Autonomous Agents and Multi - Agent Systems, 1998, 1 (1): 7 - 38.

[291] Jensen, M. C., Meckling, W. H. Theory of the Firm: Managerial Behavior, Agency Costs and Ownership Structure [J]. Social Science Electronic Publishing, 1976, 3 (4): 305 - 360.

[292] Jia, N., Huang, K. G., Man Zhang, C. Public governance, corporate governance, and firm innovation: An examination of state – owned enterprises [J]. Academy of Management Journal, 2019, 62 (1): 220 – 247.

[293] Katila, R., Ahuja, G. Something old, something new: A longitudinal study of search behavior and new product introduction [J]. Academy of Management Journal, 2002, 45 (6): 1183 – 1194.

[294] Kim, T. K., Solomon, P., Zurlo, K. A. Applying hierarchical linear modeling (HLM) to social work administration research [J]. Administration in Social Work, 2009, 33 (3): 262 – 277.

[295] Kochhar, R. Explaining firm capital structure: The role of agency theory vs. transaction cost economics [J]. Strategic Management Journal, 1996, 17 (9): 713 – 728.

[296] Kogan, L., Papanikolaou, D., Seru, A., Stoffman, N. Technological innovation, resource allocation, and growth [J]. The Quarterly Journal of Economics, 2017, 132 (2): 665 – 712.

[297] Kollmuss, A., Agyeman, J. Mind the gap: why do people act environmentally and what are the barriers to pro – environmental behavior? [J]. Environmental Education Research, 2002, 8 (3): 239 – 260.

[298] Konar, S., Cohen, M. A. Does the market value environmental performance? [J]. Review of Economics and Statistics, 2001, 83 (2): 281 – 289.

[299] Korhonen, J., Honkasalo, A., Seppälä, J. Circular economy: the concept and its limitations [J]. Ecological Economics, 2018, 143: 37 – 46.

[300] Kostova, T., Beugelsdijk, S., Scott, W. R., Kunst, V. E., Chua, C. H., van Essen, M. The construct of institutional distance through the lens of different institutional perspectives: Review, analysis, and recommendations [J]. Journal of International Business Studies, 2020, 51 (4): 467 – 497.

[301] Labrianidis, L., Kalantaridis, C., Dunford, M. Delocalization of Economic Activity: Agents, Places and Industries [J]. Regional Studies, 2011, 45 (2): 147 – 151.

[302] Larrain, M., Stumpner, S. Capital account liberalization and aggregate productivity: The role of firm capital allocation [J]. The Journal of Finance, 2017, 72 (4): 1825 – 1858.

[303] Lee, C. C. , Lin, T. H. , Chang, R. X. A secure dynamic id based remote user authentication scheme for multi-server environment using smart cards [J]. Expert Systems with Applications, 2011, 38 (11): 13863-13870.

[304] Lee, E. M. , Park, S. -Y. , Lee, H. J. Employee perception of CSR activities: Its antecedents and consequences [J]. Journal of Business Research, 2013, 66 (10): 1716-1724.

[305] Lee, S. Y. How can companies succeed in forming CSR reputation? [J]. Corporate Communications: An International Journal, 2016, 21 (4): 435-449.

[306] Leonidou, C. N. , Katsikeas, C. S. , Morgan, N. A. "Greening" the marketing mix: Do firms do it and does it pay off? [J]. Journal of the Academy of Marketing Science, 2013, 41 (2): 151-170.

[307] Leonidou, L. C. , Christodoulides, P. , Kyrgidou, L. P. , Palihawadana, D. Internal drivers and performance consequences of small firm green business strategy: The moderating role of external forces [J]. Journal of Business Ethics, 2015, 140 (3): 1-22.

[308] Li, D. , Huang, M. , Ren, S. , Chen, X. , Ning, L. Environmental legitimacy, green innovation, and corporate carbon disclosure: Evidence from CDP China 100 [J]. Journal of Business Ethics, 2018a, 150 (4): 1089-1104.

[309] Li, J. , Xia, J. , Zajac, E. J. On the duality of political and economic stakeholder influence on firm innovation performance: Theory and evidence from Chinese firms [J]. Strategic Management Journal, 2018b, 39 (1): 193-216.

[310] Li, S. , Lu, J. A dual-agency model of firm CSR in response to institutional pressure: Evidence from Chinese publicly listed firms [J]. Academy of Management Journal, 2020, 63 (6): 1-56.

[311] Li, Y. , Zhan, C. , de Jong, M. , Lukszo, Z. J. J. o. C. P. Business innovation and government regulation for the promotion of electric vehicle use: Lessons from Shenzhen, China [J]. Journal of Cleaner Production, 2016a, 134: 371-383.

[312] Li, Y. , Zhi, C. , Long, H. , Liu, Y. , Li, W. Dynamic analysis of ecological environment combined with land cover and NDVI changes and implications for sustainable urban-rural development: The case of Mu us Sandy land, China [J]. Journal of Cleaner Production, 2016b, 142: 697-715.

[313] Lin, P., Lin, B., Lei, F. Influence of CEO Characteristics on Accounting Information Disclosure Quality—Based on the Mediating Effect of Capital Structure [J]. Emerging Markets Finance and Trade, 2020, 56 (8): 1781 – 1803.

[314] Liu, G., Ko, W. W. Social alliance and employee voluntary activities: A resource – based perspective [J]. Journal of Business Ethics, 2011, 104 (2): 251 – 268.

[315] Liu, M. T., Brock, J. L., Gui, C. S., Chu, R., Tseng, T. H. Perceived benefits, perceived risk, and trust [J]. Asia Pacific Journal of Marketing and Logistics, 2013, 25 (2): 225 – 248.

[316] Lorenzo, J. R. F., Rubio, M. T. M., Garcés, S. A. The competitive advantage in business, capabilities and strategy. What general performance factors are found in the Spanish wine industry? [J]. Wine Economics and Policy, 2018, 7 (2): 94 – 108.

[317] Lu, H., Mayer, A. L., Zhou, S., Wellstead, A. M. Unveiling the Quasi – Public – Private Partnership (QPPP): Evidence from China's environmental service sector [J]. Journal of Environmental Policy and Planning, 2021: 1 – 15.

[318] Mackey, T. B., Mackey, A., Christensen, L. J., Lepore, J. J. Inducing Corporate Social Responsibility: Should Investors Reward the Responsible or Punish the Irresponsible? [J]. Journal of Business Ethics, 2020: 1 – 15.

[319] Marquis, C., Qian, C. Corporate social responsibility reporting in China: Symbol or substance? [J]. Organization Science, 2014, 25 (1): 127 – 148.

[320] Mathivathanan, D., Kannan, D., Haq, A. N. Sustainable supply chain management practices in Indian automotive industry: A multi – stakeholder view [J]. Resources, Conservation and Recycling, 2018, 128: 284 – 305.

[321] Mitchell, L. M., Cambrosio, A. The invisible topography of power: Electromagnetic fields, bodies and the environment [J]. Social Studies of Science, 1997, 27 (2): 221 – 271.

[322] Mitnick, B. M. Agency theory [J]. Wiley Encyclopedia of Management, 2015: 1 – 6.

[323] Mokhtarzadeh, N. G., Mahdiraji, H. A., Jafarpanah, I., Jafari-Sadeghi, V., Cardinali, S. Investigating the impact of networking capability on firm innovation performance: using the resource-action-performance framework [J]. Journal of Intellectual Capital, 2020, 21 (6): 1009-1034.

[324] Murillo-Luna, J. L., Garcés-Ayerbe, C., Rivera-Torres, P. What prevents firms from advancing in their environmental strategy? [J]. International Advances in Economic Research, 2007, 13 (1): 35-46.

[325] Murillo-Luna, J. L., Garcés-Ayerbe, C., Rivera-Torres, P. Why do patterns of environmental response differ? A stakeholders' pressure approach [J]. Strategic Management Journal, 2008, 29 (11): 1225-1240.

[326] Murray, A., Skene, K., Haynes, K. The circular economy: an interdisciplinary exploration of the concept and application in a global context [J]. Journal of Business Ethics, 2017, 140 (3): 369-380.

[327] Nakamura, E. Does environmental investment really contribute to firm performance? An empirical analysis using Japanese firms [J]. Eurasian Business Review, 2011, 1 (2): 91-111.

[328] Nayak, M., Narayan, K. Strengths and weakness of online surveys [J]. Journal of Humanities and Social Science, 2019, 24 (5): 31-38.

[329] Nehrt, C. Maintainability of first mover advantages when environmental regulations differ between countries [J]. Academy of Management Review, 1998, 23 (1): 77-97.

[330] Peteraf, M. A. The cornerstones of competitive advantage: a resource-based view [J]. Strategic Management Journal, 1993, 14 (3): 179-191.

[331] Peuckert, J. What shapes the impact of environmental regulation on competitiveness? Evidence from Executive Opinion Surveys [J]. Environmental Innovation and Societal Transitions, 2014, 10: 77-94.

[332] Pinzone, M., Lettieri, E., Masella, C. Proactive environmental strategies in healthcare organisations: drivers and barriers in Italy [J]. Journal of Business Ethics, 2015, 131 (1): 183-197.

[333] Poletti-Hughes, J., Briano-Turrent, G. C. Gender diversity on the board of directors and corporate risk: A behavioural agency theory perspective [J]. International Review of Financial Analysis, 2019, 62: 80-90.

[334] Porta, R. L., Shleifer, A. Corporate ownership around the world [J]. Journal of Finance, 1999, 54 (2): 471-517.

[335] Porter, G., Binns, T. Adapting to environment and market: Trade and marketing in northern Nigeria [J]. People and Environment in Africa, 1995, 11 (2): 55-58.

[336] Quacoe, D., Wen, X., Quacoe, D., Dodor, A., Bediako, I. A. Firm Size, Compensation and Firm Deaths in SMEs: Evidence from America [J]. British Journal of Interdisciplinary Research, 2017, 8 (1): 15-36.

[337] Radulovic, B., Dragutinovic, S. Efficiency of local self-governments in Serbia: An SFA approach [J]. Industrija, 2015, 43 (3): 123-142.

[338] Ramanathan, R. Understanding complexity: The curvilinear relationship between environmental performance and firm performance [J]. Journal of Business Ethics, 2018, 149 (2): 383-393.

[339] Rexhäuser, S., Rammer, C. Environmental innovations and firm profitability: Unmasking the porter hypothesis [J]. Environmental and Resource Economics, 2014, 57 (1): 145-167.

[340] Rhenman, E. Organisationens mål [J]. Sociologisk Forskning, 1964, 1 (2): 41-54.

[341] Rochfort, Q., Exall, K., P'ng, J., Shi, V., Stevanovic-Briatico, V., Kok, S., Marsalek, J. Street sweeping as a method of source control for urban stormwater pollution [J]. Water Quality Research Journal, 2009, 44 (1): 48-58.

[342] Roome, D. N. Developing environmental management strategies [J]. Business Strategy and the Environment, 2010, 1 (1): 11-24.

[343] Rosenau, J. N., Czempiel, E.-O., Smith, S. Governance without government: order and change in world politics [M]. Cambridge University Press, 1992.

[344] Rupp, D. E., Shao, R., Skarlicki, D. P., Paddock, E. L., Kim, T. Y., Nadisic, T. Corporate social responsibility and employee engagement: The moderating role of CSR-specific relative autonomy and individualism [J]. Journal of Organizational Behavior, 2018, 39 (5): 559-579.

[345] Sarkar, S., Shunmugam, R. Unusual red shift of the sensor while de-

tecting the presence of CO_2 in aqueous environment [J]. Acs Appl Mater Interfaces, 2013, 5 (15): 7379 - 7383.

[346] Schaefer, A. Contrasting institutional and performance accounts of environmental management systems: Three case studies in the UK water and sewerage industry [J]. Journal of Management Studies, 2007, 44 (4): 506 - 535.

[347] Schaltenbrand, B., Kai, F., Azadegan, A., Lindeman, K. See what we want to see? The effects of managerial experience on corporate green investments [J]. Journal of Business Ethics, 2018, 150: 1 - 22.

[348] Schmalz, M. C. Common - ownership concentration and corporate conduct [J]. Annual Review of Financial Economics, 2018, 10: 413 - 448.

[349] Shaffer, B. Firm - level responses to government regulation: Theoretical and research approaches [J]. Journal of Management, 1995, 21 (3): 495 - 514.

[350] Sharma, A. Professional as Agent: Knowledge Asymmetry in Agency Exchange [J]. Academy of Management Review, 1997, 22 (3): 758 - 798.

[351] Sharma, S. Managerial Interpretations and Organizational Context as Predictors of Corporate Choice of Environmental Strategy [J]. Academy of Management Journal, 2000, 43 (4): 681 - 697.

[352] Sharma, S., Vredenburg, H. Proactive corporate environmental strategy and the development of competitively valuable organizational capabilities [J]. Strategic Management Journal, 1998, 19 (8): 729 - 753.

[353] Sheikh, M. F., Shah, S. Z. A., Akbar, S. Firm performance, corporate governance and executive compensation in Pakistan [J]. Applied Economics, 2018, 50 (18): 2012 - 2027.

[354] Shleifer, A., Vishny, R. W. A survey of corporate governance [J]. Journal of Finance, 1997, 52 (2): 737 - 783.

[355] Shu, C., Liu, J., Zhao, M., Davidsson, P. Proactive environmental strategy and firm performance: The moderating role of corporate venturing [J]. International Small Business Journal, 2021, In press.

[356] Shu, C., Zhou, K. Z., Xiao, Y., Gao, S. How green management influences product innovation in China: The role of institutional benefits [J]. Journal of Business Ethics, 2016, 133 (3): 471 - 485.

[357] Shu, L., Jun, G., Shiqi, H. Can Official Promotion Speed Affect

Local Economic Growth? Prefecture – level City Mayor Empirical Evidence from China [J]. Economic Review, 2017, 5 (2): 135 – 168.

[358] Strizhakova, Y., Coulter, R. A. The "green" side of materialism in emerging BRIC and developed markets: The moderating role of global cultural identity [J]. International Journal of Research in Marketing, 2013, 30 (1): 69 – 82.

[359] Suárez Álvarez, J., Pedrosa, I., Lozano, L. M., García Cueto, E., Cuesta Izquierdo, M., Muñiz Fernández, J. Using reversed items in Likert scales: A questionable practice [J]. Psicothema, 2018, 11 (5): 1105 – 1136.

[360] Swan, J., Newell, S., Robertson, M. The diffusion, design and social shaping of production management information systems in Europe [J]. Information Technology and People, 2013, 13 (1): 27 – 46.

[361] Thijssens, T., Bollen, L., Hassink, H. Secondary stakeholder influence on CSR disclosure: An application of stakeholder salience theory [J]. Journal of Business Ethics, 2015, 132 (4): 873 – 891.

[362] Verbeke, A., Rugman, A. M. Environmental regulations and multinational enterprise strategy [J]. Academy of Management Review, 1998, 23 (4): 653 – 655.

[363] Wang, D., Luo, X. R. Retire in peace: Officials' political incentives and corporate diversification in China [J]. Administrative Science Quarterly, 2019, 64 (4): 773 – 809.

[364] Wang, H., Chen, W. – R. Is firm – specific innovation associated with greater value appropriation? The roles of environmental dynamism and technological diversity [J]. Research Policy, 2010, 39 (1): 141 – 154.

[365] Wang, H., Choi, J., Li, J. Too little or too much? Untangling the relationship between corporate philanthropy and firm financial performance [J]. Organization Science, 2008, 19 (1): 143 – 159.

[366] Wang, H., Tong, L., Takeuchi, R., George, G. Corporate Social Responsibility: An Overview and New Research Directions [J]. Academy of Management Journal, 2016, 59 (2): 534 – 544.

[367] Wang, H. C., He, J., Mahoney, J. T. Firm – specific knowledge resources and competitive advantage: the roles of economic – and relationship – based employee governance mechanisms [J]. Strategic Management Journal, 2009, 30

(12): 1265 – 1285.

[368] Wang, J., Wang, S., Xue, H., Wang, Y., Li, J. Green image and consumers' word – of – mouth intention in the green hotel industry: The moderating effect of Millennials [J]. Journal of Cleaner Production, 2018a, 181: 426 – 436.

[369] Wang, R., Qi, R., Cheng, J., Zhu, Y., Lu, P. The behavior and cognition of ecological civilization among Chinese university students [J]. Journal of Cleaner Production, 2020, 243: 118464.

[370] Wang, R., Wijen, F., Heugens, P. P. Government's green grip: Multifaceted state influence on corporate environmental actions in China [J]. Strategic Management Journal, 2018b, 39 (2): 403 – 428.

[371] Welford, P. R. Breaking the link between quality and the environment: auditing for sustainability and life cycle assessment [J]. Business Strategy and the Environment, 1993, 2 (4): 25 – 33.

[372] Williams, J. F., Mckenzie, J. A. The effect of collision severity on the motion of the head and neck during "whiplash" [J]. Journal of Biomechanics, 1975, 8 (3): 257 – 259.

[373] Wu, G., Baležentis, T., Sun, C., Xu, S. Source control or end – of – pipe control: Mitigating air pollution at the regional level from the perspective of the Total Factor Productivity change decomposition [J]. Energy Policy, 2019, 129: 1227 – 1239.

[374] Wu, T., Wu, Y. – C. J., Chen, Y. J., Goh, M. Aligning supply chain strategy with corporate environmental strategy: A contingency approach [J]. International Journal of Production Economics, 2014, 147: 220 – 229.

[375] Wu, W., Liu, Y., Chin, T., Zhu, W. Will green CSR enhance innovation? A perspective of public visibility and firm transparency [J]. International Journal of Environmental Research and Public Health, 2018, 15 (2): 268.

[376] Yang, A., Bentley, J. A balance theory approach to stakeholder network and apology strategy [J]. Public Relations Review, 2017, 43 (2): 267 – 277.

[377] Yang, C. H., Tseng, Y. H., Chen, C. P. Environmental regulations, induced R and D, and productivity: Evidence from Taiwan's manufacturing industries [J]. Resource and Energy Economics, 2012, 34 (4): 514 – 532.

[378] Yang, G. Environmental NGOs and institutional dynamics in China [J]. The China Quarterly, 2005, 181: 46 - 66.

[379] Yang, X. , Rivers, C. Antecedents of CSR Practices in MNCs' Subsidiaries: A Stakeholder and Institutional Perspective [J]. Journal of Business Ethics, 2009, 86 (2): 155 - 169.

[380] Yao, Q. , Liu, J. , Sheng, S. , Fang, H. Does eco - innovation lift firm value? The contingent role of institutions in emerging markets [J]. Journal of Business and Industrial Marketing, 2019, 34 (8): 1763 - 1778.

[381] Yin, P. A new dawn for NGOs: registration requirements relaxed for charity work [J]. Beijing Review, 2011, 4: 2011.

[382] Yi, L. The autonomy of Chinese NGOs: A new perspective [J]. China: An International Journal, 2007, 5 (2): 173 - 203.

[383] Yuan, B. , Ren, S. , Chen, X. Can environmental regulation promote the coordinated development of economy and environment in China's manufacturing industry? —A panel data analysis of 28 sub - sectors [J]. Journal of Cleaner Production, 2017, 149: 11 - 24.

[384] Zhang, L. , Li, D. , Cao, C. , Huang, S. The influence of greenwashing perception on green purchasing intentions: The mediating role of green word - of - mouth and moderating role of green concern [J]. Journal of Cleaner Production, 2018, 187: 740 - 750.

[385] Zhang, W. , Li, G. Environmental decentralization, environmental protection investment, and green technology innovation [J]. Environmental Science and Pollution Research, 2020: 1 - 16.

[386] Zhao, R. , Wu, Z. , Tao, C. Understanding service contracting and its impact on NGO development in China [J]. International Journal of Voluntary and Nonprofit Organizations, 2016, 27 (5): 2229 - 2251.

[387] Zhou, P. , Delmas, M. A. , Kohli, A. Constructing meaningful environmental indices: a nonparametric frontier approach [J]. Journal of Environmental Economics and Management, 2017, 85: 21 - 34.

[388] Zuo, J. , Rameezdeen, R. , Hagger, M. , Zhou, Z. , Ding, Z. Dust pollution control on construction sites: Awareness and self - responsibility of managers [J]. Journal of Cleaner Production, 2017, 166: 312 - 320.